CHUZU QICHE JIASHIYUAN CONGYE ZIGE KAOSHI
NEIMENGGU ZIZHIQU QUYU KEMU PEIXUN JIAOCAI ZHI

XING'AN PIAN

出租汽车驾驶员从业资格考试
内蒙古自治区区域科目培训教材之

本书编委会

内 容 提 要

本书为内蒙古自治区兴安盟地区出租汽车驾驶员从业资格考试区域科目培训教材。主要内容包括：出租汽车行业概述，出租汽车行业政策、法规、标准，兴安盟综合情况概述，出租汽车驾驶员职业道德，出租汽车设施与设备的使用常识，出租汽车驾驶员服务规范，出租汽车安全运营，节约能源与环保，出租汽车常见机械故障处理，出租汽车驾驶技术，出租汽车驾驶员维权及救护伤员知识，出租汽车行业管理。

本书可供出租汽车驾驶员从业资格考试使用参考。

图书在版编目（CIP）数据

出租汽车驾驶员从业资格考试内蒙古自治区区域科目培训教材之兴安篇 /《出租汽车驾驶员从业资格考试内蒙古自治区区域科目培训教材之兴安篇》编委会编. —北京：人民交通出版社股份有限公司，2014.8

ISBN 978-7-114-11593-6

Ⅰ.①出… Ⅱ.①出… Ⅲ.①出租汽车－驾驶员－资格考试－教材 Ⅳ.①U469.120.9

中国版本图书馆 CIP 数据核字（2014）第 175891 号

书　　名：出租汽车驾驶员从业资格考试内蒙古自治区区域科目培训教材之兴安篇
著 作 者：本书编委会
责任编辑：薛　民
出版发行：人民交通出版社股份有限公司
地　　址：（100011）北京市朝阳区安定门外外馆斜街 3 号
网　　址：http://www.ccpress.com.cn
销售电话：（010）59757973
总 经 销：人民交通出版社股份有限公司发行部
经　　销：各地新华书店
印　　刷：中国电影出版社印刷厂
开　　本：787×1092　1/16
印　　张：12.5
字　　数：251 千
版　　次：2014 年 8 月　第 1 版
印　　次：2014 年 8 月　第 1 次印刷
书　　号：ISBN 978-7-114-11593-6
定　　价：40.00 元

本书编委会

前　言

出租汽车行业是城市综合交通运输体系的重要组成部分，是与人民群众出行密切的服务行业，也是一个城市(乡镇)精神文明的窗口。

截至2012年，兴安盟的出租汽车的数量已经达到4187辆，从业人数达到7000多人。出租汽车行业的健康发展，提升了全盟城镇交通的服务能力，方便了广大人民群众的出行，促进了全盟经济社会的发展。随着全盟城乡一体化进程的加快，人民生活水平的提高，选择出租汽车出行的需求必定持续增加，人民群众对出租汽车的安全保障和服务质量的要求也越来越高。因此，加强出租汽车驾驶员的培训和从业资格管理，提高出租汽车驾驶员的素质，建立一支合格的出租汽车驾驶员队伍是必须进行的一项重要工作。

近几年，全盟出租汽车行业在各级政府和上级交通主管部门的指导下，已经进入比较规范的发展阶段，但离国家和人民的要求还差有一定距离。按照2010年交通运输部印发的《关于加强道路运输职业资格工作的意见》和2011年12月颁布的《出租汽车驾驶员从业资格管理规定》的要求，出租汽车行业将建立包括从业资格考试、注册、继续教育和从业资格管理等“四位一体”的从业资格制度体系。

为贯彻落实交通运输部的《出租汽车驾驶员从业资格管理规定》，按照内蒙古自治区运输管理局的要求，兴安盟运输管理处编写了适合兴安盟出租汽车从业资格考试申请者培训和现阶段继续教育的教材。教材的编写参照了交通运输部编写的《出租汽车驾驶员从业资格考试全国公共科目培训教材》的内容，符合交通运输部“规定”的精神。以应知应会为重点，以规范服务、安全运营为主线，既有兴安盟的历史、风土人情、交通状况、街道布局、名胜古迹、旅游景点简介，也有安全驾驶、规范服务、驾驶技术、故障处理、节能驾驶、权益维护等知识。除供考试和继续教育学习外，也可作为出租汽车驾驶员的工具书。

本书在编写过程中，得到自治区交通运输管理局的悉心指导和各旗县交通运输管理所的大力支持，在此，一并表示感谢！

本书编委会

2014年7月

目　录

第一章 出租汽车行业概述

出租汽车是城市综合运输体系的重要组成部分，是为人民群众提供运输服务的工具，在方便人民群众出行，促进社会就业，提升城市服务能力，提高城乡人民生活水平和促进经济社会发展等方面发挥了积极的作用。

第一节 出租汽车在社会发展中的作用

一、出租车汽车的概念

中华人民共和国国家标准《出租汽车服务》(GB/T 22485—2008)对出租汽车的界定是"由乘车意愿而被雇用的载运乘客并按行驶里程、时间计费的汽车"，出租汽车服务是指"利用出租汽车为乘客提供的出行服务"，出租汽车服务具有很强的社会性。

二、出租汽车服务在社会发展中的作用

(一)方便人民群众出行

出租汽车行业，社会性强，服务面广，流动性大，实行门到门的运输服务，尤其是有急事需要办理或行动不便的老人，残疾人都能够得以方便顺利出行，提高了人民群众的生活质量和水平。

(二)促进经济社会发展

出租汽车快捷、方便，减少乘客的在途时间，提高了办事效率和经济效益。

(三)增加就业机会

出租汽车作为第三产业的一部分，为社会创造了大量的就业机会。仅兴安盟就增加7000多人就业，同时带动汽车维修等相应产业的发展。

三、出租汽车服务的特点

(一)安全

出租汽车在营运过程中，首先要保证乘车人的生命和财产安全，出租汽车驾驶员不但要

取得从业资格证件，而且要求有很强的责任心，遵纪守法，具有良好的职业道德和驾驶技能。

（二）方便

出租汽车服务是不分昼夜和不分天气，也不分节假日的，乘客可随时随地乘坐。乘客可根据需要选择单程，往返，一次性租用，连续性包车租用或一人乘车，多人合乘，既可以扬手招车，也可以电话约车。

（三）快捷

出租汽车没有固定行驶路线，也没有停靠站点，在去目的地的时候，可以选择最经济快捷的路线。

四、出租汽车业的发展情况

（一）国外出租汽车行业的发展情况

世界上第一辆出租汽车诞生在美国，时间是 1896 年。按行驶路程的距离收费是 1907 年，首次出现是在美国纽约。

（二）我国出租汽车行业的发展情况

我国出租汽车最早于 1903 年出现在哈尔滨，当时，不到 10 辆车。1913 年，上海陆续开办 35 个车行。此后的 20 年内，出租汽车行业发展较快，上海有 540 辆，北京有 560 辆，武汉有 200 辆，都是私人车行管理的。

20 世纪 80 年代初，全国大、中城市的出租汽车开始发展起来。1985 年以后，全国各地加快发展出租汽车行业，到 2011 年年底，全国出租汽车总数达到 120 多万辆，从业人员达到 200 多万人。

（三）兴安盟出租汽车行业的发展情况

1983 年，兴安盟客运市场开放，开始有个体经营出租汽车。1989 年，经运输管理部门检审合格，允许营运者共 111 户，出租汽车 118 辆，从业人员 182 人，其中：个体 109 户，从业人员 164 人。乌兰浩特市主要从事出租活动的车型是北京 212 吉普车。

1994 年，乌兰浩特市客运出租汽车市场出现小红船三轮摩托车从事经营活动，持续发展到 1998 年，数量达到 2300 多台，当时成为乌兰浩特市地区出租汽车市场一道亮丽风景线，价钱低，坐一次仅 2 元钱，受到普通百姓的欢迎。

1998 年，兴安盟红城出租汽车公司的成立，加快了乌兰浩特市地区出租汽车车型的更新步伐，推动了出租汽车行业公司化管理进程，当时以夏利、微型面包车（俗称大发车）为主，小红车逐步减少。

1998 年，为规范出租汽车市场，统一收费价格，同时，也为出租汽车市场营造一个公平、合理、有序的市场竞争环境，乌兰浩特市技术监督局和乌兰浩特市交通局根据兴安盟物价局兴价费字（1998）第 138 号文件《关于乌兰浩特市地区出租汽车票价的批复》，于 11 月下旬，向红城出租汽车公司及个体出租汽车车主下发了《关于对乌兰浩特地区出租汽车收费价格调整及里程计价器依法进行强制检定的通知》。

乌兰浩特市技术监督局组织专人利用一个月的时间，对乌兰浩特地区出租汽车计价器进行统一调价、安装和检修。

乌兰浩特市对出租汽车收费价格调整后，在乌兰浩特市技术监督局出现了出租汽车驾驶员争着安装计价器的现象。

1999 年，乌兰浩特市地区相继成立了腾岭实业有限责任公司出租汽车公司、平安出租汽车有限责任公司、长极出租汽车有限责任公司、利源出租汽车公司、兴安出租汽车公司、通惠汽车出租有限公司等共 8 家出租汽车公司，均系属挂靠和招商企业。1999 年，出租汽车总量为 1873 辆，其中轿车 868 辆，大发面包车（包括北京 2020 吉普车）1005 辆。全市 1016 个出租汽车经营者经过乌兰浩特市运政管理部门培训，取得了《客运出租服务证》（上岗证），进一步规范了从业资格。

自 2001 年起，乌兰浩特市的出租汽车行政许可审批权在盟运管处，市场管理属乌兰浩特市。

自 2003 年起，乌兰浩特市交通局和乌兰浩特市运输管理所根据当时乌兰浩特市客运出租市场的实际情况，重新整顿客运出租市场。经过大量调研，积极培育和扶持，出租汽车行业逐步实行公司化、集约化管理。首先成立了乌兰浩特市迪迅出租汽车公司，陆续成立了通泰、鑫川、育通、银鹿、业明共 6 家出租汽车公司。

2004 年 5 月 20 日，乌兰浩特市机构编制委员会以乌编字（2004 年）15 号文件批准乌兰浩特市出租汽车客运管理理所成立。属自收自支事业单位，图 1-1 为出租汽车管理人员在执勤。

a)

b)

c)

图 1-1　出租汽车管理人员在执勤

2007 年 5 月 11 日，乌兰浩特市人民政府、盟交通局举行联席会议，决定“从 2007 年 5 月 18 日起，乌兰浩特市地区出租汽车客运经营许可业务由市人民政府交通部门负责审批，盟运管处对全盟道路运输行业实行宏观管理和业务指导，不再办理出租客运行政许可业务”。

截至 2012 年年底，兴安盟出租汽车总数达到了 4187 辆，55% 以上集中在乌兰浩特市地区。从业人数达到 5000 多人。

第二节　出租汽车服务方式

一、扬手招车

扬手招车是目前的主要方式，出租汽车在可以停靠的路段上停车，为乘客服务，优点是方便乘客。

二、电召服务

根据乘客电话或者网络的方式预约租车，按照约定的时间和地点为乘客服务。目前，这种电召方式在兴安盟还没有，但电召服务是发展方向，优点是可节约时间，提高效率，节能环保，对城市道路占用率低，能够缓解城市交通压力。

三、站点租车

在客流量大的交通集散地，设出租汽车服务站点，如飞机场、火车站、汽车站、大型商场和酒店，既方便驾驶员在静态下候客，有时间休息，又方便乘客及时乘车，这也是兴安盟未来的一个发展方向。现在，有些出租汽车守候在医院或酒店、商店等大型公共场所，实际上也是站点租车。

四、包车服务

包车服务是乘客提前与出租汽车经营者商定用车时间、地点、线路和运费等事项的服务方式。

第三节　出租汽车行业发展趋势

一、出租汽车的需求量增加

随着经济的快速发展，人民生活水平的提高，用出租汽车出行的需要量将持续增加，而且很多经济较发达的乡镇农村都有出租汽车，并且逐渐增多。

二、服务方式多样化

随着出租汽车行业的发展，电召服务和站点出租汽车服务将会逐渐实行。

三、车型档次越来越高

出租汽车的车型档次越来越高，更为舒适、美观和符合环保的要求，近年来，乌兰浩特市就多了一些“桑塔纳”和“现代”车型的出租汽车。

第二章 出租汽车行业政策、法规、标准

第一节 国家颁布的有关政策、法规、标准

国家颁布的有关政策、法规、标准如下：

（1）1998 年，《国务院关于机构设置的通知》（国发［1998］5 号）在职能调整部分第三条第 4 项规定“城市出租汽车管理职能，下放给地方人民政府”。

（2）1999 年，交通部办公厅在《关于明确交通客运行业管理主体的复函》（公路字〔1999〕22 号）中明确提出“交通部门是道路客运管理主体”，《内蒙古自治区道路运输管理条例》（以下简称《条例》）第十六条明确规定：“出租客运由旗县以上交通行政主管部门负责本行政区域内的道路运输管理工作，并可以委托道路运输管理机构负责道路运输的行政管理和处罚工作”。《条例》对城市出租客运管理主体做了十分明确的规定，为运输管理和行政执法提供了可靠的保障。

（3）国务院办公厅发出《国务院办公厅关于进一步规范出租汽车行业管理有关问题的通知》（国办发［2004］81 号）。

（4）2008 年 12 月 11 日，交通运输部发出《关于贯彻落实国务院关于进一步加强管理促进出租汽车行业健康发展的通知》（公路［2008］54 号）的通知。

（5）2011 年 12 月 8 日，交通运输部第 12 次部务会议通过《出租汽车驾驶员从业资格管理规定》。

第二节 内蒙古自治区制定颁发的文件

1999 年，交通厅发出《关于开展治理整顿出租汽车市场秩序决定的通知》（内交发〔1999〕169 号）。

第三节　兴安盟制定颁发的文件

(1)盟交通局发出《兴安盟交通局关于开展整顿出租客运市场秩序的通知》(兴交〔1999〕99号),对治理整顿工作进行了细致的安排。各旗、县、市也均以政府名义制定了由交通、公安、法院、工商等部门共同参加的治理整顿方案。

(2)1998年,乌兰浩特市技术监督局和乌兰浩特市交通局根据兴安盟物价局《关于乌兰浩特市地区出租汽车票价的批复》(兴价费字〔1998〕第138号),于11月下旬,向红城出租汽车公司及个体出租汽车车主下发了《关于对乌兰浩特地区出租汽车收费价格调整及里程计价器依法进行强制检定的通知》。

(3)1999年11月18日,乌市交通局发出《关于个体出租汽车必须挂靠出租汽车公司的决定通知》(乌交〔1999〕59号),将个体出租汽车统一编入松散联合体式的出租汽车公司,车辆转籍、缴纳各种税费等相关手续统一由出租公司代办,并制定了统一编号、统一式样的出租汽车标志牌。以兴通出租汽车公司为主,实行统一管理。

(4)2004年4月22日,乌兰浩特市政府制定了《乌兰浩特市出租汽车客运管理办法(试行)》,以乌兰浩特市人民政府第51号令颁发。明确了该"办法"制定的依据,以及法律责任。

(5)2008年2月28日,扎旗人民代表大会通过了《扎旗音德尔镇城区出租汽车客运管理办法》。旗政府成立了清理整顿出租汽车市场领导小组。

第三章 兴安盟综合情况概述

第一节 兴安盟历史简介

“兴安”是满语,汉语是丘陵的意思。大兴安岭山高而不陡峭,山势平缓,连绵起伏,所以,称之为“兴安。”

兴安盟的历史源远流长。早在新石器时代,兴安盟境内就有原始人类和古人类栖息活动。春秋战国至秦代、汉代期间,东胡人创造了兴安盟的古代文明。历史上的哈勒古河(现为霍林河)附近的鲜卑山、蒙格罕山为东部鲜卑的发祥地。辽金时期,现为乌兰浩特和吐列毛都等地是边防重镇、军事要地。一代天骄成吉思汗在统一蒙古各部、建立大蒙古帝国的伟大事业中,兴安盟的洮儿河畔曾驻扎过他的指挥大营,是金戈铁马、震撼山河的战场。阿尔山玫瑰峰北的阙奕坛草原是成吉思汗漠北铁骑成长的摇篮,是成吉思汗及其子孙南下、西征、东进的力量之源。科尔沁右翼前旗出土的元代“圣旨金牌”是国内外目前所见到的文物中唯一的元代巴思巴文圣旨金牌,为国家一级文物,十分珍贵。这里也是红色政权的摇篮和蒙古民族的革命圣地,1947 年 5 月 1 日,内蒙古自治区人民政府在乌兰浩特市成立,是全国第一个少数民族自治政府。内蒙古各族人民从这里“开始创造自由光明的新历史”。

一、乌兰浩特市

乌兰浩特市原名王爷庙,因清朝第三代札萨克图郡王鄂齐尔在此建立家庙而得名。1947 年 5 月 1 日,全国第一个少数民族自治政府——内蒙古自治区人民政府在这里成立。同年 11 月,王爷庙改称为乌兰浩特市,如图 3-1 所示。1949 年 12 月,内蒙古自治区人民政府西迁。1964 年 7 月,取消市建制,成为镇,为科尔沁右翼前旗政府所在地。1980 年 7 月 26 日,经国务院批准,恢复了乌兰浩特市建制。现为中

图 3-1 乌兰浩特市全貌

共兴安盟委、盟行署所在地，是全盟政治、经济、文化和交通中心。

二、科尔沁右翼前旗

科尔沁右翼前旗历史悠久，地域辽阔。在新石器时期，旗境就有原始人类栖息活动。清初，漠南蒙古科尔沁部拆部编旗，分别编为左、右两翼，每翼各编前、中、后三旗，始有科尔沁右翼前旗。1947 年新中国第一个少数民族自治区——内蒙古自治区在前旗王爷庙宣告成立。

三、扎赉特旗

扎赉特是蒙古语，为古代蒙古族部落的一个名称。据《满洲地名考》："扎赉"为洼地之意。春秋战国时期为东胡游牧地；汉晋时期为鲜卑地；南北朝时期为室韦地；唐代为室韦都督府所辖；金代为临潢泰州辖境；元代初为辽阳泰州辖境，后改隶中书省。明代为兀良哈三卫朵颜卫境，木塔里山卫。明万历年间，成吉思汗的胞弟哈布图哈撒尔第十五世孙博第达喇将科尔沁部以河为界，划给自己的儿子们做牧地，其九子阿敏分得嫩江以西的绰尔河流域，始号扎赉特部。光绪 28 年(1902 年)，设扎赉特荒务行局。民国成立后，隶属黑龙江省管辖。东北沦陷后，初隶黑龙江省，后划归兴安南省。1946 年 6 月，隶属兴安省纳文慕仁盟。

1947 年 10 月旗人民政府成立，隶属兴安盟。1953 年兴安盟撤销后，隶属于内蒙古自治区东部行政公署。1954 年东部行政公署撤销，划归呼伦贝尔盟。1969 年 8 月，随呼伦贝尔盟划入黑龙江省。1979 年又随呼伦贝尔盟划回内蒙古自治区。

四、突泉县

突泉县有人类活动的历史可追溯到 2800 年前，春秋战国时期，东胡族就在这里繁衍生活。辽金时代，这里是兵家必争之地，县西北地区的两座辽代古城的遗址和金界壕是这一历史的见证。

五、科尔沁右翼中旗

科尔沁右翼中旗位于大兴安岭南麓、科尔沁沙地北端。历史悠久，人文璀璨，东胡、匈奴、鲜卑、蒙古、突厥、霫、契丹、女真等民族曾在这里留下了历史的足迹。清崇德元年(1636 年)起实行旗建制，清康熙 49 年(公元 1710 年)始有哲里木盟建制，科尔沁右翼中旗隶属于哲里木盟。民国 35 年(公元 1946 年)6 月，隶属于兴安盟。1953 年 2 月，隶属于内蒙古自治区东部区行政公署。1954 年 4 月，隶属于呼伦贝尔盟。1965 年 8 月，划归哲里木盟。1980 年 7 月 26 日，国务院批准恢复兴安盟建制后，划归兴安盟。

六、阿尔山市

建市前为科尔沁右翼前旗的一个镇。1952 年建阿尔山努图克，1953 年改镇，1958 年成立公社,1981 年复改镇。1992 年 12 月 5 日,自治区人民政府批准建立阿尔山经济开发区,实行计划单列,隶属兴安盟行署。

第二节　兴安盟行政区划和人文地理

兴安盟位于内蒙古自治区东北部、大兴安岭东南麓,介于东经 119°28′ ~ 123°38′、北纬 44°14′ ~ 47°39′。西北、北与呼伦贝尔市新巴尔虎左旗、鄂温克旗、扎兰屯市接壤,东北、东与黑龙江省龙江县、泰来县毗邻、东南与吉林省镇赉县、白城市洮北区、南和西与通辽市科尔沁左翼中旗、扎鲁特旗、霍林郭勒市、锡林郭勒盟的东乌珠穆沁旗和蒙古国的东方省交界,有国境线 125.851km。

全盟总面积 59 806km^2,占内蒙古自治区总面积的 5.06%。属于东北经济区,在国际上处在东北亚经济圈内,是联合国开发计划署规划建设的第四条欧亚大陆桥的纽带。

2012 年,全盟总人口 167.39 万人,其中蒙古族人口 70.8 万人,其他少数民族 8.71 万人。

1980 年 7 月 26 日,国务院批准恢复兴安盟建制。盟行署设在乌兰浩特市,如图 3-2 所示。同时也是科尔沁右翼前旗政府所在地。2012 年,全盟辖乌兰浩特市、阿尔山市、突泉县、科尔沁右翼前旗、科尔沁右翼中旗、扎赉特旗;全盟设有乡、镇、苏木 75 个,行政村(嘎查)891 个。国营农牧场 10 个,森林经营局 2 个,另有牙克石林管局所辖阿尔山林业局。

图 3-2　兴安盟行政公署办公楼

全盟有大小河流 200 多条,分属嫩江、额尔古纳河、西辽河、内陆河 4 个水系,以嫩江水系为主。其中较大的河流有绰尔河、洮儿河、归流河、霍林河、蛟流河、哈拉哈河、罕达罕河等,均发源大兴安岭。

一、乌兰浩特市

乌兰浩特为蒙古语,意为“红色的城市”,位于大兴安岭东南麓,内蒙古自治区东北部,是兴安盟的首府、科尔沁草原腹地。总面积 2353.5km^2,城区面积 30km^2。总人口 42 万人,城区人口 31.9 万人。共有蒙古、汉、满、朝鲜、回等 17 个民族,蒙古族人口约占总人口数的 26%。

全市共有蒙古、汉、满、朝鲜、回、达斡尔等 17 个民族,蒙古族人口占总人口数的 25.9%。

乌兰浩特市辖乌兰哈达镇、葛根庙镇、义勒力特镇,8 个街道办事处:兴安、爱国、和平、

图 3-3 乌兰浩特市街景

胜利、铁西、都林、五一、城郊,如图 3-3 所示。

二、科尔沁右翼前旗

科尔沁右翼前旗东与吉林省白城市镇赉县、兴安盟扎赉特旗毗邻;南接吉林省白城市、洮南市、突泉县、科尔沁右翼中旗;北与兴安盟阿尔山市相连;西与锡林郭勒盟东乌珠穆沁旗、蒙古人民共和国接壤。全旗总面积 21000km²,为兴安盟土地面积最大的旗县。边境线长 32.5km,是全区 19 个边境旗县之一。全旗总人口 42 万人,管辖的乡镇、苏木有:乌兰毛都苏木、阿力得尔苏木、满族屯乡、科尔沁、居力很、归流河、察尔森、额尔格图、大石寨、德柏斯、索伦。工作部有 10 个:白辛、俄体、巴达仍贵、巴拉格歹、哈拉黑、古迹、宝门、好仁、树木沟、桃核木。241 个嘎查(村)、710 个自然屯。有蒙、汉、满、回、朝鲜等 13 个民族,其中蒙古族人口占总人口的 45%。

三、突泉县

1909 年,建立县级建制。1947 年,建中国共产党领导下的突泉县。

突泉县总面积 4889.5km²。地处大兴安岭向科尔沁草原的过渡地带,北依浅山,南临草原,是典型的浅山丘陵区。全县辖 6 镇 6 乡:宝石镇、永安镇、六户镇、杜尔基镇、水泉镇、突泉镇、溪柳乡、学田乡、九龙乡、太和乡、太东乡、太平乡,188 个行政村,464 个自然屯,总人口 31.3 万。

四、科尔沁右翼中旗

科尔沁右翼中旗位于大兴安岭南麓、科尔沁沙地北端,是兴安盟最南端的一个旗。北与兴安盟科尔沁右翼前旗、突泉县相邻,东与吉林省通榆县、洮南市接壤,南与通辽市科尔沁左翼中旗相连,西与通辽市扎鲁特旗、霍林郭勒市以及锡林郭勒盟东乌珠穆沁旗毗邻。地理坐标为北纬 44°14′~46°41′,东经 119°34′~122°18′。

中旗辖 6 个苏木、镇。即:巴彦呼舒、高力板、图列毛都、巴仁哲理木、杜尔基、好腰以及 2 个工作部。即:代钦塔拉、新佳木,173 个嘎查,26 个居委会、464 个艾里,总面积 15613km²,总人口 25.7 万人,蒙古族人口占总人口的 85%,是全区蒙古族人口比例最高的旗。

五、扎赉特旗

扎赉特旗位于兴安盟东北部,大兴安岭向松嫩平原过渡地带,嫩江右岸。东接黑龙江省龙江县,南与黑龙江省泰来县,吉林省镇赉县交界,西连科尔沁右翼前旗,北与呼伦贝尔市扎兰屯毗邻。总面积 11155km^2，全旗总人口 39.6 万。全旗辖 1 个苏木、1 个乡、8 个镇、10 个乡级工作部和 1 个乡级国营种畜场，即：巴彦乌兰苏木、好力保乡，音德尔镇、新林镇、巴彦高勒镇、胡尔勒镇、阿尔本格勒镇、巴达尔胡镇、绰勒镇、图牧吉镇。五家户、巴岱、努文木仁、小城子、二龙山、宝力根花、巴彦扎拉嘎、罕达罕。境内还有八一牧场、巴达尔胡农场、自治区级劳改局东部分局、图牧吉劳教所。194 个嘎查村、684 个自然屯。

六、阿尔山市

阿尔山市位于内蒙古自治区东部，兴安盟西北端，北纬 46°39′~47°39′，东经 119°28′~121°23′。西与南和科尔沁右翼前旗相接，北与呼伦贝尔市新巴尔虎左旗、鄂温克旗、扎兰屯市接壤，总面积 7409km^2，总人口 4.8 万人。有蒙古、汉、满、回、朝鲜、达斡尔、锡伯、苗、壮、鄂温克等民族。大兴安岭中段分水岭横亘市境。年均温 1℃，年降水量 450mm。是内蒙古自治区重点林区之一，境内有阿尔山、五岔沟、白狼 3 个林业局。

全市辖 3 个街道、4 个镇：林海街道、新城街道、温泉街道、天池镇、白狼镇、五岔沟镇。

第三节　街道布局、标志性建筑、居民小区

一、乌兰浩特市

(一)市区街道布局

南北的道路称为路，东西的道路称为街。

主城区主要街道有红云大街、新桥大街、复兴街、乌兰大街、普惠街、都林街、查干街、罕山大街。

主城区的主要道路有环城西路、科尔沁大路、铁西大路、兴安大路、五一大路、富民路、爱国大路、洮儿河路、工业大路。

1. 乌兰大街(起点火车站，终点工业大路)

由西向东：火车站、小商品大世界、华生电器、长城宾馆、旭东宾馆、长丰宾馆、宝恒商厦、金岛超市、兴安盟邮政局、奥伦新天地、东方广场、百货大楼、美中美、新华书店、吉祥假日宾馆、有线电视缴费营业厅、兴安盟就业局、东方饺子王、人民大药店、钟楼时尚宾馆、中国移动分公司、乌兰浩特市工商银行、温州商贸城、金街手机通讯、吉庆德药店、爱国小区、爱国家园小区、欧洲风情小区、爱国二小区、红山龙小区、兴安盟地税局培训中心。

2. 新桥大街(起点归流河大桥，终点城东立交桥)

由西向东：啤酒厂小区、钢花小区、兴旺家园、城郊街道办事处、方大乌钢宾馆、方大集团、铁西医院(原乌钢医院)、鑫来宾馆、皇家永利国际会所、英利皇宫会所、兴安盟公路管理局第八工区、兴安盟精神康复医院、中国石油公司兴安盟分公司、中国人民银行、中国人寿保

险股份有限公司兴安分公司、中国邮政新桥支局。乌兰浩特市国税局、武青医院、乌兰浩特汽车站、兴安盟工商管理局、乌兰浩特市工商管理局、内蒙古民族解放纪念馆、乌兰浩特市政府、红云花苑、滨河小区、兴安盟检察院、乌兰浩特市检察院、乌兰浩特市法院、兴安盟公路管理局三工区、恒大绿洲小区、物流中心。

3. 罕山大街(起点爱国北大路,终点罕山西大桥)

兴安盟人民医院、兴安盟社会救助管理站、兴安盟林业局、凯宾美丽城、兴安盟住房公积金管理中心、中国农业发展银行、兴安盟森林草原防火指挥部、众仁酒店、山东老家菜馆、美食佳酒店、兴安盟科学技术局、兴安盟科学技术协会、阳光小区、五一派出所、五一办事处、邮电新村小区、乌兰浩特市第四中学、景观花园、清华园、乌兰浩特市朝鲜族中学、兴安盟公安局。

4. 查干街(起点兴安北大路,终点环城西路)

查干街由西向东为:都林街办事处。兴安盟残疾人联合会、都林派出所、祥欣园小区、天起花园小区、金座花园、农牧业局、兴安盟军分区、察尔森调度楼、劳动大厦、金马自选鞋城。

5. 都林街(起点电业路,终点都林大桥)

都林街由东向西为:铁路小区北门、铁发小区、乌兰浩特中西医结合医院、中国联通都林街营业厅、金谷粮油公司、兴安盟民达工贸公司、鹏图汽车修理厂、都林办事处、盛华新药业公司。

6. 普惠街(起点电业路,终点洮儿河北路)

普惠街由西向东为:如意小区、万佳樱花园、吉祥小区、兴安第一小学、五一广场、乌兰经典小区、悦园小区、兴安街办事处、兴安二小区、中华联合财产保险股份有限公司兴安盟支公司、乌兰浩特市第一幼儿园。

7. 天池街(起点铁西北路,终点环城北路)

兴安盟行政审批中心、兴安盟行政公署、乌兰浩特第一中学、兴安盟体育馆。

8 复兴街(起点兴安南大路,终点爱国南大路)

兴安日报社、自来水公司营业厅、英伦酒店、胜利市场、蓝天饭店、海尔专卖店、应大皮草、包商银行、兴安盟骨伤医院、乌兰浩特市供销合作社。

9. 兴安大路(起点红云西大街,终点机场路)

兴安大路由北向南为:乌兰浩特市烈士陵园、兴安盟艺术学校、兴安盟电大、乌兰浩特公共交通公司、兴安盟党校、兴安盟广播电视局、兴安盟电视台、成吉思汗公园、兴安高中、天骄时尚宾馆、兴安宾馆、星月时尚宾馆、中国邮政王爷庙支局、兴安盟图书馆、温暖如家宾馆、佳缘休闲宾馆、内蒙古党委办公旧址、兴安盟人民医院、乌兰夫办公旧址、蒙古族小学、金色农家食府、内蒙古银行兴安盟分行营业部、东来大药房、乌兰浩特市教育局、兴安盟妇幼保健所、祥园小区、中国工商银行乌兰浩特兴安北路支行、国家电网兴安电业局客户服务中心、兴安盟幼儿园、兴安礼堂、银翔宾馆、北京同仁堂中心店(红都现代城2期西侧2号门市)、金马自选鞋城、中国银监会兴安分局、兴安盟财政局、旺客多超市、金帝酒店、豪科宾馆(原科尔沁宾馆)、兴安第一小学、内蒙古森发集团、中国联通兴安盟公司、兴安盟国税局、隆府酒店、兴安日报社、兴安盟质量技术监督局、新华彩印、金润大酒店、金航宾馆、民航售票处、萃华金店、乌兰浩特市农村信用联合社、玉麒麟烤鸭工坊、TA 主题宾馆、中国农业银行 兴安盟血站、中国建设银行兴安分行、兴安盟交通运输管理处、大连渔港、金鼎焱酒店、向阳屯农家饭庄。

10. 五一大路(起点红云大街,终点王爷庙大街)

五一大路由北向南为:特殊教育学校、兴安盟光荣院、罕山小区、盛世家园、阳光小区、万佳商务会馆、新世纪小区、金符宾馆、五一会址、苏伦噶蒙餐、赵家老八件、兴安盟中级法院、邢家海参馆、奥特奇律师事务所、兴安盟司法鉴定中心、新世纪小区、乌兰浩特市公安局、宏翔医院、中国农业银行兴安分行、兴安盟档案局、妇幼保健所、同享美食敖包相会蒙餐、内蒙古公路养路费稽查局兴安分局、中国农业银行兴安盟分行、兴安电视报社、乌兰浩特市规划局、中国烟草公司兴安分公司、中国移动通信公司兴安分公司、温州商贸城。乌兰浩特市医院、民族幼儿园、包商银行、胜利小区、乌兰明珠、中国人民财产保险乌兰浩特支公司、金华丰大酒店、毛哥老鸭汤、穆斯林酒店、益民小区、利民小区。

11. 铁西大路(起点新桥西大街,终点音德尔街)

铁西大路由北往南为:盖亚花园小区、兴安盟行政审批大厅、兴安盟气象局、西华苑小区、建设小区、中西医结合医院、塞益黄鹤楼、乌兰浩特市水务局、金谷粮油米业、鑫安家园、成隆大酒店、城中城小区、天起花园、祥欣园小区、乌尔金酒店。

12. 爱国大路(起点王爷庙东街,终点红云大街)

爱国大路由北往南为:盛苑小区、金山小区、沈铁枫景名城小区、阳光同人酒家、爱国小区、百姓人家风味餐厅、爱国家园、兴安盟蒙医医院、乌兰浩特市交通运输管理所、乌兰浩特市出租汽车管理所、粥爱面回头酒店、和平市场、荣大超市、中东装饰城、森发批发市场、移动公司、乌兰浩特市第五中学。

13. 洮儿河路(起点红云东大街,终点岭南街)

洮儿河路由南往北为:南滨河小区、海天洗浴宫、和谐家园、北滨河小区、蒙元文化城、兴安盟地税局。

14. 电业路(起点火车站,终点罕山大街)

电业路由南往北为:铁西小区、万佳樱花园、王府宾馆、王府花园、电力宾馆、乌兰浩特供电营业厅、兴安盟电业局、热电厂、兴安盟交通局、兴安盟公路管理局、兴安盟军分区、鑫立都宾馆、乌兰浩特市第八中学、兴安二小、丰泽小区、水利小区、千禧花园小区。

15. 工业大路(起点城南街,终点省际通道)

工业大路由南往北为:蒙牛公司、白云药厂、乌兰浩特市经济开发区、雪花啤酒厂。

各街、路的名称及起、终点,见表3-1。

各街、路的名称及起、终点一览表　　表 3-1

序　号	名　称	起　点	终　点
1	环城西路	环城北路	红云西大街
2	丝绸路	新桥西大街	红云西大街
3	科尔沁大路	新桥西大街	罕山西大街
4	吉庆路	新桥西大街	庆丰街
5	先锋路	新桥西大街	电力街
6	铁西大路	新桥西大街	音德尔街
7	电业路	乌兰西大街	罕山西大街
8	兴安大路	红云西大街	机场路
9	曙光路	新桥西街	红云西大街
10	文化路	联胜西街	乌兰西大街
11	富民路	联胜西街	共建巷
12	人民路	劳动西巷	普惠西街
13	五一路	红云大街	王爷庙大街
14	民和路	复兴东街	向阳街
15	白音路	红云东大街	向阳街
16	爱国路	红云大街	王爷庙东大街
17	古城路	光明东街	普惠东街
18	怀远路	复兴东街	普惠东街
19	育才路	新桥东大街	向阳街
20	洮儿河路	红云东大街	岭南街
21	工业大路	城南街	省际通道
22	学府大路	罕山西大街	接乌察公路
23	红云大街	环城西路	乌白公路
24	联胜街	兴安南大路	洮儿河南路
25	劳动街	兴安南大路	爱国南大路
26	新桥大街	归流河大桥	城东立交桥
27	胜利街	基督教会	爱国南大路
28	互助街	胜利花园小区	爱国南大路
29	光明街	兴安南大路	育才南路
30	复兴街	兴安南路	怀远南路
31	团结街	兴安南大路	爱国南大路
32	乌兰大街	火车站	环城东路
33	普惠街	电业路	洮儿河北路
34	向阳街	五一北大路	洮儿河北路
35	罕山大街	爱国北大路	罕山西大桥
36	新开街	兴安北大路	爱国北大路
37	查干街	兴安北大路	环城西路

续上表

序　号	名　称	起　点	终　点
38	庆丰街	铁西南大路	环城西路
39	都林街	电业路	都林大桥
40	工农街	先锋路	环城西路
41	天池街	铁西北大路	环城西路
42	王爷庙大街	爱国北大路	王爷庙大桥

（二）标志性建筑

1. 成吉思汗庙

成吉思汗庙外景，见图3-4。

图3-4　成吉思汗庙外景

2. 最高的建筑物—博士园

博士园是乌兰浩特市最高的建筑物。它有28层，共87.4m。

（三）居民小区

乌兰浩特居民小区见表3-2。

乌兰浩特居民小区一览表　表3-2

小　区	所在街道	小　区	所在街道
幸福小区	幸福路	新城佳苑	查干街
滨河小区	洮儿河路	富雅花园	都林街
新发小区	复兴东街	金地花园	都林街
交通大院	富民路南路	盛苑小区	爱国北大路
如意小区	普惠西街	乌兰经典	普惠西街
水利小区	电业路	兴安小区	普惠西街
八一小区	乌兰西街	万佳樱花园	普惠西街
铁路小区	电业路、普惠西街交汇处	王府花园	电业路

续上表

小　区	所在街道	小　区	所在街道
钢花小区	新桥西大街	胜利小区	五一南大路
罕山小区	新开街	红都现代城	富民北路共建巷
悦园小区	普惠西街	金山小区	爱国北大路
祥园小区	兴安北大路	新世纪小区	五一北大路
西华苑小区	铁西北大路	清华园小区	罕山西大街
胜利花园小区	互助西街	乌兰明珠	五一南路
利民小区	五一南大路	益民小区	五一南大路
爱国小区	爱国北路	爱国家园	爱国北大路
沈铁枫景小区	爱国北大路	建设小区	铁西北大路
光明小区	罕山街立交桥下幸福巷	温州花园	五一广场东侧
金座花园	电业路西侧	和谐家园	洮儿河南路
丰泽花园	幸福巷	气象小区	铁西北大路
安泰一小区	原前旗广播局院内	安泰二小区	原百货大楼院内
梧桐花园	和平街	恒大绿洲	原赛马场

二、科尔沁镇

（一）科尔沁镇的街道布局

各街、路的名称及起、终点，见表3-3。

各街、路的名称及起、终点一览表　　表3-3

序　号	名　称	起　点	终　点
1	大坝沟路	域合驾校	同德西街
2	兴科路	教育园区	同德西街
3	乌兰河路	赫家街	同德西街
4	乌兰毛都路	省际通道	都林西街
5	金界路	赫家街	同德西街
6	察尔森路	学府街	同德西街
7	安居路	学府街	同德西街
8	天骄路	省际通道	乌巴线（原G111线）
9	赫家街	乌兰河路	金界路
10	学府街	大坝沟路 乌兰毛都路	乌兰河路 天骄路
11	府前街	大坝沟路	天骄路
12	泰宁西街	大坝沟路	乌兰浩特归流河大桥
13	索伦街	大坝沟路	碧桂园小区
14	同德西街	大坝沟路	天骄路
15	同德西街	天骄路	乌兰浩特归流河大桥
16	柳中街	乌兰毛都南路	静水弯小区
17	都林西街	乌兰毛都南路	乌兰浩特归流河大桥

(二)标志性建筑

科尔沁右翼前旗旗政府办公楼,见图3-5。

图3-5　科尔沁右翼前旗旗政府办公楼

(三)住宅小区

科尔沁镇居民小区,见表3-4。

科尔沁镇居民小区一览表　　表3-4

小　区	所在街道	小　区	所在街道
乾润学府花苑小区	察尔森路	锦绣花园	大坝沟路
久和庄园	察尔森路	田秀花城	天骄路
枫景源小区	金界路	宇科多蓝三期	金界路
宇科多蓝二期	泰宁西街	宇科多蓝一期	府前街
金碧苑	兴科路	美之赢小区	兴科路
阳光丽景	乌兰毛都北路	康兴乐园	索伦街
兴科家园	乌兰河路	泰丰科尔沁小区	乌兰河路
碧桂园	同德东街	静水湾	同德东街
热点家园	天骄路	静水湾博园小区	梅园路
静水湾林园小区	学府街	朗诗颐园	天骄路
阳光嘉苑	泰宁东街		

三、扎赉特旗

(一)音德尔镇街道布局

音德尔镇街道的名称及起、终点,见表3-5。

各街、路的名称及起、终点一览表 表3-5

序　号	名　称	起　点	终　点
1	园林路	交警队	看守所
2	民生路	二粮库	廉租房
3	源龙路	四中北	商混站
4	巴彦高勒路	盐务局东侧	菜园
5	巴达尔胡路	东升派出所西侧	菜园
6	通海路	转盘道	源龙源
7	神山街	转盘道	旗检察院
8	绰尔路	北小康村	宝马货站
9	音德尔路	六中	冷库
10	光明路	运输管理所	第四小学
11	育才街	第四小学	木材公司
12	民族路	多兰湖公园南门	燃料公司
13	新开街	交通局家属楼后侧	一中西侧
14	山东街	原光明二派	音一中
15	体坛路	体育场南门	裕国小区
16	团结路	北山街	信用联社
17	繁荣路	移动公司	国泰小区
18	五四街	多兰湖公园南门	民政局
19	北山街	老党校	二中南
20	中心街	光明二派	音德尔镇镇政府
21	先锋路	光明二排	转盘道

（二）扎赉特旗标志性建筑是音德尔铁塔

音德尔铁塔建成于1998年7月，塔高185.6m，是内蒙古首座跨街四柱式钢管结构铁塔，也是东北地区县级城镇最高的铁塔，见图3-6。该塔集广播电视信号发射、微波通信传

图3-6　音德尔铁塔

输、旅游观光于一身，既是音德尔镇重要的城镇景观，又是扎赉特人自强自立、开拓创新精神的象征。

（三）扎赉特旗居民小区

扎赉特旗居民小区，见表3-6。

扎赉特旗居民小区一览表 表3-6

小　区	所在街道	小　区	所在街道
裕国花园	中心街	财智小区	神山街
神山小区	神山街	天园小区	神山街
寰宇小区	神山街	静安小区	神山街
劳动局家属楼	神山街	草原米业小区	神山街
添源小区	神山街	天园旺角小区	五四街
万泰小区	神山街	农业局家属楼	团结路
纳兰雅居小区	团结路	国税家属楼	团结路
三完家属楼	团结路	保险住宅楼	团结路
科技局家属楼	五四街	多兰小区	五四街
宾馆开发楼	五四街	华丽小区	五四街
工会住宅楼	五四街	水电小区	团结路
旗委家属楼	团结路	检察院家属楼	团结路
法院家属楼	团结路	明冉小区	团结路
人武小区	团结路	武装部家属楼	团结路
政府住宅楼	团结路	四完家属楼	团结路
经贸委家属	团结路	学子佳苑小区	光明路
林业局家属楼	团结路	中川天俊苑小区	光明路
国泰小区	繁荣路	凯泽源小区	民生路
税苑小区	光明路	技术局家属楼	光明路
蒙医小区	民生路	天星小区	民生路
毓秀小区	民生路	公安局住宅楼	民生路
公安局住宅楼	民生路	富源小区	民生路
阳光育苑小区	中心街	三和美景小区	中心街
三和公关小区	中心街	丰泽园小区	中心街
世纪家园小区	中心街	燕山国际小区	中心街
东保家园小区	中心街	乌兰小区	乌兰街
音镇小区	中心街	绰神小区	中心街
鑫鑫家园小区	中心街	江南风情园	中心街
检苑小区	通海路	交警队小区	通海路
兴才小区	通海路	地检院小区	乌兰街
警苑小区	园林路	阳光丽都小区	胡尔勒街

四、突泉

(一)各街、路的名称及起、终点

突泉各街、路的名称及起、终点,见表3-7。

各街、路的名称及起、终点一览表 表3-7

序号	名称	起点	终点
1	山泉路	种子公司	红旗小学
2	文明路	鑫兴源物流有限公司	青年游园西门
3	团结路	北厢小学	青年游园西门
4	新华路	明桂山庄	罐头厂
5	振兴路	县医院	高丽人家狗肉馆
6	向阳路	交通运输局	888泉城人家酒店
7	工业路	三中	工农小学
8	友谊路	新城小学	镇政府
9	北大街	种子公司	龙翔汽贸
10	兴安街	鑫兴源物流有限公司	交通运输局
11	胜利街	鑫悦达汽车用品店	原造纸厂
12	利群街	袁林副食品商店	原农机局
13	建设街	西加油站	新城小学
14	育文街	志彬酒楼	气象局
15	华丰街	五中	县政府
16	利民街	兴源物流有限责任公司	省际大通道
17	民主街	平安快运站	湖西小区
18	康乐街	红旗小学	体委
19	幸福街	良品汽车电器配件	工农小学
20	南厢街	先锋汽车修配厂	林苑小区
21	光明街	消防队	全英商店
22	工农街	青年游园东门	殡仪馆

(二)居民小区

突泉居民小区,见表3-8。

突泉居民小区一览表　　　　表 3-8

小　区	所在街道	小　区	所在街道
名桂山庄	灯塔南 100m 路东	交通小区	中心加油站道东
信合小区	移动公司对面	平安小区	新华路与利民街路口西 200m 北侧
金山花园	新华路与利民街路口西 200m 南侧	泰祥花园	民主街与团结路口东 200m 北侧
新华小区	街心公园后	幸福小区	东环路与幸福街路口北 100m 西侧
民乐小区	利民街与东环路口东 100m 南侧	吉瑞小区	老看守所
盛大家园	检察院道南	宏祥小区	检察院西路口南 100m 西侧
三街小区	新华路与康乐街路口东 200m 南侧	老干部小区	康乐街与东环路口西 200m 北侧
东方银座	大家园路南	金帝花园	老联营商场路南
安逸家园	实验小学路北	逸合家园	农发行东侧
仁合小区	财险公司北侧	中医院职工小区	中医院南侧
信合小区	信用联社院内	政府小区	步行街路南
党校小区	党校东侧	鑫泰小区	财政局路北
幸福二区	电视台北侧	方大家园	农电局对面
金宇小区	民乐小区南	公路小区	实验小学东
天源小区	果树队方块	湖西小区	县政府南侧
康泰小区	煤建公司东侧	秋利家园	老客运站对面
金坛小区	财险西侧	圣坛小区	财险南侧
财险小区	财险院内	试验小区	实验小学北侧
旭日小区	实验小学西侧	林苑小区	果树队方块
天宇小区	市场东侧	工商家属楼	工商局院内
和谐小区	热电公司西侧	水务小区	水利局后院
食品加工厂小区	老看守所西北侧	育才家园	实验小学后门
安居家园	卫生队南侧	华庭小区	老看守所对面
红烛公寓	建设街与 111 国道路口南 50m 东侧	和平小区	电视台西侧

（三）标志性建筑

突泉客运站全景，见图 3-7。

图 3-7　突泉客运站全景

五、科尔沁右翼中旗

（一）科尔沁右翼中旗的街道布局

各街、路名称及起、终点，见表3-9。

各街、路名称及起、终点一览表 表3-9

序　　号	路线名称	起　　点	终　　点
1	巴彦呼舒大街	蒙古族幼儿园	博物馆西侧
2	巴仁哲里木大街	旗农业银行西侧	图什业图赛马场
3	吐列毛都大街	旗广电局	东加油站
4	高力板大街	原旗法院	省际大通道交叉点
5	坤都冷路	巴彦呼舒四中	育苗艺术幼儿园
6	哈日努拉路	吉日嘎朗小区南门	全民健身活动中心
7	好腰苏木路	第七小学东	旗财险公司东
8	巴彦忙哈街	巴彦呼舒五中	旗人民银行东
9	额木庭高勒路	五角枫宾馆	旗宣传文化中心南
10	巴扎拉嘎路	森警大队	小霸王幼儿园

（二）科尔沁右翼中旗居民小区

科尔沁右翼中旗居民小区，见表3-10。

科尔沁右翼中旗居民小区一览表 表3-10

小　　区	所在街道	小　　区	所在街道
海日罕小区	一完小北原汽车站路西北50m	消防家园	中旗消防大队附近
都蓝小区	中旗原皮毛厂院内		

（三）标志性建筑

科尔沁右翼中旗民族博物馆全景，见图3-8。

图3-8　科尔沁右翼中旗民族博物馆全景

六、阿尔山市

(一)阿尔山市街道布局(见表3-11)

阿尔山市街道名称及起、终点一览表 表3-11

名称	起点	终点
温泉街	阳辉桥第二涵洞	大炮弹沟

(二)阿尔山市居民小区

阿尔山市居民小区,见表3-12。

阿尔山市居民小区一览表 表3-12

小区	所在街道
安居小区	温泉街
风华小区	温泉街
园丁小区	温泉街

(三)标志性建筑

阿尔山市市标,在阿尔山市政府门前的马路中间,见图3-9。

图3-9 阿尔山市市标

第四节 酒店、商场

一、乌兰浩特市

没有在主要街道上的宾馆、酒店、商场的地址。

（一）宾馆（见表 3-13）

宾馆一览表

表 3-13

序号	名　　称	地　　址
1	乌兰浩特市天起商务宾馆	铁都巷
2	金府宾馆	新世纪小区路东
3	八大处宾馆	兴安礼堂南侧
4	金都酒店	十三中大门西 100m
5	佐家时尚宾馆	包商银行斜对面
6	佳缘休闲宾馆	山下盟医院北侧
7	妙恋宾馆	梧桐花园东门市
8	罗马假日宾馆	市消防队对面
9	第 8 日时尚宾馆	原乌一中东侧
10	25 小时新睡眠快捷酒店	乌市一中西侧，乌市铁西医院东侧
11	海蓝宾馆	五一广场道东门市
12	樽邦休闲假日宾馆	丰泽小区南侧门市

（二）饭店（见表 3-14）

饭店一览表

表 3-14

序号	名　　称	地　　址
1	王记酱骨头馆	兴安盟血站东侧 100m
2	红都美食城	五一广场高层东侧门市
3	乌布林羊肉火锅楼	兴安盟法院后院盛苑门市
4	马家老铺	富民路市场东门
5	八大处酒店	兴安礼堂南侧
6	石油酒店	立交桥东石油公司后院
7	雅园酒店	老百汇商行北侧
8	汉城酒店	北滨河院内
9	谭公食府	第二热源北
10	塞益黄鹤楼	蒙佳粮油大门北侧
11	金港湾酒店	马路湾立交桥北江南一品门市
12	荞家大院	万佳综合楼门市
13	贝加力火锅	一店：察尔森调度楼门市 二店：市医院南 三店：兴安日报社路北
14	双霞居食府	蒙元文化城门市
15	真福肥羊	万佳樱花园西门市
16	正宗西部莜面馆	兴安二小南门

（三）汽车专卖店（见表3-15）

汽车专卖店一览表　　　　表3-15

序号	名　称	地　址
1	别克4s店	经济开发区利丰园区
2	天津一汽店	内蒙古乌兰浩特经济开发区利丰园区
3	长安铃木4s店	乌兰浩特市经济开发区利丰园区
4	哈飞店	乌兰浩特市经济开发区利丰园区
5	乌市长瑞汽贸	新建材市场路口北500m道西
6	乌兰浩特市陆众诚通汽车销售有限责任公司	乌兰浩特市物流园区汽贸城B座D区
7	乌兰浩特联舰汽车贸易有限公司	乌兰浩特市北物流园区
8	东风风行丰群专营店	乌兰浩特市北建材市场汽车园区
9	兴安盟祥运腾业汽车销售有限公司	乌兰浩特市北物流园区汽贸城
10	兴安盟宝峰汽车贸易有限责任公司	乌兰浩特市北物流园区汽贸城西数第一家
11	中翼斯巴鲁乌兰浩特店	北物流汽车园区
12	兴安盟龙翔汽车贸易有限公司	乌兰浩特市经济开发区利丰园区
13	长安店	乌兰浩特市经济开发区利丰园区
14	雪佛兰4s店	兴安盟乌兰浩特市融佳建材市场
15	长城店	乌兰浩特市经济开发区蒙牛东50m
16	五菱4s店	乌兰浩特市经济开发区利丰园区
17	奇瑞4s店	经济开发区利丰园区利丰汽车城
18	一汽大众4s店	北物流园区汽贸城
19	兴安盟一汽奔腾4s店	前旗汽车园区（路西）
20	兴安盟宾得利汽车销售有限公司	前旗新址盟交警南200m
21	乌兰浩特市世远泉汽车销售有限公司	前旗新址盟交警南300m
22	乌兰浩特市立扬汽车销售贸易有限公司	前旗新址盟交警南300m
23	乌兰浩特市凯鹏汽车贸易有限公司	乌市物流园区大门西侧
24	乌兰浩特市金汇晨汽车贸易有限公司	乌市经济开发区原乌兰哈达原神场路口
25	北京现代4s店	乌兰浩特市融佳建材市场南
26	雪铁龙4s店	乌兰浩特市融佳建材市场南
27	长安福特4s店	乌兰浩特市融佳建材市场
28	兴安盟捷丰汽车贸易有限公司东风风神4s店	乌兰浩特市北物流园区
29	帝豪专营店	乌兰浩特市北物流园区
30	乌兰浩特市佳丰汽车贸易有限责任公司	1. 兴安南大路108号 2. 乌市东物流园区西侧
31	乌兰浩特市祥泰汽车贸易有限公司	南立交桥300m农机市场院内
32	乌兰浩特市建达汽车销售有限公司	1. 南立交桥南农机市场大院 2. 北建材市场对面 3. 嘉尧农机市场大院

续上表

序号	名　称	地　址
33	乌兰浩特市盛铭汽车贸易有限公司	南立交桥农机市场院内
34	兴安盟利丰恒泰汽车销售有限责任公司	乌兰浩特市经济开发区利丰园区
35	乌兰浩特市利恒汽车销售有限责任公司	乌兰浩特市经济开发区蒙牛东 50m
36	乌兰浩特市佳丰汽车贸易有限责任公司	1. 兴安南大路 108 号 2. 乌市东物流园区西侧
37	兴安盟捷丰汽车贸易有限公司帝豪店	乌兰浩特市北物流园区
38	乌兰浩特市陆众诚通汽车销售有限责任公司	乌兰浩特市物流园区汽贸城 B 座 D 区
39	兴安盟祥运腾业汽车销售有限公司	乌兰浩特市北物流园区汽贸城
40	兴安盟泰宏五菱汽车销售有限公司五菱店	乌兰浩特市经济开发区利丰园区
41	兴安盟利丰泰奇汽车服务有限公司奇瑞店	乌兰浩特市经济开发区利丰园区利丰汽车城
42	兴安盟利丰泰宇汽车销售有限公司一汽大众店	蒙都物流园区融佳建材市场路东
43	兴安盟泰信汽车销售有限公司北京现代店	蒙都物流园区融佳建材市场南
44	乌兰浩特市泰迪汽车销售服务有限公司长安福特店	蒙都物流园区融佳建材市场

（四）旅行社（见表 3-16）

旅行社一览表　　表 3-16

序号	名　称	地　址
1	神一国际旅行社	铁路小区 3 号商住楼门市
2	天宝国际旅行社	银祥宾馆一楼
3	草原晨曦旅行社	罕山中街 46 号（盟科技局北）
4	坤之天旅行社	龙泽花园 1 号楼 12 号门市
5	王爷庙旅行社	阳光小区一号楼一单元
6	同信旅行社	欧洲风情步行街 8 号楼门市
7	携程旅行社	五一街盟宾馆对面
8	中环旅行社	市政府北龙泽家园 1－16 号门市
9	天地人和旅行社	兴安小区 1 号楼 3 单元
10	雅途之旅旅行社	长城宾馆西楼一楼
11	悦航旅行社	部队招待所东楼一楼西侧

（五）保险行业（见表 3-17）

保险行业一览表　　表 3-17

序号	名　称	地　址
1	天津鹏越国旅乌兰浩特分社	市政府北侧和谐家园 1 栋
2	兴安盟保险行业协会	兴安北大街 62 号
3	中国人寿保险股份有限责任公司兴安分公司	乌兰浩特矿泉中街
4	安华农业保险股份有限公司兴安中心支公司	罕山中街

续上表

序号	名　　称	地　　址
5	阳光保险股份有限公司兴安中心支公司	红云花苑3号楼由西至东第二、三门市
6	都邦财产保险股份有限公司兴安盟中心支公司	乌市锦绣家园一号楼
7	合众人帮保险股份有限公司兴安中心支公司	汽车站东侧大楼
8	阳光人寿保险股份有限公司兴安中心支公司	长丰国际大酒店西门
9	泰康人寿保险股份有限公司兴安盟中心支公司	乌市人力市场大楼3、4楼
10	安邦财产保险股份有限公司兴安盟中心支公司	金街南门前200m东侧大楼
11	英大泰和财产保险股份有限公司兴安支公司	静水湾二号门市楼
12	中国人民财产保险股份有限公司兴安盟分公司	胜利街五一南路96号
13	中华联合财产保险股份有限公司兴安盟中心支公司	普惠西街原市房产局楼
14	新华人寿保险股份有限公司兴安盟中心支公司	乌市新桥西街9号
15	中国平安人寿保险股份有限公司兴安盟中心支公司	五一南路18号
16	中国平安财产保险股份有限公司兴安盟中心支公司	新桥中街
17	中国大地财产保险股份有限公司兴安中心支公司	万佳商务会馆4楼
18	中国人民人寿保险股份有限公司兴安中心支公司	铁西盟疾控中心二楼
19	中国太平洋财产保险股份有限公司兴安中心支公司	兴安南路胜利街108组

（六）其他行业（见表3-18）

其他行业一览表　　表3-18

序号	名　　称	地　　址
1	阳光书苑	五一广场道东门市
2	圆通快递	乌兰花苑10号门市
3	中通快递	森发住宅临街一楼车库门市
4	韵达快递	和平二小路南红盛家园门市
5	天天快递	兴安日报社楼下
6	金峰快递	欧洲风情一期6号楼门市
7	十一药店	客运站东100m
8	金岛药品	超市金岛超市一楼
9	吉庆德大药房	乌兰浩特市工商银行东100m
10	人民大药房	市医院道北
11	东来大药房	四中对面
12	北京同仁堂中心店	红都现代城2期西侧2号门市

二、科尔沁右翼前旗科尔沁镇各行业部分单位地址(见表3-19)

科尔沁右翼前旗科尔沁镇各行业部分单位地址一览表　　表3-19

序号	名　称	地　址
1	世纪王朝酒店	同德西街北乌兰毛都路东
2	凤凰酒店	同德东街北侧
3	德隆商业广场	金界路东泰宁西街北
4	科尔沁右翼前旗科尔沁镇域合驾驶员培训学校	远征村
5	科尔沁右翼前旗金立驾校培训中心	远征村
6	科尔沁右翼前旗飞亚企业经营管理培训中心	科尔沁镇水务局西侧
7	科尔沁右翼前旗札萨克图旅游开发有限公司	科尔沁镇兴科家园27号楼门市1号
8	科尔沁右翼前旗润蕾园林绿化有限公司	科尔沁镇兴科家园三期23-2门市
9	科尔沁右翼前旗蓝天环境咨询中心	环保局二楼
10	科尔沁右翼前旗安兴建设工程质量检测站	科尔沁兴科家园一期3号楼门市
11	科尔沁右翼前旗顺昌元旅行社有限责任公司	科尔沁镇静水湾沁园小区2号楼1单元1号门市
12	科尔沁右翼前旗乌兰敖都草原旅游有限公司	科尔沁镇阳光丽景小区3号楼8号门市
13	兴安盟高勒奇劳动服务有限公司	科尔沁镇阳光丽景小区3号楼8号门市
14	兴安盟昊邦房地产评估有限责任公司	科尔沁镇兴科家园三期26-1号门市
15	科尔沁右翼前旗正泰小额贷款有限责任公司	科尔沁镇兴科家园二期7号楼门市
16	兴安盟科尔沁包商村镇银行有限公司	科尔沁右翼前旗工商局办公大楼西侧一楼
17	科尔沁右翼前旗中奥燃气有限公司	科尔沁镇兴科家园三期11号楼7号门市
18	科尔沁右翼前旗禹润自来水营业厅	科尔沁镇兴科家园一期
19	科尔沁右翼前旗电力有限责任公司	科尔沁镇新址
20	科尔沁右翼前旗昌鑫钢构工程有限公司	科尔沁右翼前旗居力很镇111国道南侧园区
21	科尔沁右翼前旗鑫通货物运输有限责任公司	科尔沁镇府东小区门市
22	科尔沁右翼前旗天昊公路养护有限责任公司	科尔沁镇柳川北路
23	科尔沁右翼前旗科尔沁镇柳川北路	科尔沁镇兴科家园一期

三、突泉宾馆、商场和机关地址

(一)宾馆(见表3-20)

宾馆一览表　　表3-20

序号	名　称	地　址
1	君邸大酒店	彩虹街南侧，向阳路西交汇处
2	民族宫	新华路西侧，华丰街北200m
3	利都宾馆	县北出口，去乌市路西侧
4	假日宾馆	新华路东侧，康乐街南交汇处

续上表

序号	名　　称	地　　址
5	天都宾馆	新华路东侧,育文街北 200m
6	瑞祥宾馆	华丰街北侧,向阳路东 100m
7	圣亚达宾馆	向阳路西侧,彩虹街北 100m
8	悦来兴宾馆	兴安街北侧,向阳路西 200m
9	帝佳宾馆	振兴路西侧,育文街南交汇处
10	旭日宾馆	利群街南侧,团结路西交汇处
11	如家宾馆	华丰街南侧,振兴路东 100m
12	环球宾馆	新华路东侧,华丰街北 100m
13	龙江宾馆	新华路东侧,育文街南 100m
14	东晨宾馆	新华路东侧,兴安街南 50m
15	长虹宾馆	华丰街南侧,向阳路西 200m
16	玉龙湾宾馆	振兴路西侧,建设街南 100m
17	金玉门宾馆	振兴路西侧,建设街北 100m

(二)饭店(见表 3-21)

饭店一览表　　表 3-21

序号	名　　称	地　　址
1	蒙星月涮肚王	彩虹街北侧,工业路东 200m
2	小肥羊	彩虹街南侧,工业路东 200m
3	通榆大块狗肉	工业路东侧,彩虹街南 200m
4	明军饭庄	民主街北侧,向阳路东 100m
5	于老六饭店	民主街北侧,向阳路东 200m
6	张二驴肉	康乐街南侧,向阳路东 50m
7	皓月火锅	向阳路西侧,光明街南 200m
8	888 饭店	向阳路东侧,工农街北交汇处
9	洛二饭店	振兴路东侧,胜利街北交汇处
10	大可以	建设街南侧,振兴路东 100m
11	金水轩	建设街南侧,振兴路东 200m
12	天上天烤肉	向阳路西侧,彩虹街北 200m
13	泉城一品楼	向阳路西侧,彩虹街北 100m
14	华府玉膳	向阳路西侧,彩虹街南 100m
15	金巴斯西餐厅	向阳路西侧,彩虹街南 200m
16	三千里烤肉	向阳路西侧,幸福街南 100m
17	春园饭店	向阳路西侧,工农街北 100m
18	小艳饺子馆	民主街北侧,向阳路西 200m
19	稻花香	华丰街北侧,新华路东 100m
20	8632 火锅	华丰街北侧,新华路东 100m

续上表

序号	名　称	地　址
21	明都食府	华丰街北侧,振兴路西 100m
22	逸香阁	振兴路西侧,华丰街北 200m
23	小权火锅	振兴路西侧,华丰街北 100m
24	兰州拉面	民主街南侧,新华路东 100m
25	山西饺子	民主街南侧,新华路东 200m
26	半亩地	向阳路西侧,彩虹街北 200m
27	隆兴饭店	兴安街南侧,新华路西 100m
28	日月春	利群街北侧,新华路西 100m
29	鸡鱼一锅出	建设街南侧,新华路西 100m
30	隆府火锅	建设街北侧,新华路西 100m
31	兴雅	建设街南侧,新华路西 200m
32	天天狗肉	育文街北侧,新华路西 200m
33	海军面馆	育文街南侧,新华路西 150m
34	日日鲜	育文街南侧,新华路西交汇处
35	华兴	民主街北侧,团结路东 100m
36	方圆	民主街北侧,团结路东 100m
37	168 羊汤馆	新华路西侧,工农街南 200m
38	东方饺子馆	团结路东侧,育文街北 100m
39	七里香烧鸽子	团结路西侧,华丰街北 100m
40	呼伦饭店	团结路东侧,彩虹街北 100m
41	燕营饭店	彩虹街北侧,团结路东 100m
42	佳年华	康乐街南侧,文明路西侧 250m
43	东方肥牛	育文街北侧,新华路东 200m
44	平常饭店	建设街北侧,新华路东 100m
45	德克士	彩虹街北侧,新华路东 200m
46	伊通烧鸽子	华丰街北侧,新华路东 200m
47	鑫胜	建设街北侧,新华路东 150m
48	尚槿烤肉	民主街南侧,向阳路交汇处
49	长白山饺子馆	华丰街北侧,向阳路西 50m
50	君平饭店	华丰街北侧,文明路西 10m
51	延吉狗肉	文明路西侧,建设街北 10m
52	老郭驴肉	向阳路东侧,民主街北 10m
53	食为天	康乐街南侧,新华路西 20m
54	风火台	建设街北侧,新华路东 20m
55	宝林小吃	建设街北侧,新华路东 100m

续上表

序号	名　　称	地　　址
56	老李酒馆	建设街北侧，新华路东 150m
57	胖嫂	建设街北侧，新华路东 150m
58	金手勺	振兴路西侧，华丰街北 150m
59	红宝石	康乐街北侧，新华路西 200m
60	天香煎饼店	振兴路西侧，华丰街北 250m
61	新疆烤羊腿	建设街南侧，振兴街西 250m
62	杨式农家院	康乐街北侧，文明路西 150m
63	韩家大院	兴安街南侧，振兴路西 100m

（三）其他（见表 3-22）

其他一览表

表 3-22

序号	名　　称	地　　址
1	中心加油站	新华路西侧，建设局北交汇处
2	县幼儿园二幼	南厢街南侧，新华路东 200m
3	中医院	胜利街南侧，新华路西交汇处
4	职业技术学校	工业路南侧，工农街南 200m
5	县医院	兴安街北侧，振兴路东交汇处
6	卫生防疫站	文明路东侧，建设街北 100m
7	消防队	团结路西侧，光明街交汇处
8	青年游园	团结路西侧，工农街交汇处
9	石油公司	幸福街北侧，友谊路东 100m
10	财险	育文街北侧，振兴路东 200m
11	一派出所	民主街南侧，团结路东 200m
12	二派出所	工农街南侧，团结路东 200m
13	教师进修学院	兴安街南侧，团结路西交汇处
14	突泉第一中学	育文街北侧，团结路西 100m
15	突泉第二中学	幸福街北侧，振兴路东交汇处
16	突泉第三中学	工业路东侧，建设街北 200m
17	实验小学	育文街北侧，新华路东 200m
18	工农小学	工业路东侧，幸福街南 200m
19	农业银行	民主街北侧，向阳路东 200m
20	移动公司	新华路北侧，育文街南 100m
21	电信公司	新华路东侧，育文街北 100m
22	鑫泰建筑公司	华中街北侧，新华路东 200m
23	网通公司	新华路东侧，彩虹街北 100m
24	烟草公司	民主街北侧，新华路东 100m
25	三街小学	幸福街北侧，新华路东 200m

续上表

序号	名　称	地　址
26	信用社	新华路北侧，华丰街北 200m
27	工商行	彩虹街南侧，团结路东 100m
28	县政府宾馆	新华路西侧，彩虹街南交汇处
29	县幼儿园一幼	民主街北侧，新华路西 100m
30	好邻居超市	向阳路东侧，彩虹街北 100m
31	马四超市	振兴路西侧，民主街南 200m
32	新世界	彩虹街北侧，新华路东 200m
33	劝业商场	彩虹街北侧，振兴路西交汇处
34	步行街	彩虹街南侧，新华路东 100m
35	温州商城	彩虹街南侧，新华路东 200m
36	圈楼	彩虹街南侧，内新华路东 200m
37	佳美嘉商场	新华路西侧，华丰街北 100m
38	牵手 KTV	彩虹街北侧，新华路西 200m
39	翡翠壹号 KTV	新华路西侧，利群街南交汇处
40	红公馆 KTV	建设街北侧，新华路东 100m
41	声皇 KTV	振兴路西侧，彩虹街北 100m
42	大正图书	新华路西侧，华丰街南 50m
43	阳光书店	华丰街南侧，新华路东 50m
44	远新礼仪	新华路西侧，彩虹街北 200m
45	春雷婚庆	彩虹街南侧，新华路西交汇处
46	帝豪家私	民主街南侧，向阳路东交汇处
47	百合家居城	华丰街北侧，新华路西 200m
48	领航手机	新华路西侧，彩虹街北 100m
49	花仙子花卉	民主街北侧，新华路西 200m
50	蓝天化妆品	华丰街南侧，新华路西 200m
51	劲霸	彩虹街南侧，步行街内
52	七匹狼	新华路西侧，彩虹街南 200m
53	云天五金	康乐街南侧，新华路东 300m
54	福田五金	康乐街南侧，振兴路东 50m
55	佳兴五金	康乐街北侧，振兴路东 50m
56	利民药店	彩虹街北侧，振兴路西交汇处
57	欢乐购	彩虹街南侧，振兴路西交汇处
58	百姓大药房	民主街南侧，振兴路西 200m
59	延运批发	彩虹街北侧，振兴路东 50m
60	双益家电	华丰街南侧，新华路西 200m
61	丽都洗浴	县北出口，去乌市路西侧
62	过汇龙洗浴	利群街南侧，新华路西 100m

续上表

序号	名　　称	地　　址
63	金山洗浴	彩虹街南侧，内新华路西 50m
64	世纪园洗浴	新华路西侧，南厢街南 100m
65	刘家药铺	新华路西侧，育文街南 50m
66	回春医院	康乐街北侧，新华路西 200m
67	永昌货物有限责任公司	兴安街北侧，新华路西 200m
68	双利物流有限责任公司	幸福街南侧，友谊路东交汇处
69	万信物流有限责任公司	新华路西侧，兴安街南 50m
70	神龙物流有限责任公司	文明路西侧，康乐街南 200m
71	兴源物流有限责任公司	彩虹街北侧，山泉路西 200m
72	马四物流有限责任公司	民主街南侧，向阳路西 200m
73	佳兴配货站	建设街北侧，文明路东 50m
74	左亮货运公司	建设街北侧，去六户出口北侧
75	平安快运站	民主街北侧，山泉路西 200m
76	鑫兴源物流有限公司	兴安街北侧，文明路东交汇处
77	突泉县顺通物流有限公司	湖西路东侧，民主街对面
78	突泉县印发货运公司	民主街北侧，工业路东 200m
79	突泉县突泉镇友缘货物配送中心	向阳路东侧，工农街北 100m
80	金鹿运业集团突泉运达运输有限责任公司	幸福街南侧，友谊路东 100m
81	突泉县胜利客运有限责任公司	工业路西侧，民主街南 200m
82	万博油脂有限公司	县东出口，省际通道南 1km
83	安达饲料	县东出口，省际通道南 3km
84	松森牧业	县东出口，省际通道南 3km
85	食用苗培育中心	县东出口，省际通道南 3km
86	安华保险	新华路，胜利街路口北侧
87	亚泰机动车检测中心	县东出口，省际通道北 1km 东侧
88	天洁风电	县东出口，省际通道南 2km 东侧
89	安达牧业	县东出口，省际通道南 1km 西侧
90	宝兴服装床垫厂	县东出口，省际通道南 1km 西侧
91	雨润集团	县东出口，省际通道南 500m 西侧
92	鑫光热力分公司	县东出口，省际通道北 1km 西侧
93	好邻居超市	向阳路东侧，彩虹街北 100m
94	新世界商贸大厦	彩虹街北侧，新华路东 200m
95	劝业商场	彩虹街北侧，振兴路西交汇处
96	步行街	彩虹街南侧，新华路东 100m
97	温州商场	彩虹街南侧，新华路东 200m
98	圈楼	彩虹街南侧，新华路东 200m

四、科尔沁右翼中旗宾馆和商场(见表3-23)

科尔沁右翼中旗宾馆和商场　表3-23

序号	名　称	地　址
1	五角枫宾馆	中旗旗委大楼东侧
2	君悦商务会馆	巴彦忙哈大街
3	阳春大酒店	畜牧局楼畜牧宾馆

五、扎旗宾馆和商场(见表3-24)

扎旗宾馆和商场　表3-24

序号	名　称	地　址
1	神山宾馆	音德尔路西侧
2	江南宾馆	山东街西侧
3	汇鑫宾馆	万泰新天地道东侧
4	税苑宾馆	国税局北侧
5	粮食大酒店	民族路东侧
6	豪阁宾馆	团结路东侧
7	万泰新天地	音德尔路西侧
8	购物中心	中心街南侧
9	天星家具家电	音德尔路西侧
10	好望角快捷宾馆	通海路南侧
11	王府宾馆	中医院道南

六、阿尔山宾馆、商场和机关(见表3-25)

阿尔山宾馆、商场和机关一览表　表3-25

序号	名　称	地　址
1	海神大酒店	温泉街
2	贵贺宾馆	温泉街
3	阿尔山市宾馆	温泉街
4	六合国际大酒店	温泉街
5	阿尔山市巨星宾馆	温泉街
6	英才大酒店	温泉街
7	南苑大酒店	温泉街
8	杜鹃山庄	伊尔施
9	海神圣泉疗养院	阿尔山市温泉街
10	蓝海矿泉水公司	阿尔山市五里泉
11	太伟集团	阿尔山市
12	署秋铁矿	阿尔山市伊尔施署秋
13	阿尔山市民航机场	阿尔山市伊尔施东

第五节　各旗、县、市党政机关、事业单位地址

一、兴安盟

(一)在兴安盟党政大楼办公的单位

(1)兴安盟盟委、行政公署、行政公署、盟人大工委,盟政协、中共纪律检查委员会、统战部、盟政法委员会、盟委组织部、宣传部,纪委监察局,盟委党史办、政研室、盟委档案局。

(2)盟委办公厅、机要局、保密局、接待办、机关事务管理局、法制办。

(3)盟直属机关工委、盟发改委、司法局、金融办、经信委、审计局、商务局、供销社、劳动局、水务局、人才服务中心、民政局、民族宗教事务局、规划局、环保局、外事口岸办、旅游局、招商局、地震局、计生局、安全生产监督管理局、扶贫办、教育局、文体局、卫生局、信访局、地方志办公室、经济开发区、编办、盟工会、团委、妇联、红十字会、工商联、文联、残联、科协、劳动力转移办公室、文化产业开发办公室、综合办。

(二)在兴安盟党政大楼以外办公的单位(见表3-26)

在兴安盟党政大楼以外办公的单位一览表　　表3-26

序号	名　称	地　址
1	兴安盟交通运输局	电业路,乌兰浩特热电厂对面
2	兴安盟公路管理局	电业路,乌兰浩特热电厂对面
3	兴安盟住房和城乡建设局	共建巷
4	兴安盟农牧业局	兴安盟党政大楼东侧
5	国土资源局	兴安盟党政大楼东侧
6	农牧场管理局	互助西街
7	兴安盟科学技术局	罕山街
8	兴安盟公安局	罕山西大街
9	兴安盟劳动和社会保障信息网络中心	乌兰西街
10	兴安盟医疗保险管理中心	乌兰大街
11	兴安盟林业局	罕山东街
12	兴安盟安全生产监督管理局	兴安北大路
13	兴安盟扶贫开发领导小组办公室	爱国街民和北路2号
14	兴安盟住房资金管理中心	爱国街民和北路2号
15	兴安盟中级人民法院	五一北大路
16	兴安盟安全局	五一北大路
17	兴安盟老干部局	五一北大路
18	兴安盟工商行政管理局	新桥东大街
19	兴安盟交通运输管理处	胜利南路

续上表

序号	名　　称	地　　址
20	兴安盟人民检察院	新桥东大街
21	兴安盟消防支队	乌兰浩特市滨河小区
22	兴安盟公安交通警察支队	科尔沁镇同德中街
23	兴安盟武警支队	科尔沁镇同德中街
24	兴安盟消防支队	科尔沁镇同德中街

二、乌兰浩特市

(一)在乌兰浩特市党政大楼办公的单位

(1)乌兰浩特市委、人大、政府、政协、纪检委、统战部、宣传部、组织部、政法委。

(2)乌兰浩特市财政局、审计局、国土局、民政局、招商局、房产局、档案局、司法局、总工会、发改委、人社局、信访局、民族宗教事务局、扶贫办、编制办、新闻中心、统计局、个人私企管理局、旅游局、卫生局、妇联、文联、团委、红十字会、大病救助基金会、机关事务管理局、工商联。

(二)在乌兰浩特市党政大楼以外办公的单位(见表3-27)

在乌兰浩特市党政大楼以外办公的单位一览表　　表3-27

序号	名　　称	地　　址
1	乌兰浩特市交通运输局	复兴东街
2	乌兰浩特市住房和城乡建设局	民主东街
3	乌兰浩特市教育局	兴安北大路
4	乌兰浩特市林业局	兴安南大路
5	乌兰浩特市农电局	富民南路
6	乌兰浩特市文体局	兴安北大路
7	乌兰浩特市农牧业局	兴安北大路
8	乌兰浩特市科技局	爱国二小后院
9	乌兰浩特市社保事业管理局	乌兰东街
10	乌兰浩特市就业局	乌兰东街
11	乌兰浩特市人才交流中心	乌兰东街
12	乌兰浩特市水务局	铁西北大路
13	乌兰浩特市工商行政管理局	新桥东大街
14	乌兰浩特市国家税务局	新桥东大街
15	乌兰浩特市地方税务局	新桥东大街
16	乌兰浩特市公安局	五一北大路
17	乌兰浩特市消防大队	光明西街
18	乌兰浩特市人民法院	南滨河
19	乌兰浩特市人民检察院	新桥东大街
20	乌兰浩特市交通运输管理所	爱国南路

三、科尔沁右翼前旗

(一)在科尔沁右翼前旗党政大楼办公的单位

前旗旗委、政府、人大、政协、纪检委、统战部、组织部、政法委、审计局、招商局、旅游局、人事劳务局、统计局、工会、团委、妇联、供销社、信访局、发改委、民族宗教事务局、扶贫办、红十字会、科尔沁报社、编辑办、机关事务管理局、经营管理局。

(二)在科尔沁右翼前旗党政大楼以外办公的单位(见表3-28)

在科尔沁右翼前旗党政大楼以外办公的单位一览表　　表3-28

序号	名　称	地　址
1	科尔沁右翼前旗旗委旗、政府	府前街
2	科尔沁右翼前旗旗教育局	学前街
3	科尔沁右翼前旗旗时政局	府前街
4	科尔沁右翼前旗旗环保局	乌兰河路
5	科尔沁右翼前旗旗计生局	乌兰河路
6	科尔沁右翼前旗旗土地局	乌兰河路
7	科尔沁右翼前旗旗林业局林业公安局	乌兰河路
8	科尔沁右翼前旗旗建设局	大坝沟路
9	兴安盟武警支队	大坝沟路
10	科尔沁右翼前旗旗地税局	府前街
11	科尔沁右翼前旗旗水务局	府前街
12	科尔沁右翼前旗旗公安局	泰宁西街
13	科尔沁右翼前旗旗检察院	泰宁西街
14	科尔沁右翼前旗旗广电局	索伦街
15	科尔沁右翼前旗旗教育局	泰宁西街
16	科尔沁右翼前旗旗农业局	索伦街
17	科尔沁右翼前旗旗文体局活动中心	乌兰毛都北路
18	科尔沁右翼前旗旗交通局客运站	同德西街
19	科尔沁右翼前旗旗农村信用社	乌兰毛都北路
20	科尔沁右翼前旗旗工商局	索伦街
21	科尔沁右翼前旗旗畜牧局	索伦街
22	兴安盟消防支队	同德西街
23	兴安盟交警支队	同德西街
24	兴安盟武警支队	同德西街
25	科尔沁右翼前旗旗人民法院	泰宁西街
26	科尔沁右翼前旗旗第三中学	天骄北路
27	科尔沁右翼前旗旗水景公园	同德西街
28	科尔沁右翼前旗旗图书馆	乌兰河路
29	科尔沁右翼前旗旗民政局	金界路
30	科尔沁右翼前旗旗农机局	金界路

四、扎赉特旗

（一）在扎赉特旗党政大楼（神山街）办公的单位

旗委、旗人大、旗政府、旗政协、旗纪检、监察局、组织部、机关党委、宣传部、政法委、统战部、编办、史志局、档案局、党校、红十字会、工商联、残联、科协、发改委、金融办、经贸委、安监局、统计局、审计局、招商局、供销联社、财政局、团委、妇联、移民办、民族事务局、科技局规划局、扶贫办。

（二）在扎赉特旗党政大楼以外办公的单位（见表3-29）

在党政大楼以外办公的单位一览表　　表3-29

序号	名　　称	地　　址
1	扎赉特旗人武部	音德尔路
2	图牧吉自然保护区管理局	图牧吉
3	扎赉特旗广播电视台	神山街
4	扎赉特旗工会	音德尔路
5	扎赉特旗财政局	光明路
6	扎赉特旗人事劳动和社会保障局	神山街
7	扎赉特旗社会保险事业管理局	神山街
8	扎赉特旗就业服务局	神山街
9	扎赉特旗医保中心	神山街
10	扎赉特旗人才交流服务中心	神山街
11	扎赉特旗劳务输出办公室	神山街
12	扎赉特旗教育局	绰尔路
13	扎赉特旗文体广电局	神山街
14	扎赉特旗疾控中心	源龙路
15	扎赉特旗人口和计划生育局	源龙路
16	扎赉特旗建设局	团结路
17	扎赉特旗卫生局	团结路
18	扎赉特旗民政局	绰尔路
19	扎赉特旗环保局	团结路
20	扎赉特旗国土资源局	神山街
21	扎赉特旗交通局	音德尔路
22	扎赉特旗交通运输管理所	中心街
23	扎赉特旗农业局	通海路
24	扎赉特旗林业局	通海路
25	扎赉特旗水务局	乌兰街
26	扎赉特旗农机局	五四街
27	扎赉特旗法院	通海路

续上表

序号	名　称	地　址
28	扎赉特旗检察院	通海路
29	扎赉特旗司法局	音德尔路
30	扎赉特旗人民银行	体坛路
31	扎赉特旗农行	中心街
32	扎赉特旗工行	中心街
33	扎赉特旗信用联社	山东街
34	扎赉特旗财险	团结路
35	扎赉特旗人险	神山街
36	扎赉特旗国税局	中心街
37	扎赉特旗地税局	音德尔路
38	扎赉特旗质量技术监督局	光明路
39	移动公司	神山街
40	联通公司	神山街
41	邮政局	神山街
42	电力公司	神山街
43	烟草专卖公司	音德尔路
44	扎赉特旗消防大队	乌兰街
45	保安沼地区检察院	通海路
46	乌兰监狱	乌兰
47	乌塔其监狱	乌塔其
48	保安沼监狱	保安沼
49	图牧吉劳教所图	牧吉牧场
50	扎赉特旗森警大队	中心街
51	扎赉特旗盐务局	中心街
52	扎赉特旗公安局	神山街

五、突泉县

(一)在突泉县党政大楼内办公的单位

县委办公室、政府办公室、人大、政协、纪检委、组织部、宣传部、政法委、统战部、人防办、统计局、农调队、妇联、团委、农村工作部、经信局、安监局、科技局、总工会、残联、接待局、宗教局、科协、机关工委、审计局、史志局、发改委、工商联、招商局、红十字会、编办、文联。

县政府大楼地址在华丰街北侧,湖东路西交汇处。

（二）在突泉县党政大楼以外办公的单位（见表3-30）

在突泉县党政大楼以外办公的单位一览表　　表3-30

序号	名　称	地　址
1	突泉县公安局	华丰街北侧，湖东路西200m
2	突泉县法院	华丰街北侧，湖西路东交汇处
3	突泉县检察院	彩虹街北侧，工业路东交汇处
4	突泉县农牧业局	华丰街北侧，湖西路西交汇处
5	突泉镇政府	幸福街北侧，湖西路西100m
6	突泉县地税局	彩虹街北侧，工业路东100m
7	突泉县体委	康乐街北侧，工业路东200m
8	突泉县文体广电局	康乐街北侧，工业路西交汇处
9	突泉县电视台	幸福街南侧，工业路西200m
10	突泉县交通运输局	兴安街北侧，向阳路西交汇处
11	突泉县林业局	育文街北侧，新华路西100m
12	突泉县综合执法局	利群街北侧，向阳路路西200m
13	突泉县技术监督局	华丰街南侧，向阳路西200m
14	突泉县工商局	民主街南侧，向阳路西200m
15	突泉县规划局	民主街南侧，向阳路西100m
16	突泉县劳动就业局	幸福街南侧，新华路东100m
17	突泉县社保局	幸福街南侧，新华路东100m
18	突泉县计生局	新华路东侧，南厢街南交汇处
19	突泉县教育局	南厢街南侧，新华路东100m
20	突泉县农电局	新华路西侧，建设街北100m
21	突泉县水利局	新华路西侧，建设街南100m
22	突泉县人民银行	民主街北侧，向阳路西200m
23	突泉县老干部局	康乐街北侧，向阳路西200m
24	突泉县建设局	民主街南侧，团结路东交汇处
25	突泉县环保局	民主街南侧，团结路东交汇处
26	突泉县司法局	彩虹街北侧，向阳路东200m
27	突泉县财政局	华丰街北侧，新华路东200m
28	突泉县民政局	民主街南侧，团结路东200m
29	突泉县国土资源局	民主街北侧，新华路西100m
30	突泉县国税局	华丰街南侧，团结路西200m
31	突泉县盐务局	团结路西侧，利群街北100m
32	突泉县卫生局	文明路东侧，建设街北100m
33	突泉县党校	康乐街北侧，向阳路西200m
34	武装部	新华路东侧，康乐街北100m
35	邮政局	彩虹街北侧，新华路东20m
36	兴安盟公路管理局第五工区	育文街北侧，振兴路西交汇处
37	突泉县交通运输管理所	兴安街北侧，向阳路西交汇处
38	突泉县客运站	兴安街北侧，向阳路西交汇处

六、科尔沁右翼中旗

（一）在科尔沁右翼中旗党政一号楼办公的单位

旗委、旗政府，政协、组织部、宣传部、统战部、纪检委、政府办、旗委办、残联、信访局、红十字会、编制办、罕山保护区管理局、史志局、五角枫保护区管理局、防空办、统计局、监察局、妇联。

地址：巴彦呼舒大街西道北，图什业图广场北侧。

（二）在科尔沁右翼中旗党政二号楼办公的单位

卫生局、卫生监督所、安监局、工会、教师进修学校、民政局、科技局、商贸局。

地址：巴彦呼舒大街中间道北。

（三）在科尔沁右翼中旗党政大楼以外办公的单位（见表3-31）

在科尔沁右翼中旗党政大楼以外办公的单位一览表　　表3-31

序号	名　　称	地　　址
1	科尔沁右翼中旗司法局	扎木钦路最北段，丁字路口西侧
2	科尔沁右翼中旗广电局、计生局	吐列毛杜大街最西段道北
3	科尔沁右翼中旗人民医院	巴仁哲里木大街西道南
4	科尔沁右翼中旗中医院	巴仁哲里木大街中道北
5	巴彦呼舒镇政府	巴彦呼舒大街，图什业图广场西
6	科尔沁右翼中旗建设局 工商局 农牧业局 技术监督局	巴彦呼舒大街东道南
7	科尔沁右翼中旗人事劳动和社会保障局 国土局 林业局 林业公安分局 科尔沁国家级自然保护区管理局	巴彦呼舒大街东道北
8	科尔沁右翼中旗环保局、水利局	巴仁哲里木大街东道北
9	科尔沁右翼中旗农业银行	巴仁哲里木大街最西段道北
10	科尔沁右翼中旗工商银行	巴彦呼舒大街西道北
11	科尔沁右翼中旗交警大队	高力板大街中，道西
12	科尔沁右翼中旗运管所 客运站	吐列毛杜大街最东段道北
13	科尔沁右翼中旗交通局	巴彦呼舒大街西，道南

七、阿尔山市

（一）在阿尔山市党委大楼办公的单位

阿尔山市委、纪检委、统战部、宣传部、组织部、政法委、团委。

（二）市阿尔山政府大楼办公的单位

市政府、财政局、审计局、招商局、档案局、司法局、总工会、发改委、人事局、信访局、扶贫办、编制局、统计局、妇联、文联、红十字会、工商局、林业局。

（三）人大办公楼

地址：市委、政府大楼中间

（四）政协办公楼

地址：政府大楼对面

（五）在温泉街办公的单位

供电局、文体局、工商局、国税、地税、公安局、法院、检察院、交通运输管理局。

（六）在林海街办公的单位（见表3-32）

在林海街办公的单位　　表3-32

序号	名　称	地　址
1	建设局	林海街
2	教育局	老伊尔施教育园区

（七）林业局的办公单位（见表3-33）

林业局的办公单位　　表3-33

序号	名　称	地　址
1	阿尔山林业局	阿尔山市伊尔施镇
2	五岔沟林业局	阿尔山市五岔沟镇
3	白狼林业局	阿尔山市白狼镇

第六节　交通状况

兴安盟是以公路运输为主的地区。境内仅有阿尔山至白城和通辽至霍林河两条铁路，而且互不连接。全盟6个旗县市中只有4个旗、县、市通火车，铁路经过的乡镇有16个。公路运输占社会总运输量的79.8%，铁路运输占20%，空运只占客货运输的0.2%，水路运输只限于水库、湖区和绰尔河下游，没有形成规模。

近年来，公路交通事业飞速发展，2012年，全盟有各级公路9946.550km，其中：国道514.676km（包括高速公路33.5km）、省道824.455km、县道2024.238km（其中包括边防公路91km）、乡道1866.522km，村道4509.250km，专用公路207.409km。此外，还有林区公路589km。

一、乌兰浩特市

乌兰浩特是全盟的交通枢纽，交通基础设施较为完善，形成了以公路、铁路为主的四通八达的交通网络。

（一）民航

乌兰浩特机场位于市区北 20km 处，见图 3-10。可起降大、中型客机，已开通至北京、呼和浩特、沈阳等国内航线。

乌兰浩特机场隶属内蒙古民航机场集团。机场位于兴安盟首府乌兰浩特市的义勒力特镇附近，距市区 17km，飞行区等级为 3C 级，1995 年 4 月 5 日正式投入使用。

图 3-10　乌兰浩特机场

（二）铁路

白城至阿尔山铁路纵贯市区南北，每天有乌兰浩特始发至北京、天津、呼和浩特、长春、哈尔滨、沈阳、大连、阿尔山、白城等直达列车 21 次。

火车站位于乌兰大街西起点，见图 3-11。地址：乌兰浩特乌兰西大街 69 号，乌兰西街起点。

（三）公路

全市共有国、省、县、乡、村公路 85 条，503km；城区内道路共计 502km。国道有 111 线、302 线，省道有 101 线、203 线均从市区穿过。形成以国省干线公路为骨架以县乡村公路为网络的四通八达的公路网。

（四）公路客运

在 2006 年以前，乌兰浩特市是一市三府（盟行政公署、科尔沁右翼前旗政府、乌兰浩特市政府），所以，全市有 3 个公路客运公司：分别是乌兰浩特汽车站（见图 3-12）、乌兰浩特市蒙马客运公司、科尔沁右翼前旗兴达客运公司。2013 年，全市共有客运线路 104 条，230 多个班次。

图 3-11　乌兰浩特火车站

图 3-12　乌兰浩特市汽车站

其中省际和盟际客运路线有北京、哈尔滨、齐齐哈尔、白城、沈阳、长春、大连、秦皇岛、呼和浩特、海拉尔、满洲里、通辽、赤峰、天山、鄂尔多斯、锡林浩特、鲁北等。

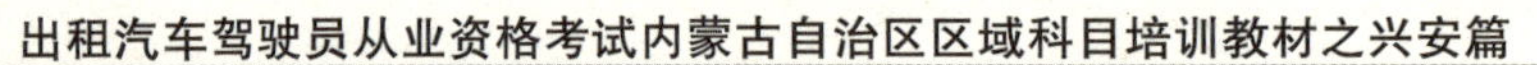

二、各旗县市公路交通状况

(一)各旗县、市县级公路情况(见表3-34)

各旗县、市县级公路情况一览表 表3-34

旗县	始终点	途径主要站点	里程(km)
扎旗	巴彦高勒—江桥	八户地、二龙屯、小城子、腰五九屯	41
	音德尔—龙江县	五家户、兴华、五星、石头城子	27
	新林—察尔森	新林八队、西巴彦乌兰、胡尔勒、宝力根花、水泉、南山	146
	音德尔—杨树沟林场	阿拉坦花、巴达尔胡农场、胡尔勒、阿拉达尔吐、国营牧场、杨树沟林场	92
	音德尔—吉林省镇赉	贾家屯、小城子乡、宫家围子、六合屯、大油房屯、大青山村、南大岭村、蒙古屯、宝兴屯、图木吉苏木、小扎子屯、喇嘛仓屯、图木吉牧场、青龙山屯,终点为吉林省镇赉县与扎旗交界处	72.5
	七家子收费站—黄花岱	乌兰套海、巴达尔胡、查干巨力河、敖宝吐、黄花岱	47.8
前旗	双花吐—大青山林场	双花吐、李家街、白辛、白音六队、大青山	33.3
	巴拉格歹—大石寨	巴拉格歹镇、讫点大石寨镇	45.5
	索伦—满族屯苏木	索伦、满族屯苏木	27.5
	德伯斯—大石寨	省道203线好仁大桥西、前旗大石寨镇	24.5
乌市	乌兰浩特—东巴彦呼舒	义勒力特苏木	21
	居力很—大坝沟	居力很镇	9.0
	乌兰浩特—哈达那拉	宁家、朝阳、五星	38
	乌兰浩特—图牧吉	乌兰、合特、呼和马场、图牧吉	58
	乌市老东大桥—乌兰哈达	老东大桥(漫水桥)的西大坝、关店、乌兰哈达麦芽糊精厂	4.7
突泉	突泉镇—吉林省洮南	水泉	58
	突泉镇—吉林省白城	突泉镇、太东乡、杜尔基镇、五大泡子渔场、万宝煤矿、镇西	33.3
	乌兰浩特—突泉	乌兰浩特、大坝沟、巴拉格歹、古迹、宝石、学田、六户、太和、突泉镇、乌兰浩特	168
	突泉—牤牛海	大青山水库	25.9
	永安—巴扎拉嘎	永保、六户镇、钢铁、李家屯、和丰	46
中旗	国道111线支线	东加油站、集资楼、中旗二中门口	3.2
	代钦塔拉—霍林河市	代钦塔拉、额木庭高勒、巴扎拉嘎、吐列毛都、西哲里木、哈日诺尔	179
	巴彦呼舒—吉林省开通	西太本、高力板、义和道卜、新发屯	65
	巴彦呼舒—乌兰浩特	代钦塔拉、突泉镇、太东、律家沟大桥、永安、胡力吐、西立屯	153
阿尔山	阿尔山—三角山	伊尔施	27.3
	伊尔施—呼伦贝尔市扎兰屯市蘑菇气	兴安、天池、金江沟、柴河	88
	伊尔施—桑都尔	伊尔施、银江沟、伊敏、桑都尔	71
乌兰浩特	乌兰浩特市—科尔沁右翼前旗新址(科尔沁镇)公路	乌兰浩特市与前旗的分界线—归流河(曹家屯)、前旗政府新址柳川路市政界	5.5

（二）各旗县、市所在地到周边城市公路情况（见表3-35）

各旗县、市所在地到周边城市公路情况一览表

表3-35

旗县所在地	周边城市	途径主要站点	里程(km)
巴彦呼舒	乌兰浩特市西南	突泉、永安、胡力吐	160
	呼和浩特东北	鲁北、大板、桑根达来、集宁	934
	通辽市	两支箭　舍百吐	190
	霍林郭勒市	鲁北	195
	长春市	乌兰哈达、葛根庙、镇西、平台、平安镇	380
	沈阳市	通辽	480
	哈尔滨市	洮南、松原	560
突泉	乌兰浩特市西南	太东、永安	98
	呼和浩特东北	巴彦呼舒、鲁北、天山、桑根达来、集宁	1122
	霍林郭勒市	巴彦呼舒	304
	长春市	大泡子、洮南、通辽、长岭	423
	沈阳	巴彦呼舒、舍佰吐、通辽、彰武	513
	北京	通辽、赤峰、承德	1070
	大连	彰武、沈阳	914
	海拉尔	乌兰浩特、扎兰屯、牙克石	826
	白城	大泡子、郝仁店、洮南	150
	通辽市	巴彦呼舒、高力板、舍佰吐	248
	洮南	水泉	110
	鞍山	彰武、沈阳	700
乌兰浩特	白城	乌兰哈达、葛根庙、镇西、平台、平安镇	92
	通辽	突泉、巴彦呼舒	310
	扎兰屯	巴彦格勒、新林	305
	鲁北	巴彦呼舒	230
	锡林浩特	经棚、桑干达来	860
	霍林河	大石寨	300
	呼和浩特	呼集高速、突泉	1222
	西柳	洮南、长岭	788
	天山	鲁北、巴彦胡硕	348
	齐齐哈尔	音德尔、巴加拉嘎、景星、杏山、龙江	315
	秦皇岛	突泉、巴彦呼舒、彰武、京沈高速公路	920
	北京	大板、赤峰、承德	1230
	长春	安广、大安、农安、松源	448
	哈尔滨	扶余、松原	504
	那吉镇	音德尔扎兰屯	348
	洮南	好田、胡力吐	168
	尼尔基	那吉镇 扎兰屯	509
	东胜	巴彦呼舒、鲁北、天山、桑根达来、集宁、包头至东胜高速公路	1500
	赤峰	鲁北、突泉	658

续上表

旗县所在地	周边城市	途径主要站点	里程(km)
音德尔	扎兰屯	阿尔本格勒、新林、蘑菇气、扎兰屯	192
	海拉尔	阿尔本格勒、新林、扎兰屯、牙克石、海拉尔	528
	江桥	五九、五家户、乌鸦站、好力保、保安沼、乌塔旗	85
	齐齐哈尔	五家户、好力保、乌塔旗、江桥、大兴、齐齐哈尔	160
	白城	小城子、六合屯、图牧吉、镇赉	140
	泰来	塔子城、河西、四平、永安、大榆树	65
	镇赉	小城子、六合屯、图牧吉、镇赉	118
	齐齐哈尔	大桥、五家户、杏山、海洋林场、景星、龙江、富拉尔基	205
	沈阳	白城、洮南、康平、法库	740
	龙江	朝鲜屯、大桥、兴华、五家户、杏山、海洋林场、景星、龙江	184
	乌兰浩特	巴彦格勒、额尔格图	108
	乌兰浩特飞机场	巴彦格勒、额尔格图、八里八	115
	哈尔滨	江桥、大庆	420
阿尔山	海拉尔	红花尔基、伊敏	300
	满洲里	新巴尔虎右旗	440
	新巴尔虎左旗	伊尔施、罕达盖	200
	牙克石	海拉尔	420
	白城	乌兰浩特	370

三、城区旅客运输

城区旅客运输包括公共汽车运输和出租汽车运输两部分。

(一)出租汽车客运

出租汽车关系到一个地区、一个城市的形象。各旗、县、市在出租汽车客运兴起的时间和管理上,均有不同。

1. 乌兰浩特市

全市共有出租汽车 2211 辆,汽车出租服务公司有以下 6 家:

(1)通泰出租汽车有限公司。

(2)银鹿出租汽车服务公司。

(3)鑫川汽车出租公司。

(4)民意汽车出租公司。

(5)业明出租汽车服务公司。

(6)久安出租汽车服务公司。

2. 科尔沁右翼前旗

2008 年,组建华美出租汽车公司,属公车公营性质,共有出租汽车 64 辆。其中 61 辆吉利金刚牌轿车,3 辆现代轿车。

3. 突泉县

全县共有出租汽车 444 辆,出租汽车服务有限公司有以下 4 家:

(1)通宝出租汽车服务有限公司。

(2)胜利出租汽车服务公司。

(3)突泉县平安出租汽车服务有限公司。

(4)突泉县大众出租汽车服务有限公司。

4. 扎赉特旗

全旗共有出租汽车共计 1123 辆,出租汽车有限责任公司有以下 5 家:

(1)博元出租汽车有限责任公司。

(2)顺达出租汽车有限责任公司。

(3)利通出租汽车有限责任公司。

(4)东大出租汽车有限责任公司。

(5)九龙出租汽车有限责任公司。

5. 科尔沁右翼中旗

1993 年,科尔沁右翼中旗巴彦呼舒镇开始有出租汽车,办理营运手续的出租汽车有 40 辆。未办理营运手续的出租汽车约有 1200 辆,当时没有进行管理。

6. 阿尔山

全市共有出租汽车 305 辆,出租汽车公司有以下 2 家:

(1)阿尔山市雪城出租汽车公司。

(2)圣域出租汽车有限公司。

(二)公共交通

公共汽车是城市内运载乘客的工具,涉及全市人民出行并与生活、工作、学习密切相关,公共汽车发展水平是一个城市经济和文明程度的标志之一。

2013 年,全盟有 4 个旗、县、市经营公交客运企业,分别是乌浩特市、科尔沁右翼前旗、扎赉特旗、阿尔山市。

1. 乌兰浩特市

1990 年 7 月 1 日,乌兰浩特市公共汽车开始营运,隶属于乌兰浩特市城建局,结束了乌兰浩特市没有公共汽车的历史。

1998 年 5 月 8 日,公共汽车公司进行改制,成为私营企业。2008 年,隶属乌兰浩特金鹿运业公司。

2012 年,政府注入资金 60%。全年投资 5000 万元用于推进公交改革,7 月,公共交通正式收归国有。隶属市交通局。8 月初,组建"乌兰浩特市公共汽车有限责任公司"。2012 年,被交通运输部表彰为"全国城市公共交通行业企业先进集体",是内蒙古自治区公交系统唯一的一家。

乌兰浩特公共交通线路，见表3-36。

乌兰浩特公共交通线路一览表 表3-36

路别	始终点	途径主要站点	里程(km)
1路	八里八—南滨河小区	六里六、市公共汽车公司、兴安电视台、罕山公园、盟科技局、万佳商务会馆、兴安盟人民医院、盛苑小区、金山小区、沈铁枫景名城、爱国家园、爱国小区、市工商银行、乌兰浩特市人民医院、金岛商厦、乌兰浩特火车站、中国联通、林勘二院、建设银行、中国邮政、市国税局、乌兰浩特汽车站、民族解放纪念馆、市检察院、红云花苑、滨河经典、南滨河小区	12
2路	盖亚花园小区—关店加油站	盖亚花园小区、兴安盟党政综合大楼、兴安盟政务服务中心、鑫安家园、乌兰浩特四中、盟医院门诊部、旗医院、兴安市场、兴安一小、金岛商厦、乌兰浩特市人民医院、市工商银行、爱国小区、兴安盟蒙医院、和平市场、市工商局、民族解放纪念馆、市检察院、乌兰浩特市政府、北滨河小区、市地税局、宠物市场、联军村、岩宇公司、兴发冷冻、关店加油站	13
3路	西大坝—金鹿运业集团	西大坝、钢花小区、兴旺家园、铁西医院、乌兰浩特钢铁厂、铁西邮政支局、新兴加油站、铁西办事处、蒙佳商居广场、中西医结合医院、建设小区、兴安盟气象局、兴安军分区、兴安市场、万佳樱花园小区、乌兰浩特火车站、金岛商厦、乌兰浩特市人民医院、市第一幼儿园、市公安局、盟法院、万佳商务会馆、乌兰浩特四中、朝鲜族中学、鑫安家园、兴安盟政务服务中心、兴安盟党政综合大楼、乌兰浩特一中、兴河国际小区、书香美地小区、合展小学、龙珠新城小区、融佳建材汽车区、融佳建材钢材区、融佳建材陶瓷区、博彩玻璃城、宏兴达建筑材料、金鹿运业集团	15
5路	益民小区—山城路	花卉市场、桥南小区、杰林家园小区、中国邮政、乌市十三中学、乌兰明珠小区、市民族幼儿园、乌市人民医院、金岛商厦、兴安一小、兴安市场、旗医院、盟医院门诊部、乌市四中、丰润佳园小区、山城路、园丁小区、红光市场、永联一小、兴安盟警校、三友商店、惠民小区、城郊办事处、兴安职业技术学院。途经兴安南路、新桥东街、五一南路、乌兰西街、兴安北路、罕山中路、山城路、乌察路	14.5
8路	居力很镇政府—南郊区	居力很镇政府、金荣达二手车交易市场、捷兴杂粮、兴安盟粮油总公司、市一机砖厂、威王天然气站、创新节能锅炉厂、海玉停车场、市园林管理处、西大坝、钢花小区、兴旺家园、铁西医院、屹立领秀小区、环城加油站、富雅花园、兴安盟儿童福利院、都林办事处、红星小区、城中城小区、兴安军分区、兴安市场、万佳樱花园小区、乌兰浩特火车站、金岛商厦、乌兰浩特市人民医院、市民族幼儿园、包商银行、新世纪广场、和平市场、市工商局、乌兰浩特汽车站、市国税局、二热源、利民小区、益民小区、城南小区、南郊区	14
16路	乌兰浩特雪峰面粉厂—兴河国际小区	乌兰浩特雪峰面粉厂、乌兰浩特红云酒业、润满古玩城、乌兰浩特卷烟厂、大民种业、白医制药厂、蒙牛乳业、鲜啤广场、内蒙古怡生堂药业、诺敏小区、乌兰浩特市啤酒厂、二道桥、永联二小、三水源、众益小区、爱国二小区、红山龙小区、爱国小区、市工商银行、市民族幼儿园、英伦酒店、中国联通、乌兰浩特火车站、万佳樱花园小区、建设小区、兴安盟气象局、城中城小区、红星二队东站、红星二队西站、兴安盟人民医院、兴安盟党政综合大楼、乌兰浩特一中、兴河国际小区	16

续上表

路别	始　终　点	途径主要站点	里程(km)
18 路	乌兰哈达镇政府—永联嘎查	乌兰哈达镇政府、乌兰浩特市第九中学、市原种场、利丰汽车城、鲜啤广场、德威供水、蒙东再生物流、物流中心、恒大绿洲、道桥所、滨河小区、市检察院、民族解放纪念馆、市工商局、和平市场、兴安盟蒙医院、爱国小区、市工商银行、乌兰浩特市人民医院、金岛商厦、乌兰浩特火车站、万佳樱花园小区、兴安市场、兴安军分区、察尔森水库管理局、乌兰浩特市第八中学、乌兰浩特四中、山城路、园丁小区、红光市场、永联一小、兴安盟人民警察训练学校、三友商店、惠民小区、城郊办事处、兴安职业技术学院、天福敬老院、兴北社区服务站、乌兰浩特农产品批发市场、市捷成粮食公司、永联嘎查	15.5
20 路	乌兰浩特火车站—科尔沁右翼前旗一小	乌兰浩特火车站、兴安一小、兴安市场、旗医院、盟医院门诊部、乌兰浩特四中、朝鲜族中学、鑫安家园、兴安盟党政综合大楼、兴安盟人民医院、静水湾小区、碧桂园东区、碧桂园中区、碧桂园西区、热电世纪佳苑小区、兴安盟交警支队、前旗交通局、前旗文体局、前旗卫生局、前旗教育局、科尔沁右翼前旗政府、前旗环保局、前旗教育园区、前旗地税局、前旗公安局、兴科家园 B 区、前旗民族幼儿园、科尔沁右翼前旗一小	14.5
	民航售票处—乌兰浩特飞机场	民航售票处、兴安市场(五一广场)、盟医院门诊部、乌兰浩特飞机场	17.5

2. 科尔沁右翼前旗

科尔沁镇共有两路公共汽车:20 路和 21 路。20 路起点科尔沁镇,终点乌兰浩特火车站;21 路起点科尔沁,终点乌兰浩特汽车站。

3. 扎赉特旗

扎赉特旗公共交通线路见表 3-37。

扎赉特旗公共交通线路一览表　　表 3-37

路别	始　终　点	途径主要站点	里程(km)
1 路	石油公司—北团结村	音四小、客运站、地税局、万泰商城、电影院、广播局、电业局、职高、二中东桥、音六小、后音德尔村	7.9
2 路	音六中学—东团结村	交警队、公安局、旗委旗政府、蒙医院、土地局、万泰商城、工商银行、购物中心、盐务局、音镇政府、两家子村	7.5
3 路	工业园区——心村	音三中学、交通局、发行、电影院、音一小学、地检院、消防队、音五中学、体育场、九龙饭店、白酒厂	6.5
4 路	音四中学—音职业高中	医疗园区、公安局、运管所、粮食大酒店、丰收楼、信用联社、音三小学、广播局、建设局、音二中学	5.8
5 路	如意小区—音六中学	蒙佳小区、计生局、国税局、万泰商城、购物中心、音三小学、音一中学、四家子村	8.0
6 路	东葆家园—林业局小区	旗国宾馆、农业银行、广播局、国土局、党政大楼、医疗园区、音四中学、新客运站、新交警队	7.0
6 路-1	音镇—新发屯	努哈吐、图门套海、新民村、乔家屯、刘家屯、初家屯、	23

续上表

路别	始 终 点	途径主要站点	里程(km)
6路-2	音镇—白云套	图门套海、乔家屯、刘家屯、金星一队、解放一队、四队、柳家屯	28
6路-3	音镇—小温的	查干查、三间房	13
7路-1	音镇—兴隆	贾家屯、小城子乡、兴隆七队、和尚庙、兴隆三队、兴隆四队、兴隆七队、兴隆八队、兴隆九队、兴隆五队	34
7路-2	音镇—六合	贾家屯、小城子乡、宫家围子、六合一队、六合二队、六合三队、六合四队	22
8路-1	音镇—莫力根	新立屯、乌兰毛都、绰勒乡、绰勒水库	22
8路-2	音镇—乌兰套海	苏特楞	46
9路-1	音镇—长胜八队	靠山屯、永胜、种子队、长胜二队、七队、大林场、长胜九队	53
9路-2	音镇—白音花	后马儿吐、白音花、前家拉嘎、后家拉嘎、新屯	53
9路-3	音镇—东西联合	大黑山、十二队、腰马尔吐、前马尔吐、万宝、东西少条沟	53
10路-1	音镇—红旗嘎查	包日胡苏、查干、马家屯、毛扎拉嘎	29
10路-2	音镇—全吉嘎查	乌兰套海、哈布气、乌兰吐、顾力革	23
11路-1	音镇—水泉村	郭家屯、古城、黄德昌、东西水泉	29
11路-2	音镇—前进村	元宝山、兴隆沟、梁家屯、秦家屯、东前进、西前进	23
12路	音镇—哈达营子	小城子、丰源、曹家围子、建设	50
13路-1	音镇—蘑菇吐	四家子、地井子、五家子、五家子农场	31
13路-2	音镇—三合套堡	联合屯、七兴屯、大兴村	24
14路	音镇—巨宝粮库	绰尔新区、腰五九、东五九、五家户、四家户	18

4. 阿尔山市

阿尔山市公共交通线路见表3-38。

阿尔山市公共交通线路表 表3-38

路别	始 终 点	途径主要站点	里程(km)
1路	火车站广场—伊尔施三里半	交通局、幼儿园、市政府、财政局、地税局、公安局、法院、五里泉	25
2路	飞机场—伊尔施火车站新址	东市场、医院、运输管理处、电视台、兴林市场、林业局、火车站、玫瑰峰入口、加油站、火车站新址	25

四、各旗、县、市公路客运站

(一)乌兰浩特汽车站

乌兰浩特汽车站位于新桥中街,不仅是交通行业的窗口单位,也是兴安盟地区客运交通的枢纽。2002年,被评为一级客运站。每天承担着发往区内外104条线路、230多个班次,日客运量达4000多人次。

（二）科尔沁右翼前旗汽车客运站

科尔沁右翼前旗汽车客运站位于科尔沁右翼前旗科尔沁镇柳川北路，成立于2008年1月，站房面积$1900m^2$，停车场面积$12000m^2$，检测线$330m^2$。2009年被评为二级汽车客运站。

（三）突泉县汽车客运站

新突泉客运站位于突泉镇灯塔东200m处，总建筑面积为$5242m^2$。2012年11月12日正式投入使用。

新站按部颁二级站标准建设，与县交通运输管理所在一起办公。建筑风格充满现代气息，成为突泉县交通运输基础设施的标志性建筑。新站设计日旅客发送量比旧站增加3100人次。新站大量引入了高科技电子技术，如：电子安检仪系统、电子检售票系统、广播音响系统、客运信息动态发布系统。客车安检系统和LED户内全彩显示屏，均采用国内最先进的电子技术。

（四）科尔沁右翼中旗汽车客运站

客运站位于巴彦呼舒镇东，图什业图赛马场西南150m处。客运站占地$26826m^2$，其中：客运站房$1800m^2$，与中旗交通运输管理所在一个楼办公。

客运班线61条，车辆71辆，日发送旅客1800人次。

（五）扎赉特旗汽车客运站

新客运站建设项目位于源龙路第四中学西，于2009年3月审核批准并于2012年5月份开工建设，在2013年11月末完工并顺利通过竣工验收。

新客运站按二级标准建设，总占地面积$30000m^2$，总建筑面积$6615m^2$，其中：站务用房$3103m^2$、辅助用房$3512m^2$，站前广场$12100m^2$，停车场$7400m^2$，发车位$600m^2$，总投资2150万元。共设5个售票口、6个检票口、候车大厅$1020m^2$，预计日发班车200班次、日均输送旅客5000人次。其中：省际客运30班次，盟际客运4班次，县际客运15班次，旗县内客运39班次。

音德尔客运站的建成，是扎旗交通基础设施建设历史上的一个里程碑，是兴安盟唯一的蒙元文化标志性建筑。为扎赉特城镇建设添了一道亮丽的风景。

（六）阿尔山市汽车客运站

阿尔山客运站设在阿尔山市温泉南路永兴街。

盟际班车为3台；县际班车为4台。每天发往各地班车13个班次。

第七节 风景名胜和旅游景点

兴安盟地处大兴安岭向科尔沁草原和松嫩平原过渡带上，生态环境良好，景观层次分明，民族风情浓郁。旅游资源丰富，全盟有100多处自然景观。

一、兴安盟旅游项目规划和旅游线路

（一）兴安盟旅游线路的基本结构

1. 兴安盟旅游线路

兴安盟旅游线路的基本结构是：两心、三线、一廊、两环、八大金牌项目。

（1）两心：乌兰浩特和阿尔山是游客集散中心，同时又是旅游目的地。

（2）三线：主题旅游线路，草原大佛之旅，扎赉特神山碧水文化之旅，五角枫之旅。

（3）一廊：线性景观廊道，草原文化之旅（国家 A 级景区）。

（4）两环：北环线为乌兰浩特—阿尔山—扎旗—葛根庙—乌兰浩特；南环线为中旗—突泉—宝石—桃合木苏木—乌兰河嘎查—乌阿公路—阿尔山—乌兰浩特—葛根庙。

（5）八大金牌项目："乌兰浩特红色文化"、"葛根草原大佛"、"扎赉特神山碧水休闲旅游区"、"五角枫情休闲旅游区"、"科尔沁国家公园"、"乌兰毛都科尔沁草原休闲旅游区"、"奥伦布坎森林休闲旅游区"、"阿尔山大旅游区"。

2. 旅游公路以国、省公路为主

（1）乌兰浩特—白城（国道 302 线），83km。

（2）乌兰浩特—扎旗（国道 111 线），118km。

（3）乌兰浩特—突泉—中旗（国道 111 线），154km。

（4）乌兰浩特—乌兰毛都—阿尔山（省道 203 线），253km。

（二）阿尔山旅游环路

1996 年，阿尔山市正式成立后，制定了"旅游兴市"的战略，旅游事业发展很快，改建阿尔山—杜鹃湖的公路成为当务之急。

2002 年，由阿尔山林业局出资修筑路基，阿尔山市政府出资修路面，将伊尔施至呼伦贝尔市扎兰屯市蘑菇气建成旅游公路，兴安盟境内 87.805km，主要控制点有金江沟、天池、兴安、柴河。

2000 年以后，好森沟林场发现一处天然景观，五岔沟林业局进行开发。修通了明水—好森沟—天池 123km 砂石路。其中五岔沟林业局境内 90km，阿尔山林业局境内 33km。此条旅游公路与阿尔山—杜鹃湖的公路相接，形成明水—好森沟—天池—伊尔施—阿尔山—白狼—五岔沟—明水的环路，极大地促进阿尔山地区和兴安盟旅游事业的发展。

2006 年，阿尔山市交通局争取到通乡油路建设资金，每千米补助 40 万元，建三级标准沥青路面 11.69km，将环路全部改建为沥青路面。阿尔山市旅游公司以这条公路为起点，分别修建了通往景点的支线公路 8 条，111km。

二、著名旅游景点

（一）乌兰浩特市

1. 成吉思汗庙（见图 3-13）

成吉思汗庙坐落在兴安盟乌兰浩特市罕山之巅，始建成于 1940 年，是融汉、蒙、藏 3 个民族建筑风格于一体的庙宇,坐北朝南,下方上圆,从正面看是“山”字形。正殿当中有16根粗大的红漆明柱,四周绘有反映成吉思汗业绩的精美图案,中央为2.8m高、质量为2.6t的成吉思汗全身铜像;两偏殿陈列有元代的兵器,服装,瓷器等复制品,山门到正殿有宽10m、长158m用花岗岩砌成的81级台阶。成吉思汗庙采取古代汉族建筑中惯用的中轴对称布局手法,建筑主体圆顶方身,绿帽白墙,具有典型的蒙、藏建筑特色。三座大殿的天花板绘有蒙古古代图案,大殿和走廊墙壁有成吉思汗箴言字画与当代画家思沁绘制的大型壁画。其中《铁木真少年时期》、《成吉思汗庙统一蒙古各部》、《蒙古国的建立》、《蒙古铁骑兵》、《畅通东西方》等壁画,于1989年载入民族出版社出版的《蒙古秘史人物画册》。

2. 罕山公园

位于城区北侧罕山上,初建于1980年,原名北山公园,1987年大规模修建,改名为罕山公园,后又更名为成吉思汗公园(见图3-14),占地面积60公顷。该园以自然景物为基础,以成吉思汗庙为主景,开辟诸多人造景观和游乐休闲场所,是一座具有浓郁民族特色和现代气息的大型公园。

图3-13　成吉思汗庙

图3-14　成吉思汗公园

成吉思汗庙东侧民族旅游村面积130000m^2。内有蒙古包5座,20000m^2的跑马场,5000m^2的射箭场。游人在此除可观景娱乐外,还可品尝具有蒙古族特色的餐饮。

3. 民俗风光旅游村

位于南部,距市区4km,这里依山傍水,树茂林深,幽静清新。景区西侧,从大兴安岭东南麓蜿蜒而来的洮儿河与归流河在此汇合,碧波清澈。河西岸群山起伏、绵延苍莽。景区东侧,是乌兰哈达灌区的万亩稻田。旅游村占地面积162000m^2。绿树深阴间,分布着富有民族特色的大小蒙古包和木屋、“红福庄园”等娱乐区。河边辟有的钓鱼池、篝火晚会场地。民俗风光旅游村已成为集民俗、观光、娱乐、餐饮、休闲等多功能为一体的综合旅游区。

4.“五一”广场(见图3-15)

位于乌兰浩特市兴安北路东侧,原称“人民广场”。1947年5月1日,庆祝内蒙古自治政府成立的盛大阅兵式暨庆祝“五一”国际劳动节群众集会在此举行。此广场是乌兰浩特市举行政治、文化和体育等各种大型集会的场所。

5. 葛根庙(见图 3-16)

在乌兰浩特市东南 30km 洮儿河左岸,陶赖图山南坡脚下。建于 1798 年,是东北地区最大喇嘛庙。仿西藏斯热捷布桑庙式样的寺庙群。

图 3-15　五一广场

图 3-16　葛根庙

葛根庙前身为莲花图庙,乾隆皇帝赐莲花图庙名为“梵通寺”。清嘉庆元年(1796 年)由哲里木盟十旗王公筹集资金,动工为葛根庙修建梵通寺、宏济寺、广觉寺,又建慧通寺。当时全庙以五大殿堂为主,配有葛根宫、法轮宫、葛根陵等七殿堂,共有镀金铜佛 5073 尊、石佛像 35 尊、泥佛像 500 尊,有《甘珠尔》和《丹珠尔》等经文 1868 卷。规模宏大,气势宏伟壮观。自建以来共有七世葛根,鼎盛时期有喇嘛 1200 名,拥有 240 户以上庙奴隶,成为东北地区最大的喇嘛庙。1928 年,西藏活佛班禅曾来此传经。

现存葛根庙为 1988 年 7 月国家和地方落实宗教政策所复建。复建后的葛根庙共有 4 个大殿,最东边的叫功德仁远寺,里面供奉着三世佛和七世葛根的舍利子,两面墙上绘画着释迦牟尼的八大弟子和护法金刚。功德仁远寺是冬季喇嘛们念经和学习的地方。两边是阿弥陀佛和药世佛还有十轮金刚、马头金刚等一些护法金刚。显密究竟寺旁边是葛根庙的主殿梵通寺,里面分为内外两层,里面一层供奉着三世佛和原来老僧人们供奉过的佛像、佛龛,外面一层供奉着 1991 年从西藏塔尔寺请回的 108 卷《甘珠尔》经和十一世班禅画像、文书菩萨、大乘金刚、十一面金刚等一大批镀金铜佛像。

6. 五一会址

五一会址位于乌兰浩特市五一北路,是一座青砖建造的厅堂。五一会址因 1947 年 4 月 23 日 ~5 月 1 日,内蒙古人民代表会议在这里召开并宣告全国第一个少数民族自治政权——内蒙古自治政府在此成立而得名。

该厅堂建于 1935 年,曾是伪兴安陆军军官学校礼堂,东蒙军政干部学校礼堂,后为内蒙古党校礼堂。1986 年被列为内蒙古自治区重点文物保护单位。1987 年重新维修。1995 年被列为内蒙古爱国主义教育基地。

胡锦涛、布赫等党和国家领导人曾视察过五一会址,布赫同志为会址题写“民族区域自治的伟大胜利”的条幅。

7. 乌兰夫办公旧址(见图3-17)

位于乌兰浩特市兴安北路东侧,是老一辈无产阶级革命家乌兰夫同志的办公旧址,现为内蒙古自治区重点文物保护单位。

该办公旧址始建于1936年,1974年11月7日,毁于火灾。1987年4月,自治区人民政府批准重建。1996年被列为自治区重点文物保护单位。

8. 内蒙古民族解放纪念馆(见图3-18)

位于新桥东街,乌兰浩特市政府西侧。建成于2007年,是为纪念内蒙古自治区成立六十周年而兴建的,是新中国成立后少数民族地区兴建的第一座全程反映民族区域自治的纪念性展馆,也是内蒙古第一座民族解放纪念馆。是新中国成立以来第一座全程反映民族地区民族解放历程的纪念性展馆。纪念馆馆藏文物及文献资料2123件,其中珍宝340件、兵器34件、历史图书1.5万多册。陈列品有飞机两架,坦克一辆,火炮4门,重机枪1挺,轻机枪3挺。各类长短枪28支,珍贵图片780多幅,各类文物、文献资料5480件。大型场景4处、群雕两座、单体雕塑2尊,艺术品58件。

图3-17　乌兰夫办公旧址

图3-18　内蒙古民族解放纪念馆

(二)科尔沁右翼前旗

1. 察尔森水库(见图3-19)

察尔森水库位于科尔沁右翼前旗东北部,在乌兰浩特市以北约32km。

“察尔森”为蒙古语,意为“柞木”,因该地满山遍野长着柞树而得名。

1971年,察尔森水库开始设计,设计最大总库容12.53亿立方米,1973年9月动工兴建。1981~1986年停工缓建,1987年复工建设。1989年下闸蓄水,1990年主体工程基本完工,水库有大坝、电站、溢洪道、输水洞。主要功能以防洪、灌溉为主,是结合发电、养鱼、旅游等综合利用的大型水利枢纽,为东北4大水库之一。

图3-19　察尔森水库

察尔森水库有长达30km的水岸线,围绕

库区周围还建有许多蒙古包旅游景点，供人们观光浏览。

2. 乌兰毛都草原（见图 3-20）

乌兰毛都草原距离乌兰浩特 130km。经索伦河谷，跨明水河，过特门山，沿着金界壕的走向再西行，进入乌兰毛都草原，这是世界上少有的无污染、无鼠害、无沙化的草原，也是典型的“五花草塘”和“疏林草原”。

图 3-20　乌兰毛都草原

乌兰毛都草原是科尔沁草原中风景最美丽、植被最完好的一部分。草原上有野生植物 82 科，560 种。这里培育的“兴安细毛羊”远销日本、美国、加拿大、德国等 10 个国家。

乌兰毛都草原的那达慕大会每两年举行一次。主要内容有摔跤、赛马、射箭、套马、舞蹈等活动，还进行物资交流、科技展览和先进表彰等。“那达幕”一般于 7 ~ 8 月举行，会址选在宽阔平坦、水草丰美、景色秀丽的地方。搭起高台，周围有次序地临时搭起蒙古包、饭店、茶馆、货点等。游客观看传统的民族体育活动表演，还可以与牧民们一起角逐，也能拜访蒙古族牧民，品尝饶有风味的民族茶点。

3. 兴安蒙古包

兴安蒙古包面积 $6km^2$，是国家 AA 级旅游景区，位于科尔沁右翼前旗察尔森水库东岸的草原上，距离乌兰浩特 35km，是以山水草原为特色的旅游度假村，集森林和草原风光于一体，开展有游湖观光、赏鸟、湖边垂钓、游泳、登山观景及骑马、赛马、射箭、摔跤、马技表演等蒙古族风情旅游活动，每年吸引大批国内外宾客旅游观光。

4. 满族屯草原

位于科尔沁右翼前旗北部，距乌兰浩特市 120km。西北与蒙古国接壤，有约 32km 的边界线；满族屯是内蒙古自治区 19 个少数民族自治乡（镇）中的一个，也是国家唯一以牧业为主的满族乡。满族屯附近有清康熙皇帝的额驸（汉语即驸马）府遗址。古城为方形，长宽均为 200m。紧挨方城遗址，可见金代长城在科尔沁右翼前旗境内的两条遗址。它同历代长城一样，既是一项军事防御工程，又是一种中国古建筑遗迹。

5. 金界壕（见图 3-21）

金界壕，蒙古语称“和日木”，意为“墙”。距乌兰浩特约 92km。又称金长城、兀术长城，始建于金太宗天会年间，东北向西南贯穿盟境，是规模宏大的古代军事防御工程。其构筑别具一格，金界壕由外壕、主墙、内壕、副墙、边堡组成，主墙墙高 5 ~ 6m，界壕宽 30 ~ 60m，主墙每 60 ~ 80m 筑有马面，每 5 ~ 10km 筑一边堡。现残墙一般高 1.5 ~ 2.5m，壕墙

图 3-21　金界壕

和与之相辅的边堡旧址清晰可见，仍不失磅礴之势。

金长城共有两条。一条起于大兴安岭北麓，由根河向西，穿过呼伦贝尔草原，到达蒙古人民共和国肯特省德尔盖尔汗山以北沼泽地带。史称“明昌旧城”或“兀术长城”。另一条自莫力达瓦达斡尔族自治旗起，沿兴安岭经科尔沁右翼前旗、突泉县向西入漠北，至锡林郭勒盟后，再向西南沿着阴山延伸，止于包头市东黄河北岸。史称“明昌新城”或“金界壕”。

车从乌兰浩特市出发，乘2～3h就能到达位于乌兰毛都草原深处满族屯乡的金界壕。放眼望去，只见连绵的山丘上，一条土龙状的壕堑蜿蜒而去，虽历经800余年风风雨雨，至今仍然清晰可辨。金界壕作为我国古代巨大的军事防御工程，已成为国内外有关学者研究中国古代长城建筑及军事活动的重要实物资料。自治区人民政府已将金界壕列为重点保护文物，自治区旅游部门也相应开发了特色金界壕旅游项目。金界壕遗址于2001年6月25日被公布为第五批全国重点文物保护单位。

6. 察尔森国家森林公园（见图3-22）

位于兴安盟科尔沁右翼前旗境内，距乌兰浩特市32km。是集森林和草原风光于一体，树木繁茂，绿草如茵，每年都吸引大批国内外宾客旅游观光的胜地。民族旅游村有16座大型蒙古包，按民族风俗接待八方来客，马奶酒、奶茶、手扒肉、烤羊腿、献哈达和民族歌舞等，会使人在娱乐之中品味蒙古民族的风土人情。

图3-22　察尔森国家森林公园

7. 科尔沁右翼前旗水景公园（见图3-23）

位于乌兰浩特与科尔沁镇之间，公园占地面积达50万平方米，其中水面面积近20万平方米，陆地面积占30多万平方米。修建长廊、雕塑、小品等景观，还新建了4000m^2的沙滩和70m的连接中心环岛。已成为乌兰浩特地区人民游玩、休闲的好去处。

8. 中村事件发生地（见图3-24）

科尔沁右翼前旗察尔森镇的居日很山一带是当年震惊中外的九一八事变导火索——“中村事件”的发生地。

图3-23　科尔沁右翼前旗水景公园

图3-24　中村事件发生地

1931 年 6 月，日军参谋部大尉中村震太郎，到中国东北从事间谍活动，6 月 26 日被当地驻防的中国屯垦军第三团所部拘获，由于间谍罪证确凿无疑，团长关玉衡遂下令将中村等人处死。1931 年 9 月 18 日，日本军队突然向东北军驻地沈阳北大营发动袭击，炮轰沈阳城，发动了震惊中外的“九一八”事变，“中村事件”是其中的借口之一。

（三）阿尔山市（见图 3-25）

图 3-25　阿尔山市

早在元朝以前，这里就是蒙古民族从森林走向草原的出发地。清朝之后，阿尔山温泉已在俄罗斯、蒙古、日本等国家享有盛名。中华人民共和国成立以来，曾经是中华全国总工会的疗养基地。这里的温泉文化、蒙元文化、林俗文化、冰雪文化历史悠久、凝重深厚。

阿尔山全称“哈伦阿尔山”，是蒙古语，意思为“热的圣水”。是一座新兴的边境旅游疗养城市，是联合国规划的中国阿尔山—蒙古乔巴山铁路的交汇处，是两伊铁路的汇合处，并将成为中、日、韩等东北亚地区连接欧洲的捷径。阿尔山市确立了以旅游业为主导产业的发展战略，逐步打造成具有时代特点的“中国内陆综合性旅游度假区”和“国际型旅游名城”。

阿尔山市旅游资源得天独厚。境内自然资源独特，极为丰富。天然无雕饰的景观比比皆是，引人入胜。石塘林、摩天岭、天池、地池、杜鹃湖、松叶湖、玫瑰峰等。

1. 阿尔山温泉

阿尔山矿泉 48 眼，分布在南北长 540m、东西宽 70m 的范围内。分冷泉、温泉、泉、高温泉 4 种。含有放射性元素氡以及氯、镁、硫、硅等 10 几种元素。矿泉水对多种疾病有良好疗效，特别是对风湿性关节炎、增生性关节炎、类风湿、牛皮癣等疾病有特殊疗效。

矿泉久旱不涸。有的相隔咫尺，有的相距数丈，温差却特别大，冷泉只有 1℃，温泉不凉不热，高温泉则像滚沸的开水，终年升腾着热气。矿泉的排列形状像一个南北躺卧的人体，有“头泉”、“五脏泉”、“脚泉”，里面细看还能分出“眼泉”、“胃泉”等。不同部位的泉水对治疗人体相应部位的器官病变有着神奇的疗效。

2. 哈拉哈河

达尔滨湖是哈拉哈河的发源地，流经杜鹃湖，汇集了苏呼河和古尔班河等支流，干流由东向西经伊尔施流入蒙古国，又流入贝尔湖，属额尔古纳河水系。河长 399km，水清流急，流量稳定，是漂流观赏风光的理想河段。河西岸比东岸高，有的地方在东岸一侧看不到西岸的情况。“哈拉哈”是蒙古语像，意为“屏障”，从河东岸看西岸如同一座长长的壁障在眼前，哈拉哈河由此地貌而得名。本地人又称这条河为“爱国河”“母亲河”，因为哈拉哈河是一条国际河流，源于中国，流经蒙古，又流回中国。

3. 玫瑰峰（见图 3-26）

玫瑰峰因石峰大部分呈红褐色而得名，也叫“红石砬子”位于阿尔山市区西北 25km 处，由十几座错落有致，犬牙交错的花岗岩山石组成的雄奇山峰，走进玫瑰峰会发现岩石表面有坑，科学家称之为“岩臼”，认为是冰蚀或者风蚀形成。这种石林地貌和“岩臼”现象只有在大兴安岭克什克腾等少数地方发现，对地质研究意义重大。

图 3-26　玫瑰峰

从山下仰望玫瑰峰，巨大的石块形态各异，气象万千，远景有一种气势磅礴的雄壮之美。有的像直插云端的青铜宝剑，有的像持戟的武士，有的像威猛的雄狮，有的像相互依附的亲人拥抱一起在窃窃私语，有的像一尊天雕的石佛。

图 3-27　天池

4. 国家森林公园

阿尔山国家森林公园是 2000 年 2 月 22 日经国家林业局正式批准成立的，距离阿尔山 60km，距离乌兰浩特 252km。总面积 103149 公顷。其中有 3 条河流，即哈拉哈河、柴河、伊敏河，还有许多湖泊，如天池、杜鹃湖、乌苏浪子湖、鹿鸣湖、松叶湖等。

5. 天池（见图 3-27）

天池位于阿尔山东北 74km 天池岭上，海拔 1332.3m，有 484 级台阶。按海拔高度，阿尔山天池在天山天池、长白山天池之后，居全国第三。椭圆形的天池像一块晶莹的碧玉，镶嵌在雄伟瑰丽、林木苍翠的高山之巅，东西长 450m，南北宽 300m，面积为 13.5 公顷。湖水久旱不涸、久雨不溢，水平如镜，倒映苍松翠柏，蓝天白云，景色万千。天池水深莫测，不敢让游人划船戏水，勘察的结果是 300m 深仍没有探到湖底，水位多年不升不降，天池水没有河流注入，也没有河道泄出，一泓池水却洁净无比。在距天池几里的姊妹湖丰产鲜鱼，而天池却没有一条鱼，人工撒鱼苗也不能繁殖。

图 3-28　三潭峡

6. 三潭峡（见图 3-28）

三潭峡位于阿尔山市东北 78km 的哈拉哈河上游。

河床由大小不等的岩石组成，湍急的哈拉哈河从河谷穿过，珠飞玉卷，长约3km的峡谷中依次分布着深不可测，波平如镜的卧牛潭、虎石潭和悦心潭三处潭水。火山岩石布满河谷，人可踩石水中行，峡谷南壁陡峭险峻，北壁由巨大火山岩石堆积而成。峡谷两岸杜鹃花满山遍野。走进这个峡谷，给人一种仙境之感，有诗咏三潭峡：神奇灵秀三潭峡，清泉汩汩绕山崖。喷珠溅玉何处去，魂系遥遥东海家。这一河段六月冰雪尚存，被称为“夏日冰川”。

7. 杜鹃湖(见图3-29)

杜鹃湖位于阿尔山市温泉街东北92km的阿尔山林业局兴安林场境内，面积128公顷。因湖畔开满杜鹃花而得名。湖面呈月牙形，它是火山喷发期由于熔岩壅塞河谷切断河流形成的堰塞湖，东南为进水口，西南为出水口，上游连着松叶湖，下游衔着哈拉哈河，平均水深2.5m，最深处达5m以上。杜鹃湖为流动活水湖，四季风景美不胜收。当残雪消融、春回大地之时，湖边杜鹃花灿然怒放，花树相间，红绿分明，湖面如霞似火；湖中野凫成群，灰鹤、天鹅栖息，成群的柳根鱼竞相觅食；夏季湖面浮萍迎风摇曳，清香扑面，似江南美景；秋季水清如镜，周围层林尽染，湖面金波荡漾；冬季银装素裹，湖水成冰，晶莹剔透，是天然的滑冰场。

图3-29 杜鹃湖

8. 石塘林

石塘林位于天池林场东，距阿尔山市温泉街84km，是大兴安岭奇景之一。为第四纪火山喷发的地质遗迹，是亚洲最大的死火山，玄武岩地貌，地质构造、土壤、植被生物均保持原始状态，生物多样性复杂，再现了从低等植物到高等植物的演替全过程，具有较高的科研和保护价值。石塘林长20km、宽10km，是由火山喷发后岩浆流淌凝成。经过千年风化和流水冲刷，形成了石塘林独具特色的自然地貌。石塘林是国内少见的奇特景观，被列入中国生物多样性保护行动计划优先项目。已申报国家级地质公园。

9. 松叶湖(见图3-30)

原名达尔宾湖，是哈拉哈河的源头。位于杜鹃湖东南10km处，距兴安林场12km，距阿尔山市102km，是阿尔山境内堰塞湖群中之首。松叶湖水向北流，通过八号沟小河流入杜鹃湖，湖面南北长1300m，东西宽150m，南北看湖面呈弯月形，天连水，水连天，水天一色。东西两侧是山，湖西南侧是阿尔山的第二高峰特尔美峰，海拔1711.7m。山上建有望火楼，湖

图3-30 松叶湖

的南端有一个高约5m的小瀑布。湖岸山峻峰险,生长着茂密的原始森林。每至金秋时节,松叶纷飞,撒落湖中,在阳光的映照下如锦似缎,形成独特的自然景观,故称“松叶湖”。

10. 鹿鸣湖

鹿鸣湖为火山喷发的熔岩流在流动过程中堵塞哈拉哈河形成的湖泊。原名三号沟泡子,海拔1190m,该湖湖面宽阔,湖水平静,面积为157公顷,湖面呈马蹄形。哈拉哈河从湖东南流入,又从湖西南端流出。湖边水草丰美,且三面环山非常寂静,常有鹿群出没,嬉耍,故称“鹿鸣湖”。

11. 摩天岭

位于兴安林场境内,大黑沟上游,海拔1711.8m,相对高度600多米,为一马蹄形熔渣火山锥。口垣留有破火口,形如半环,锥壁陡峭,坡度在40°以上。山体为森林所覆盖,大致为第四纪上更新世时火山喷发所形成,山麓有熔岩在河谷中壅塞而形成的松叶湖(达尔滨湖)。

12. 樟松岭

樟松岭位于阿尔山市西北25km,中蒙边境附近,属大兴安岭西坡樟子松带的南端。为全国保存最大的樟子松林带之一,林木茂密,林相整齐,树干挺直,一般株距约3m,盘根错节,虬枝高深。樟子松为世界珍稀树种之一,有防风固沙之效。在哈拉哈河南岸去往林区的公路上,挺立两棵3人双手才能环抱的樟子松王,是至今存留有限的原始巨松,呈门状立于路的两侧,松枝连理,翠幕重重,如廊厦覆顶,有门松之称。

13. 松贝尔口岸

2013年7月15日,中蒙阿尔山——松贝尔口岸开关仪式举行。阿尔山口岸位于中蒙边境1382~1383号界碑,与阿尔山口岸对应的是蒙古国东方省的松贝尔口岸。

14. 五里泉

五里泉因其距阿尔山矿泉群5华里而得名,泉水出自侏罗系火山岩之西北与东北间断裂复合部位,日涌量1054t。其水的温度、化学成分、水量、水位不受季节性变化影响,水温常年在6.3~6.8℃,水位2.23m左右。水中富含偏硅酸,并含有锶、锂等人体必需的13种微量元素和全部宏量元素,长期饮用可促进人体新陈代谢、强身健体、延年益寿。

15. 金江沟矿泉群

金江沟矿泉群位于阿尔山市东北60km处,分布着7眼矿泉,南北排列,其中有两眼热泉,水温可高达47℃,已经开发利用。经鉴定,该泉同阿尔山矿泉群为同一水系,元素含量相同,人们称之为阿尔山矿泉群的姊妹泉。

16. 哈拉哈河漂流

2003年,兴安盟海事局对哈拉哈河航道进行普查,里程为30km。航道起点阿尔山市新城街,终点哈拉哈河下游千人滩,航道水深1.5m,航道宽35m。确定可以开发漂流项目,已建设两个码头:

北京军区总后勤部农场—二号码头,见图3-31。

图 3-31　二号码头

二号码头——一号码头(伊尔施大桥)。

17. 好森沟景区

好森沟景区,在五岔沟林业局所在地东北100km 处。距阿尔山 135km。景区内有仙人洞,天河峡,麒麟峰等自然景观。

阿尔山市还有三角山、鸡冠山、地图山、蛇山谷、无底洞、猪八戒山、七仙湖草原等景观。

(四)扎赉特旗

扎赉特旗拥有丰富的旅游资源。全旗有图牧吉国家级自然保护区旅游区、大小神山旅游景区、绰勒水库旅游景区、杏花山旅游景区、杨树沟瀑布旅游区、金界壕旅游区等 6 个旅游区,30 多个旅游景点,是度假、观光的旅游胜地。

1. 绰勒水库(见图 3-32)

绰尔河是兴安盟最大的河流,绰勒水库绰尔河下游,是以灌溉为主,结合防洪、发电等综合利用的大(Ⅱ)型水利枢纽工程。总库容 2.6 亿 m^3,可用来发展水稻田 28 万亩,枢纽水电可充分保障该地区生产生活用电,也是兴安盟的重要旅游景点。

图 3-32　绰勒水库

2. 神山础伦浩特古城遗迹。

础伦浩特,汉意为"石头城",是神山五大神祇之一军臣神祇的象征。该古城位于扎赉特旗所在地音德尔镇北部 70km 处的大神山依和伊孙苏博南坡的深山老林中。这座古城遗址,在兴安盟境内发现的古城遗迹中是最大的。础伦浩特今存遗迹,由内外城组成。内城是南北 0.5km、东西 0.5km 的四方城。

3. 神山(见图 3-33)

图 3-33　神山

扎旗境内有一高一矮两个山峰,高的叫大神山,矮的叫小神山,统称神山。大神山也叫博格多敖拉,是扎赉特八代王爷玛什巴图执政时,为弘扬佛教在蒙古地域的影响,派人去拉萨请来的山神。现在北部的蒙古民族中还祭祀五座山神图。山神图以博格多敖拉为中心。四周环绕着的有:宝日白达孙山(博格多敖拉神的妻子);阿拉坦珠日和山(主神的儿子);伊力楚代山(主神的使者)和楚伦浩腾额山(主神的军师）。

4. 莺鸽庙

位于巴彦扎拉嘎乡政府西3km处，莺鸽山南麓，111国道北侧，距音德尔镇40km。交通条件十分便利。莺鸽庙距今已有上百年的历史。占地面积为5km^2，建筑面积为600m^2，建有大雄殿（二层）、偏殿两所，大殿、庙房70余间。莺鸽庙，当时以巍峨壮丽，香火鼎盛而闻名遐迩，成为扎旗民族文化和宗教活动的中心。

5. 乾德牟尼庙

幽冥翊化寺、崇福寺，是扎赉特旗最大的庙宇，始建于乾隆五十二年（1787年）六月，距今已有200多年历史。

6. 杨树沟地下瀑布群

杨树沟瀑布群位于杨树沟林场境内。银帘百尺跌落岩头至今，常常可见远近的游人到此祭祀，求得神的保佑。饮此瀑布水便可医治筋骨、麒麟得子等功效。有人留下赞美的诗句：跌落崖头无底潭，泼下银珠百尺帘；游人观止不思返，举目惊知别有天。

7. 图牧吉国家级自然保护区（见图3-34）

“图牧吉”蒙古语，意为牵骆驼的人。位于内蒙古自治区兴安盟扎赉特旗境内，处松嫩平原西侧，内蒙古自治区与黑龙江省、吉林省3省区的交汇地带。

1998年，经自治区人民政府审核批准晋升为自治区级自然保护区。

2002年，经国务院批准，图牧吉自然保护区晋升为国家级自然保护区。

图3-34　图牧吉国家级自然保护区

保护区西距兴安盟首府乌兰浩特市约90km，距旗政府所在地音尔约50km。

图牧吉自然保护区植被良好，为野生动物栖息创造了适宜的环境。保护区记录鸟类有16目、43科、310种。其他野生动物鱼类有4目9科43种，哺乳类5目10科25种，两栖爬行类12种。有国家Ⅰ级保护鸟类白头鹤、丹顶鹤、白鹤、大鸨等13种，还有猛禽类的雕、隼和鹰。大天鹅、小天鹅、白额雁鸳鸯外，尚有6种鹤、2种鹳及雁鸭类和鸥类等47种。

东北部的靠山湖，每年有数十只天鹅在此地栖息、繁殖，因此又称为天鹅湖。

保护区内设图牧吉自然博物馆和大鸨国际研究中心。大鸨为国家一级重点保护动物，被列入中国濒危动物红皮书中。近几年来，保护区成功开展了大鸨人工孵化和半野化饲养，力争壮大野外大鸨种群。

8. 图牧吉百灵湖（见图3-35）

位于图牧吉镇自然保护区西北部，三面环山，一处注水，水面2000公顷，蓄水量7000万立方米，最深处17m，平均水深7m。湖中放养鲤鱼、鲢鱼、银鱼、草根鱼、武昌鱼、乌仔头鱼等鱼种。百灵湖在哈达山脚建有望湖亭、水上餐厅、蒙古包、跑马场等，湖面有游泳区、游船区、钓鱼区等。百灵湖度假村可同时接待200人就餐，日接待80人住宿。湖畔还有度假村和蒙古包大营，成为游人观天光水色、广袤绿野，领略民族风情的好处所。

9. 图牧吉水库（见图3-36）

图牧吉水库位于图牧吉自然保护区的东部，库容9900万立方米，盛产鱼、虾、芦苇等水产品，多种珍稀鸟类在这里栖息繁衍。水库于1985年建成，主要以保护生态和农业灌溉为主，兼有防洪、养鱼、养苇、旅游等作用。春、夏、秋季，万亩水域碧波荡漾、芦苇丛生、随风摇曳，船穿行其间，仿佛置身于江南水乡。1993年，水库中心建立了一座500m^{2}的湖心岛。岛上环境优雅，只能坐船出入。带你进入“十里湖心藏孤岛，百重云雾绕孤亭”的诗情画意之中。

扎旗还有神泡子、喇嘛洞、达克图山等景观。

图3-35　图牧吉百灵湖

图3-36　图牧吉水库

（五）科尔沁右翼中旗

1. 图什业图赛马场（见图3-37）

位于旗所在地巴彦呼舒镇东侧，紧靠111国道。是集吃、住、行、游、购、娱为一体的当地标志性建筑群落，为全旗“那达慕”大会、赛马节提供一流的赛场（见图3-38）。门前广场上有“五畜兴旺”、“飞马”等雕塑，以及大型彩虹门。整体建筑布局新颖，别具一格，体现了民族传统与现代时尚的统一。

图3-37　图什业图赛马场

图3-38　赛马

赛马场北侧为蒙古族风情旅游村，由52个浩特蒙古包组成。有仿当年图什业图会盟十旗建造的有扎赉特、杜尔伯特、前郭尔罗斯、后郭尔罗斯、图什业图札萨克图、苏鄂公、达尔罕、博多勒噶台、宾图等10个贵宾厅，在品尝风味独特的民族佳肴的同时，让您感受悠远的历史文化气息。

2. 图什业图王府遗址

图什业图王府遗址坐落在科尔沁草原风水宝地——代钦塔拉草原，距今已有130余年的历史。图什业图王府是图什业图扎萨克第十三世亲王巴宝多尔济执政期间（清同治10年～清光绪16年即1871～1890年）修建的。300多年前，科尔沁部首领奥巴被努尔哈赤封为“图什业图汗”。1636年，奥巴长子巴达黎被改封为王，它是第一代图什业图王，名列内蒙古四十九旗王公之首。传到十三代，巴宝多尔济世袭王位，它模仿北京紫禁城布局，营造图什业图王府。

3. 翰嘎利湖生态旅游景区（见图3-39）

翰嘎利湖位于旗所在地巴彦呼舒镇北7.5km，容量9250万m^3，最高年捕鱼25万kg。是一个集灌溉、养殖、旅游观光为一体的综合性生态旅游区。

翰嘎利湖是一处山水相连、风景优美、独具科尔沁草原特色的湿地气候区。栖息着各种珍贵的野生动物，有猞猁、狐狸、狼、野兔、山鸡以及丹顶鹤、白枕鹤、灰鹤、白鹳等珍禽，还有大鸨、雁鸭等众多野生鸟类。

湖区周围遍布着具有浓郁特色的“蒙古包”、“渔村”、“水上餐厅”。风景区内游泳池、浴场、垂钓场、沙浴场、野游宿营地，是独具魅力的草原民族特色的旅游胜地。

4. 五角枫景区（见图3-40）

五角枫自然保护区是科尔沁草原最具有代表性的地区之一，生态类型丰富，集疏林、草原、湿地于一体，是具有原生、自然类型多样、结构复杂的生态系统。

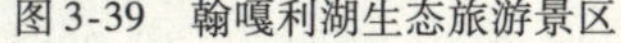

图3-39　翰嘎利湖生态旅游景区

图3-40　五角枫景区

保护区有大小湖泊10个、图什业图王府遗址和王府公园一处；保护区内野生动植物资源十分丰富。除图什业图王府外，还有许多庙宇遗址、古墓群、金界壕以及出土的银锭、界巡牌、石器等。

保护区内的五角枫，或群聚或独居，错落有致，高雅端庄，婀娜多姿，科尔沁沙地五角枫成为继沙地胡杨林之后的又一生物奇观。

国道111线在保护区内通过，交通十分便利。

5. 蒙格罕山（见图3-41）

蒙格罕山（又名鲜卑山）是科尔沁右翼中旗四大罕山（蒙格罕、布日和罕、奎屯罕、罕查干）之首。位于西日嘎苏木依和哈达嘎查境内，距旗政府所在地巴彦呼舒镇7.5km，距霍林河西岸5km。距乌兰浩特142km。

图3-41　蒙格罕山

主峰海拔高度721.3m，顶峰平坦，四周沟峪纵横，山泉小溪潺潺流淌，飞禽走兽频繁出没。鲜卑山有筑成的微型龙王庙和栖人石洞，坐落在罕山主脉之阳，地处罕山两大主脉峡峪间，洞穴坐北朝南，距山峪约80～100m的峭壁上，有3处山洞。洞内均有古代题记，年代不详。其中有刻写的契丹文1处。

此外，还有环宇石、母子峰、喇嘛洞、一线天、老君观月等奇异的山体景观。

6. 科尔沁国家级自然保护区

科尔沁国家级自然保护区位于旗境内东北部，北靠突泉县，东与吉林省向海国家级自然保护区相邻，南以霍林河为界，西距旗政府所在地巴彦呼舒镇27km。保护区南北长约46km，东西宽约44km，是一个以保护科尔沁草原、湿地生态系统及栖息在这里的鹤类、鹳类等珍稀鸟类为对象的综合性自然保护区。在保护区境内比较完整地保留着科尔沁草原自然景观的原有面貌。

1985年，兴安盟行署批准建立自然保护区。

1994年5月，内蒙古自治区人民政府批准晋升为自治区级自然保护区。1995年11月6日，国务院批准晋升为国家级自然保护区。

7. 黑帝庙遗址

黑帝庙又称遐福寺，位于巴彦呼舒镇，建于清乾隆年间。是一处布局严谨、建筑宏伟、殿堂辉煌、景色幽静的建筑物，庙外观以石砌成，白壁红边，它把汉式的坡顶、斗拱、方亭和藏式平顶，梯形窗、异形柱等结合在一起，整体形象生动和谐，构成了汉藏结合的艺术风格。

（六）突泉县

1. 老头山（图3-42）

图3-42　老头山

位于突泉县西北地区的宝石乡，与科尔沁右翼前旗接壤距突泉县城北100km，是自治区级自然保护区，方圆20km^2，海拔1392.1m。山势峻陡，峭崖林立，树木参天，野生植物繁茂，自然景观原始优美，山上多奇峰异石。这里雨量充沛，植被茂密，生态良好，潺潺溪水流入查干楚鲁河，转向东南汇入蛟流河，是蛟流河的主要发源地。

2. 明星湖风景区（见图 3-43）

明星水库始建于 1972 年，是集农、林、牧、副、渔、旅游于一体的企业。青山环抱中的明星水库蓝幽幽，亮晶晶，如同一面明镜，镶嵌在绿波荡漾的草原之间。

图 3-43　明星湖风景区

为了发展旅游事业的需要，明星水库于 1997 年新建了可供 70 人住宿的二层楼宾馆，各类设施齐全。

3. 双城水库

位于宝石镇东南 5km 处，距离突泉 88km，距离乌兰浩特 130km。始建于 1957 年，坝址以上河长 47.2km，水库积水面积 $15km^2$。库区最大容量可达 2604 万 m^3。大坝如一条巨龙横卧在宝石沟沟口，形成一座美丽的“人工湖”，湖面波光粼粼，湖中“宝石”倒映水中，湖水与宝石相映成趣。

三、兴安盟景区距离（见表 3-39）

兴安盟景区距离一览表　　表 3-39

景点名称		至旗县所在地距离（km）	至乌兰浩特距离及主要控制点（km）
1	成吉思汗庙	市区内	市区内
2	罕山公园	市区内	市区内
3	民俗风光旅游村	市区内	4
4	“五一”广场	市区内	市区内
5	葛根庙	32	30
6	五一会址	市区内	市区内
7	乌兰夫办公旧址	市区内	市区内
8	察尔森水库	35	32
9	乌兰毛都草原	94	94 ~ 130
10	兴安蒙古包	48	45
11	满族屯草原	120	120
12	金界壕	92	92
13	察尔森国家森林公园	32	32
14	科尔沁右翼前旗水景公园	1	4

续上表

景点名称		至旗县所在地距离（km）	至乌兰浩特距离及主要控制点(km)
15	阿尔山温泉	市区内	292
16	哈拉哈河	12	304
17	玫瑰峰	25	315
18	国家森林公园	60	292
19	天池	74	364
20	三潭峡	77	367
21	杜鹃湖	92	382
22	石塘林	84	374
23	七仙湖	92	382
24	松叶湖	102	370
25	樟松岭	25	317
26	松贝尔口岸	41	333
27	五里泉	5	297
28	金江沟矿泉群	60	252
29	哈拉哈河漂流	18	310
30	绰勒水库	18	100
31	神山础伦浩特古城遗迹	70	130
32	神山	70	140
33	莺鸽庙	40	128
34	杨树沟地下瀑布群	120	150
35	图牧吉	50	90
36	达克图山	85	80
37	图什业图赛马场	1	150
38	图什业图王府遗址	20	130
39	翰嘎利湖生态旅游景区	8	135
40	五角枫景区	18	130
41	蒙格罕山	7.5	142
42	黑帝庙遗址	镇内	150
43	科尔沁国家级自然保护区	38	168
44	老头山	95	128
45	明星湖	41	62
46	双城水库	92	120

第八节 蒙古族风情

兴安盟是以蒙古族为主体、以汉族为大多数的少数民族地区，所以，主要叙述蒙古族的风情（见图3-44）。

图3-44 蒙古族歌舞

一、蒙古包

蒙古包是蒙古族的一种帷幕式的住所，圆形，圆顶，通常用一层或两层羊毛毡覆盖。

普通的蒙古包外面，往往用柳条或榆树枝围一个院墙。在墙的附近建养家畜的棚子，棚前堆积牛、羊粪当燃料。在以前，每户都有勒勒车（仅用一牛拉的简易木轮车），勒勒车排列于蒙古包的周围。客人进入蒙古包时的礼俗骑马坐车接近蒙古包时要缓步慢行，以示对主人的尊敬；进入蒙古包前，必须把马鞭放在包外，不得执鞭入包，更不得以鞭打狗；蒙古包内如有病人，主人则在门外左侧缚一条绳子，表示不能待客，客人不能擅自进入。如今，蒙古族人民大多数结束了游牧生活，改为定居。为了能让游客亲身感受到“放马大草原，夜宿蒙古包”的蒙古族风情，很多景点都建有蒙古包，供游客居住。

二、乌力格尔

勤劳智慧的蒙古族人民创造了具有浓郁民族特色和地方特色的民族文化艺术。特别是以“乌力格尔”“好来宝”等为代表的蒙古族民族曲艺艺术，更是一枝独秀，魅力无穷。“乌力格尔”系蒙语，意为“说书”。蒙古族说书有两种形式。其一是有伴奏的说唱，用马头琴自拉自唱的叫“朝仁乌力格尔”，用四胡伴奏演唱的叫“胡仁乌力格尔”。其二是“雅巴干乌力格尔”，即艺人不用乐器，口头说唱。乌力格尔内容为抑恶扬善，赞美英雄好汉。表演时，从开篇解说、皇帝上朝、臣僚上奏、告状辩护到打仗比武、得胜还家、喜设家宴，各个环节都合情合理，张弛有序，寓意深刻，扣人心弦，无论男女老少都十分喜爱这一说书形式。

三、蒙古族的主要喜庆佳节

（一）明干朱拉（千盏佛灯）

每年农历十月二十五，为纪念藏传佛教格鲁派创始人宗喀巴诞辰日。是日晚，从各寺庙到家家户户均点燃佛灯，烧香拜佛；各家互赠烙饼、饭团等食品，男子们成帮结队走家串户去拜佛，给老人敬酒，各家则给孩子分发奶制品和糖果。这种活动俗称“赶二十五”。

（二）祭火神

农历腊月二十三晚（台吉等官员在二十四）祭火神，祭祀供品为用细羊毛线缠的羊胸脯、酒、奶制品、阿木萨（类似八宝饭）、系哈达的芨芨草和芦苇穗等。祭祀由长者主持，口诵颂词祈求万福。是日还要扫房子，扫完后还要在屋四角各摆一点灰尘，以备在除夕放篝火时将其扔进火里。这一活动叫“去旧迎新照天烧”。

（三）春节

除夕夜，家家户户熏羊头，煮羊蹄，在院内燃起篝火。大家向火中扔踝骨、蹄子、房塔灰、酒、肉等，全家老少手拉手围火转圈，边转边拍打衣裳。男人们从篝火上跳跃，带着美酒和烤熟的羊头、羊蹄逐户向村邻致酒祝福，收礼者以同样的礼物上门致谢。之后，一家人欢聚一堂玩“沙格”（嘎拉哈）、下宝根吉如格（蒙古棋）12 道，拉马头琴、四胡，欢唱祝酒歌庆贺吉祥，娱乐至破晓。初一日出前，在院中摆供焚香，男人们面向西南行三拜九叩礼祭天。回屋后，晚辈向长辈敬献“新年碗”（碗内装有酒或食品），祝长辈长寿。长辈以优美的颂辞祝愿晚辈新年愉快，并向幼童分发吉祥糕点，以示祝福。清晨，吃完饺子后，邻里乡亲互赠新年饭（酒肉为主），相互敬酒，祝福安康快乐。这一活动延续至正月十五。

（四）祭桑什、敖包

农历五月二十五，村民们把村中或村边生长多年的独棵大树（称桑什，意为神树）用五颜六色的布条装饰起来，由两位德高望重的长者用阿木萨（粥饭）涂抹大树，然后先祭天，再祭桑什，以求风调雨顺，草茂畜肥。同时，村民们前往敖包（在山顶堆起的石堆），往敖包上添石头，摆供品，磕头求福。祭毕，杀羊煮阿木萨吃，还进行摔跤、射箭、赛马等活动。现在，新建洮儿河大桥往东约 300m 处就一棵大树立在路中央，上面系了很多红绿布条，就是“桑什”。

四、蒙古族礼仪

蒙古族憨厚诚实，讲究礼节。对宾客不论熟人还是陌生人，见面总是热情问候：“他赛音白诺”（您好）或“阿木日赛音白诺”（安好）。平常待客，主人总是把黄油、奶皮、奶豆腐、炒米、奶茶摆在客人面前，然后设酒席，请客人痛饮饱餐。蒙古族人民把酒看作是食品的精华，敬酒是表示对客人的欢迎和尊敬，有时还唱一些表示欢迎和友谊的歌曲来劝酒，客人接杯畅饮，主人格外高兴，遇到尊贵的客人，要摆整羊席。当客人告别的时候，常常是举家相送，指明去路，并一再说：“巴雅日太”（再见）。新中国成立前，本地蒙古族有献哈达、递鼻烟壶、装烟、请安等礼节。

（一）献哈达

哈达是藏语音译，常在迎送、馈赠、敬神、拜年以及喜庆时使用，以表示敬意和祝贺。哈达的质料为丝绸、绢纱或棉布。蒙古族哈达以白色为主，也有浅蓝色或浅黄色。哈达长短不等，一般礼仪所用者为 1.3 ~3 尺，重大礼仪可用 3 尺以上的哈达。献哈达时须用双手捧持，身体微躬，接受的人也是同样的姿态，并表示致谢。献哈达分敬献和互献，朋友相见互献哈达；专门拜访某人或对政治、宗教界的高层人物，则敬献哈达，其质料也是上等。

（二）递鼻烟壶

递鼻烟壶是蒙古族古老的习俗，也是最普通的相见礼，表示敬意、友好。在蒙古族家里做客，主人先要拿出装有鼻烟的鼻烟壶，敬给客人闻嗅。鼻烟壶，小巧玲珑，形式多样，壶上绘有绚丽多彩的图案。壶形有扁圆形、椭圆形、圆筒形等。壶料用杏树根、冬青根、玻璃、陶瓷、玛瑙、玉石、翡翠等制作。壶内有勺，勺与盖相连，勺用铜、金银、驼骨、象牙制作。壶内装的是带有香料的烟粉，也有装药物的，嗅之提神。如果是同辈相见，要用右手递壶，互相交换，或双手略举，鞠躬互换。然后，各自倒出一点鼻烟，用手指抹在鼻孔上，品闻烟味，品毕再互还。如果是长辈和晚辈相见，要微欠身，用右手递壶，晚辈则跪一足，用双手接过。外出的人，将鼻烟壶装在褡裢内，或夹在腰带上。

（三）请安

蒙古族同辈相见都要问好，否则为失礼。遇到长辈则首先请安，如骑在马上要先下马，坐在车上要先下车，以示尊敬。男子请安，单曲右膝，女子则曲双膝。走路、上车、进门、入座、喝茶、吃饭、饮酒一定要让老人或长辈在前。在老人或长辈面前，年轻人要说话和气、恭恭敬敬。蒙古族还特别尊重“巴格西”（教师），把“巴格西”常作为贵宾款待。

（四）在蒙古族习俗中一些不成文的禁忌

出门办事时，若骑马、坐车，必须在大门口外下马下车，表示对人家尊敬。乘骑进院被认为是无礼的野蛮行为。主人躬身端茶，客人应欠身双手去接。不宜用烟袋或手指人的头部，锅灶不许用脚踩碰，不能在火盆上烤脚。客人辞别出门，不能立即上车上马，要走一段路，等主人回去后，才能上车上马。

五、蒙古族饮食

蒙古族有许多传统美食：手扒肉、羊背子、烤全羊、黄油、乌日莫、奶豆腐以及炒米、牛犊汤、猫耳朵汤等。

（一）手扒肉

蒙古语称“布胡乐”。其做法是将全羊切成若干块，白水下锅，不加任何佐料，煮沸片刻后起锅，置于大盘中食用。手扒肉味鲜肉嫩，富有营养，是喜庆大典、佳节良辰或招待宾客的佳品。

（二）烤全羊

原始的烤全羊，是将去皮开膛的整羊架于火上烘烤。烧烤时要用杏木疙瘩烧旺的红火，火硬而无烟方可。用手将白条羊在火上左右翻转，一直烤到表面焦黄，油滴外渗，香味喷发，里外皆熟为止。烤熟后用刀割而食之，既不加油盐，也不加其他佐料。后来，烤全羊变了一种做法，即先把洗净的全羊放在淡盐水里或配有调料的料汤中浸泡，然后放大锅里煮至半熟，最后再架于火上烘烤。在火上烘烤到油汁渗出来，肉质香脆而不腻，是蒙古族宴席上的一道传统名菜。

(三)火锅

火锅也是蒙古族传统佳肴之一，多在冬季食用。火锅有两种吃法，一种是将肥肉切成薄片，放入火锅内(火锅有4格、6格等几种)，再在火锅的每格内放进一味菜肴，煮熟后食用。另一种是将酸菜丝、粉条和各种佐料及山珍海味先放入汤内，将羊肉片放进锅内，边吃边添。火锅有铜制火锅、铁制火锅、铝制火锅和砂锅等多种，其中以铜制火锅为佳。

(四)黄油

蒙古语称“希日陶苏”。其制作方法是将鲜牛奶放入缸内或盆内，发酵后奶脂上浮成白油状，蒙古语称“乌日莫”。将提取的乌日装入洁净的白布袋里，悬挂在房一角，使水分渗出或蒸发。数日后，将其取出放在盆内加水搅拌，再倒入锅内用温火炼，并用勺子频繁搅动。待到色泽微黄，即成黄油。黄油是牛奶中的精华、奶食中的上品。

(五)牛犊汤

牛犊汤是将和好的白面或荞面切成方形小薄片，煮熟后捞至烧开的乌日莫或芝麻、麻籽汁浆中便可食用。

(六)猫耳朵汤

先将和好的荞面揉成条状，再揪成杏核大小的块块，将块块放在一只手的掌心上，用另一只手大拇指将其按成猫耳朵状，放进肉汤内，煮熟后便可食用。

(七)炒米

蒙古语称“胡列巴达”。将蒸熟的散糜子放在锅内，拌细沙用猛火炒干，加工去皮，即成炒米。将炒米用烧开的鲜奶或酸奶浸泡，放进乌日莫、黄油、白糖等便可食用；也可以用开水浸泡，加入黄油、白糖、新鲜奶豆腐等食用。用炒米还能做奶粥、肉粥等。炒米易于保存，携带方便。

(八)奶茶

奶茶是蒙古族人最喜欢的饮料之一，一年四季常喝不断。奶茶的做法：一般是先将砖茶捣碎，装入小纱布袋，放入白水锅中熬煮，然后加上新鲜牛奶，烧沸后用勺子频繁撩汤，待茶、奶交融即为奶茶。饮用时，通常加入少许食盐、炒米、黄油。也有煮茶时放入炒米和食盐的。

(九)马奶酒

蒙古语叫“奇格”，牧民常用它来款待尊贵的客人。马奶酒有着悠久的历史，自古以来，饮马奶酒就是蒙医的七大医法之一。蒙医学认为，马奶酒醇香而微酸，酒精度不高，即使不会喝酒的人喝上一两碗也无醉意，可谓老少皆宜。春夏之季，牧民们将挤下的鲜马奶盛入盆或锅内，置放8~9h后取出奶皮，然后将脱脂奶倒入木桶或生皮囊中，挂在向阳处，用一根特制的木棍每日搅拌数次，使马奶酿出马奶酒。发酵2天酿出的酒叫软曲马奶酒，发酵5~7天酿出的酒叫硬曲马奶酒。草原上的马奶酒以其丰富的营养、独特的醇香和神奇的疗效而著称于世。远方的客人来到草原，主人都会让他们喝上一些马奶酒。

（十）羊背子

蒙古语称“乌查”。其做法和吃法都比较讲究。先将全羊由脊上第七肋骨至尾部割下，再把四肢、头、颈、胸脯、肩胛分别割下一起放入锅中烧煮，水滚开后即取出。把煮好的全羊的各部分放在一个盘子里，四肢放在底部，羊背、胸脯放在其上，羊头放在最顶上。大盘子端上桌后，长者用蒙古刀先在羊头上轻轻刮下两块肉，羊头即可端出，再从羊背两侧割取两条肉，切成小块，敬宾客品尝，然后，大家各持蒙古刀边割边吃。这就是羊背子的吃法。羊背子肉鲜嫩、味美。

（十一）奶皮子

蒙古语称“哈他森乌日莫”。在草木结子儿的农历八九月间，将鲜牛奶放入锅中用慢火烘，稍滚即用勺子反复扬汤，使奶沫子浮在上面，再点上生奶，奶液表面即结成一层皮。冷却后，把这层皮挑起放在通风处，阴干即成奶皮子。

（十二）奶豆腐

蒙古语称“胡日达”。将取出白油后的酸奶子经慢火熬煮，随熬煮随搅，除去汁液，加适量乌日莫，待形成软面团状时，倒入雕有图案的奶豆腐模具上，有桃、石榴、月饼、鱼、长方形和正方形等多种形状。

（十三）奶酪

蒙古语“比西乐格”。将提取乌日莫后的酸奶放在温热处发酵，等其沉淀后，把沉淀下来的粉块装入布袋，压出液汁，再捏成各种形状，晾干后即成奶酪。

蒙古语称“塔日嘎”。将做奶皮子所余的热奶放入缸内，自然发酵呈稠粥状即为酸奶。冬春之季，牧草枯黄，奶牛产乳量减少，此时正好饮用。

（十四）蒙古馅饼

以精肉为馅、白面为皮做成。其特点是皮特别薄，透明见馅，喷香可口，素有“汉族人的饺子蒙古人的馅饼”之说。

第九节　语言沟通能力

出租汽车驾驶员接触来自不同地区的乘客，有时还有外国朋友，所以，能进行一些简单的对话是很有必要。

一、蒙古语

您好？——他赛诺？

您去哪里？——塔哈呀八压？

多少钱？——何地召斯？

走——呀八压

再见！——八呀日太！
给钱(找钱)—— 召斯五格闹
人民币：
5 元——他奔图古日格
6 元——觉日干图古日格
7 元——道老恩图古日格
8 元——奈曼图古日格
9 元——以森图古日格
10 元——阿日奔图古日格
15 元——阿日奔他奔图古日格
20 元——号认图古日格

二、英语

您好？——Hello
您去哪里？——Destination
您会写中文吗？——Can you write in Chinese?
到了——here we are
拿好发票——receipt please
谢谢——thank you
再见——bye bye
人民币：
五元——five yuan
十元——ten yuan
十一元——eleven yuan
十二元——twelve yuan
十三元——thirteen yuan
十四元——fourteen yuan
十五元——fifteen yuan
二十元——twenty yuan

三、方言

噶哈——意思是有什么事，干什么去。
卡——摔倒，栽跟头了。
埋汰——脏，形容词。也做动词用，埋汰人，比喻侮辱人。

上街里溜达——上街,到街里闲逛。

唠扯——聊天。

唠嗑——谈话,聊天。

你装呐——贬义,装模作样。

嘚瑟——贬义,指人愿意出头露面,显自己。

削——打,暴打。

整事儿——装腔作势,故意做出某种行为。

麻溜——快一点儿。

贼——副词,与很、特别一个意思。

沙楞儿——分两种意思,一是和麻溜一样表示快一点儿的语气词。二是表示爽快、干脆的形容词。

寒碜、科碜——害羞、不好意思,丑陋。

秃撸反涨——说话、办事反反复复,不讲信用,不能说到做到。

界壁儿——邻居,指隔着一堵墙的邻居。

捣扯(声调,降调)——收拾,整理。

嘞嘞——唠叨。

老蒯——老伴儿,只用来形容老年女性。

远点儿删着——离我远点儿,滚蛋。

急眼——意为"发火","恼羞成怒","愤怒"。

滚犊子——意为"滚蛋"。

抓瞎——意为事到临头没办法了。

咋整——意为"怎么办"。

整个浪儿——意为"全部","整个"。

稀罕——意为"喜欢"。

闲嘎嗒牙——意为"闲扯",可以理解为用闲扯来消磨时光。

熊色(shai)——贬义,形容一个人讨厌的样子。

干不拉瞎——形容某种东西很干。

备不住——有可能,也许。

不远匣——指不太远。

扯淡——胡说八道。

眼力件儿——多指会不会来事儿。

敞亮——形容一个人不藏心眼儿,大方直爽。

包源儿——全部,全包了。

挡害——碍事。

迹哥——闹别扭。

尿性——有骨气,有能力,真汉子。

曲咕——小声说话。

土包子——土生土长地没见过大世面的人。

铁子(老铁)——哥们,好朋友。有时也指男女不正当关系。

稀里马哈——马虎。

无机六瘦——形容无聊到了极点,闹心,不知道干什么。

暴土扬长——多形容满天灰尘,扬沙天气(沙尘暴)。

洋的二正——形容做事不认真,三心二意。

埋了咕汰(埋了八汰)——多形容人或房间 衣服等,不干净,不整洁。

得得(四声)搜搜——多形容人做事情炫耀,骄傲自大。

吭哧瘪肚——形容说话结巴,语无伦次。

傻了八叽——形容人比较呆傻。

二虎八叽——同上(也可以形容人做事莽撞)。

斯斯哈哈——东北的天气冷出门不带手套,冻手的时候吐哈气用来暖手,因此演变成被冻的程度。

老天巴地——形容人长得老,岁数大了。

皮儿片儿——主要形容房间不整洁,东西摆放比较凌乱。

魂儿画儿——形容脸上有污垢,有黑泥。

破马张飞——形容人不安静。

吊儿郎当——形容人游手好闲,没有正经的事情做。

五迷三道——迷迷糊糊,一般形容人喝多酒了。

毛愣三光——形容人做事情浮躁,不踏实。

遮柳子——撒谎。

左溜——反正。

连项儿——紧接着。

绑丁——一个劲地,经常。

掂对——考虑、思量、筹集。

咕咚——心眼儿坏。

赶趟儿——来得及。

嘎——超越。

大头——被哄骗吃亏。

打呼噜语——说模棱两可的话。

耍勺——故意干不合理的事情。

攮丧——窝火的意思。

过油子——超过某种限度。

抽冷子——趁机会。

捅娄子——惹麻烦;闯祸。

折柳子——找借口。

反涎子——反悔。

磨叽——磨蹭。

嚼咕——好吃。

掰扯——辩解。

犟眼子——固执,倔强。

水裆尿裤——不整齐,不利索。

无脊六受——百无聊赖。

不打锛儿——说话流畅。

打腰——很吃香。

神神道道——比较神经质。

撩骚——闲着没事找事。

打误——车陷在泥里。

包圆儿——全部,全包了。

嘎巴溜丢脆——干脆,爽快。

翻小肠——计较旧事。

别愣——叫人感觉不自在。

敞亮——大方,爽快。

毛愣三光——不稳当,做事马虎。

溜光水滑——仪表堂堂。

上赶着——主动。

急眼——发火。

刺挠——痒。

第四章 出租汽车驾驶员职业道德

出租汽车行业是直接为人民和社会服务的窗口,代表着交通行业的形象,在某种程度上还反映了一个城市人民的精神面貌。出租汽车驾驶员的服务态度和服务质量直接关系到出租汽车行业的发展,关系到人民生活水平的提高,也关系到一个地区的经济发展。所以,出租汽车驾驶员的职业道德非常重要。

第一节 道德和职业道德的概念及其基本构成

道德是在人类历史长河中逐渐发展起来的,随着人类社会的发展,道德成为一种行为规范,渗透到人们生活的各个领域,规范着人们的思想行为。

一、道德的概念和功能

(一)道德的定义

老子《道德经》书中有云:“道生之,德畜之,物形之,器成之。是以万物莫不尊道而贵德。”“道”乃人对世界本原的看法,而“德”则是人的处世准则。道德是人们调整人、社会、自然之间关系的根本指导原则。“道德”能帮助人类社会升到更高的水平。

(二)道德的功能

1. 认识功能

道德是引导人们追求至善的良师。它教导人们认识自己,对家庭、对他人、对社会、对国家应负的责任和应尽的义务,教导人们正确地认识社会道德生活的规律和原则,从而正确地选择自己的生活道路和规范自己行为。

2. 调节功能

道德是社会矛盾的调节器。人生活在社会中总要和自己的同类发生这样那样的关系,因此,不可避免地要发生各种矛盾,这就需要通过社会舆论、风俗习惯、内心信念等特有形式,以自己的善恶标准去调节社会上人们的行为,指导和纠正人们的行为,使人与人之间、个人与社会之间关系臻于完善与和谐。

3. 教育功能

道德是催人奋进的引路人。它培养人们良好的道德意识、道德品质和道德行为，树立正确的义务、荣誉、正义和幸福等观念，使受教育者成为道德纯洁、理想高尚的人。

4. 评价功能

道德是公正的法官。道德评价是一种巨大的社会力量和人们内在的意志力量。道德是人以"善""恶"评价社会现象、把握现实世界的一种方式。人们有时在评价一个人的时候说："这个人德才兼备"或说："这个人的才能很高，就是德不行"。说年轻人的时候说："和他爸一样缺德"。

5. 平衡功能

道德不仅调节人与人之间的关系，而且平衡人与自然之间的关系。它要求人们端正对自然的态度，调节自身的行为。环境道德是当代社会公德之一，它能教育人们应当以造福于而不贻祸于子孙后代的高度责任感，从社会的全局利益和长远利益出发，开发自然资源发展社会生产，维持生态平衡，积极治理和防止对自然环境的人为性的破坏，平衡人与自然之间的正常关系。

6. 调节功能

人类拟定道德原则的目的是调节利益关系，实现本阶级（社会或团体）利益最大化。

古人说："玉生虽丽，光不逾把，德积虽微，道映天下"，做一个有道德和"品质高尚的人永远是年轻和美丽的。"

二、职业道德的概念和构成

职业道德是指从事一定职业的人，在职业活动过程中必须遵守的与所从事的职业活动相适应的道德原则和行为规范。

职业道德属于社会公德范畴，社会公德是对一定范围内的道德进行规范，是社会主义道德体系的基础，是社会文明的具体体现，是全体公民在广泛的社会交往中和公共生活中都应该遵循的基本行为准则。

职业道德由职业理想、职业责任、职业纪律、职业技能、职业态度、职业良心、职业作风、职业荣誉八个方面构成，形成一个严谨的职业道德模式。

（一）职业理想

理想是对未来从业的一种设想、向往和追求，是职业道德的灵魂。只由树立崇高的合理的职业理想，才能正确地做到敬业爱岗，勤勤恳恳地工作。

（二）职业责任

职业责任是指对社会、对他人所付的职责。出租汽车从业人员更需要有社会的责任感，职业的义务感。这对人们在职业活动中道德行为有重大影响。职业人员只有认识到自己所负担的责任，变成自己内心道德情感和信念，才能自觉地从事好自己的工作，自觉地转化为对自己职业道德义务。道德行为是道德本质的外在表现。从一个人的言谈举止、嬉笑怒骂中,都可以看出一个人的责任心和道德涵养。任何道德涵养都是以责任心为支撑的。一个没有责任心的人是不会对事业、对他人、对社会和家庭负责的。

(三)职业纪律

职业纪律是为了维持职业活动的正常秩序,保证职业责任的履行必须遵守的规矩和准则,是调节人与人之间、个人与集体、个人与社会以及职业生活中局部与全局关系的重要方式。自觉的意志和服从集体的要求构成职业纪律的基础。

(四)职业技能

完成本职工作应具有的知识文化水平,技术熟练程度和解决各种问题的能力。如果缺乏技能,很难实现职业道德的根本原则和要求,也就很难成为社会需要人民欢迎的出租汽车从业人员。

(五)职业态度

职业态度是履行各种劳动义务的基础。和劳动价值观、受教育程度,文化专业技术水平、劳动能力、兴趣爱好等等有关。一定要正确对待工种和劳动。种瓜得瓜,种豆得豆,实际上都是在给自己干。

(六)职业良心

职业良心是在履行职业义务过程中,人们内心所形成的职业道德责任感和对自己职业道德行为的自我评价、自我调节的能力,把应尽的道德责任变为内心的道德情感,道德信念,一旦形成,往往左右着职业道德的各个方面。

(七)职业作风

职业作风是指职业劳动者在职业实践和职业生活中所表现的一贯态度;是一种习惯力量。

(八)职业荣誉

职业荣誉是对职业行为的社会价值所作出的客观评价和正确的主观认识,也是社会对一个人履行义务的德行和贡献的评价和赞赏。这种肯定和赞赏,不仅成为从业者个人追求更高的职业道德境界的动力,而且为社会树立正确的职业价值标准起到抑恶扬善的作用,使从业人员自觉地按照更好标准和尺度去履行义务,宁愿做出自我牺牲,也要去保持尊严、信誉和人格完善,也不愿违背职业良心,做出可耻、毁誉和损害人格的事情。出租汽车驾驶员拾金不昧和勇于救人的事情有许许多多,成为出租汽车行业的榜样和道德的榜样。

第二节　加强职业道德建设的意义和作用

一、党中央极为重视职业道德建设

党中央在《中共中央关于社会主义精神文明建设指导方针的决议》中指出:“在我们社

会主义各行业都要大力加强职业道德建设”。党中央把职业道德建设作为一项战略任务提出来,是因为职业道德建设是社会主义的主体部分,是精神文明建设的重要内容,是提高人民精神素质,培养“四有”新人(有理想、有道德、有文化、有纪律)的基础工程,是改善人际关系、纯化社会风气的根本途径,是搞好交通事业的需要,是建设一支合格的出租汽车从业队伍的需要、也是家庭和谐和教育好子女的需要。

2001 年 9 月,党中央印发了《公民道德建设实施纲要》,提出 20 字基本道德规范:“爱国守法、明理诚信、团结友善、勤俭自强、敬业奉献”。既包含了传统的美德,革命道德的内容,又弘扬了时代的特色。

1. 爱国

每一个中国公民要树立民族利益和国家利益至上的意识,自觉维护国家的。独立、统一,是每个公民神圣的道德义务。

2. 守法

每个公民要学法、懂法、守法,还要在日常生活中学会运用法律维护自己的权利。

3. 明礼

讲究文明礼貌,注意礼仪、礼节;在公共场合注意言行举止,遵守各项规章制度。

4. 诚信

做人要诚信,做事也要诚信;诚恳待人,用信用取信于人。

5. 团结

通过弘扬集体主义和团队精神,增强凝聚力。

6. 友善

与人友好相处,善意待人。

7. 勤俭

继续发扬中华民族的勤劳、节俭的优良传统。

8. 自强

使自尊、自强、自立的精神得到体现。

9. 敬业

忠于职守、爱岗敬业,培养良好的职业道德。

10. 奉献

服务于社会,奉献造福社会。

中国共产党第十八次代表大会对精神文明提出更高的要求,“全面提高公民道德素质。这是社会主义道德建设的基本任务。要坚持依法治国和以德治国相结合,加强社会公德、职业道德、家庭美德、个人品德教育,弘扬中华传统美德,弘扬时代新风。推进公民道德建设工程,弘扬真善美、贬斥假恶丑,引导人们自觉履行法定义务、社会责任、家庭责任,营造劳动光荣、创造伟大的社会氛围,培育知荣辱、讲正气、作奉献、促和谐的良好风尚。深入开展道德领域突出问题专项教育和治理,加强政务诚信、商务诚信、社会诚信和司法公信建设。加强和改进思想政治工作,注重人文关怀和心理疏导,培育自尊自信、理性平和、积极向上的社会心态。深化群众性精神文明创建活动,广泛开展志愿服务,推动学雷锋活动、学习宣传道德模范常态化”。

二、职业道德的作用

(一)职业道德是社会主义现代化建设的强大的精神动力

职业道德对于提高各行各业的工作效率、保证工作质量、促进生产和各项工作起着重要的作用;职业道德是精神文明建设的突破口,不仅决定劳动者的素质,而且决定着人际关系和社会风气的好转,产生社会正能量。强调职业道德,进行职业道德教育活动,最终都是为满足广大人民群众的利益。

(二)有利于促进党风和社会风气的好转

现在有些人利用职权谋私、损公利已、贪污受贿都是和职业道德不相容的。加强职业道德建设,这些情况就会逐渐好转。

(三)培养“四有”职工队伍的重要途径

进一步明确是非、荣耻、善恶的界限,对于我们的道德选择,生活理想的形成,对世界观、价值观的确立起着重大的作用。

三、出租汽车驾驶员加强职业道德的三个需要

(一)展示兴安盟外部投资环境的需要

兴安盟是内蒙古自治区最贫困的地区,非常需要搞好外部环境,以利于招商引资。投资者或外地的客人到兴安盟境内乘坐出租汽车,如果出租汽车驾驶员职业道德好、素质高、服务周到,外地客商立马就会感到这个地区环境好、风气正、精神面貌好,投资就有兴趣、感到有把握。相反,出租汽车驾驶员职业道德不好,素质低,服务差,客商就会说:这是什么地方,这地方的人怎么这么差劲!实际上,兴安盟民风淳朴、热情厚道,让一、两个人把整个地方都抹黑了。口口相传,说兴安盟那地方如何如何不好,那招商引资就会受到影响,所以,出租汽车驾驶员的道德和服务质量代表着本地区的精神面貌,是一个城市流动的“名片”,是展示兴安盟外部环境的需要。公德装在心中,文明贵在行动!职工出租汽车驾驶员素质高一分,兴安盟的形象美十分!

(二)家庭和谐的需要

道德问题也影响家庭团结。道德品质好的出租汽车驾驶员在家也必定是好儿子、好父亲、好丈夫。相反,道德品质差的出租汽车驾驶员不但在运营时服务不好,在家里也脾气暴躁、情绪不稳定,经常生气,或者把在外边不高兴的事带回家里发火,严重影响家庭的和谐、幸福。

（三）教育子女的需要

道德对教育子女的作用非常大。因为父母是孩子的第一任老师，父母的一言一行都在潜移默化地影响着他们。2014 年年初，中央电视台推出一档节目“家风”，就是为了使优良的家风传承下去，把中华民族的优良传统传承下去。家庭是社会的细胞，是构成国家的最小的单位，如果每个家庭都搞好了，整个国家就更富强，社会更和谐。每个父母都在望子成龙、望女成凤，成为德才兼备的人才，但要从我们自身做起，一个脏话不离口，抽烟又喝酒，好玩、赌博，情绪不稳定的人，他的孩子能学到什么呢？孩子学习不好，非打即骂，而不去从自身去找原因。美德传家久，忠厚立世长。为了子女的成长，为了家庭的幸福，也要摈去自身的陋习，加强自身的道德修养。

职业道德是世界上各个国家都在提倡的，尤其在资本主义社会得到充分发展。日本把职业道德作为企业的管理核心，几乎每个行业和企业都有一整套完备的职业道德规范体系。如爱护集体、忠于职守、热心服务、严格质量、维护信誉等。美国国会批准了《政府工作人员道德准则》、《美国政府行为道德法》、《美国议员和雇员道德准则》等。

第三节 出租汽车驾驶员职业道德的主要内容

出租汽车驾驶员的职业道德规范是调整出租汽车驾驶员与乘客、社会、企业等方面关系的行为规范，也是评价出租汽车驾驶员职业行为好坏的是非标准，是每个出租汽车驾驶员必须遵循的行业准则，其规范主要有：爱岗敬业、遵章守纪诚信经营、优质服务、安全行车、服从管理、钻研业务技术、提高服务水平。

使乘客“方便、迅速、准点、安全、舒适”的到达目的地，是出租汽车驾驶员职业道德中具体的内容。

一、爱岗敬业

出租汽车驾驶员是一个平凡的岗位，但要做好日常的服务工作并不简单，因为出租汽车驾驶员经营时不仅要有社会效益，还要有较好的经济效益。在弘扬社会公德的新形势下，只有对岗位本职的热爱，才能树立敬业精神，爱岗敬业对出租汽车驾驶员来说显得尤为重要，一个连自己的岗位都不“爱”的人，就谈不到优质服务。只有做到干一行爱一行，少计较个人得失，才能在平凡的岗位干出不平凡的业绩。因此，出租汽车驾驶员在本职岗位上，不论载送乘客的远近、营业收入的多少、运营环境的优劣，都应持之以恒地保持好对本职工作的热情，积极遵循工作要求和操作规范，毫无敷衍懈怠，在自己的工作岗位上勤勤恳恳、任劳任怨，自觉履行职业道德义务，以良好的服务态度满足社会需求，赢得乘客尊重。

［案例 1］ 2012 年 5 月 29 日，杭州长运客运二公司驾驶员吴斌驾驶客车从无锡返杭途中，突然一块铁物像炮弹一样从空中飞来，击碎车辆前风窗玻璃砸向他的腹部和手臂。面对

肝脏破裂及肋骨多处骨折，肺、肠挫伤，危急关头，吴斌强忍剧痛，通过换挡制动将车缓缓停好，拉上驻车制动器操纵杆，开启危险报警闪光灯，以一名职业驾驶员的高度敬业精神，完成一系列安全停车措施，确保了24名旅客安然无恙，而他自己虽然全力抢救却因伤势过重去世，年仅48岁。交通运输部授予吴斌"爱岗敬业驾驶员楷模"荣誉称号，浙江省人民政府批准吴斌为革命烈士并追授为浙江省劳模，中华全国总工会追授杭州英雄驾驶员吴斌"全国五一劳动奖章"。

二、遵章守纪

单人单车完成运输生产任务是出租汽车运营的特点。出租汽车管理部门、出租汽车企业对出租汽车驾驶员经营行为的监管具有一定的难度。因此，出租汽车驾驶员要有较高遵纪守法的自觉性和法制观念，才能胜任职业要求。在日常工作中，出租汽车驾驶员要恪守职业道德，遵守国家相关法律法规和企业规章制度及运营规范，要牢固树立"安全第一、预防为主"的观念，牢固树立对社会公众生命财产安全负责的思想，牢固树立为人民群众服务的观念。

（一）遵纪守法

遵纪守法是维护出租汽车驾驶员职业活动正常开展的重要保证。出租汽车驾驶员在日常运营过程中，要能做到知法守法，在业余时间也要养成主动学法懂法的习惯，以法制思想来引导日常的经营活动。

（二）服从管理

服从管理对出租汽车驾驶员来说，不仅是遵守职业法律的要求，而且也是出租汽车行车运营服务工作的需要。首先，驾驶员应服从政府有关部门的监督和检查。为了规范出租汽车市场秩序，政府有关部门制定了一系列管理法规和规章，并对出租汽车驾驶员从业行为进行监督检查。出租汽车驾驶员应该把服从管理看作是自己的职业道德，自觉地服从管理和接受检查。如对检查、处理有意见，可以依法维护权益。其次，出租汽车驾驶员作为出租汽车企业的一员，要尊重出租汽车企业的管理，服从管理人员的统一调配，积极支持和配合，为企业发展而共同努力。

（三）履行义务

出租汽车行业是城市的"窗口"行业，出租汽车行业的文明程度是城市文明的重要体现，这要求出租汽车驾驶员在获取经济利益的同时，必须肩负起维护城市文明和企业形象的神圣使命，要发挥并创造出良好的社会效益。出租汽车驾驶员在行业精神文明创建、和谐劳动关系创建和企业文化建设等环节中都应当以服务社会经济政治全面发展为宗旨，识大体、顾大局，积极履行相关义务，努力塑造出租汽车行业的良好形象。无锡大众交通有限公司驾驶员顾建明不顾个人安危，危机时刻敢于挺身而出，勇擒欲引火车站广场爆炸物的犯罪分子，被授予了"全国见义勇为英雄"和"全国出租汽车文明驾驶员"等荣誉称号。

在遇到自然灾害、事故灾难、公共卫生事件和社会安全事件等突发事件时，出租汽车驾驶员有义务参与突发事件应对工作，在获悉突发事件信息后，应当立即向所在地人民政府、有关主管部门或者指定的专业机构报告。突发事件发生地的出租汽车驾驶员还应当服从人民政府、居民委员会、村民委员会或者所属单位的指挥和安排，配合人民政府，积极参加应急救援工作，协助维护社会秩序。

三、文明行车

（一）安全行车

出租汽车驾驶员在思想上牢固树立"安全第一、预防为主"的观念是确保行车安全的前提，"安全第一"就是要重视行车安全，把它放在首要的位置。"预防为主"就是要将不利于安全的因素消灭在萌芽状态。在运营服务过程中，出租汽车驾驶员要时时刻刻绷紧安全行车者根弦。

安全行车是出租汽车服务顺利开展的前提。出租汽车驾驶员在从业过程中应当文明驾驶，安全行车。要坚决避免出租汽车带故障上路，坚决禁止酒后开车。在车辆行驶过程中要依法依规行驶、不争不抢、坚持做到"礼让三先"（"先让"、"先慢"、"先停"），"十"不开（时间印记不开急躁车，道路不熟不开冒险车，道路条件不好不开麻痹车，对方态度不好不开赌气车，连续工作不开松劲车，无人检查不开自由车，车辆有故障不开"带病车"，心情不好不开情绪车，受到鼓励不开"英雄车"，会车时不开霸王车）。

［案例 2］　南通出租汽车有限公司驾驶员洪建忠，只要没有客人，他便清洁车内卫生、检查车辆。因此，在任何时候他的车都能保持车况良好、车容整洁。在年检时，检车员把发动机舱盖打开后大吃一惊：整个机舱内竟然没有一滴油迹，跟新车一样！检车员惊叹："我验车这么多年，从未遇到维护得这么好的汽车，像这样的汽车应该免检。"洪建忠行车 20 多年来，从未发生一次行车事故，迄今为止已安全行车累计超过 200km，获得了全国劳动模范和全国出租汽车客运"优质服务车"等荣誉称号。

（二）文明驾驶

据统计，"十大交通陋习"包括强行超车、随意并线、加塞抢行、不礼让斑马线上行人、开车接打手机、不系安全带、乱鸣喇叭、随意向车外抛散物品、发生轻微事故纠缠不挪车、非机动车闯红灯越线和行人过马路不走人行横道、乱穿乱行等。

出租汽车驾驶员在行车中，要杜绝驾驶陋习，做到文明驾驶。在处理车与车、车于人的关系时，一定要坚持礼貌行车，做到"礼让三先"，坚持"宁停三分，不抢一秒"；才不至于发生行车事故。

（三）钻研技能

一名合格的出租汽车驾驶员，不仅要具有为人民服务的思想和社会责任感，还必须具备精湛的驾驶操作技能。即使服务态度很好，但如果驾驶操作是"起步一挺胸，停车一鞠躬，转弯不倒翁，制动孙悟空”，在遇到突然发生的紧急情况时，心慌意乱，不能应付自如，以至发生事故，也是不可能使乘客感到满意的。出租汽车驾驶员做好服务工作，必须掌握精湛的驾驶技术，不仅要熟悉车辆的性能，还要求驾驶技术熟练，操作合理，处理得当，达到“平稳、轻松、安全、舒适”的效果，使乘客得到满意的服务。为了避免车辆抛锚影响乘客行程，驾驶员还要掌握一些车辆维修技术，一旦出现事故就能迅速排除，保证乘客及时、安全到达目的地。如武汉公交集团五公司驾驶员王静，在驾驶员岗位上忠于职守，无私奉献，总结出一套“王静工作法”成为技术能手和“节油王”，全国文明，成为交通行业的服务标兵。

出租汽车驾驶员钻研业务技术知识通常方法是“学、问、记、背、看”。

(1)“学”就是认真学习服务手册、电话簿、地图、公共交通手册等资料。

(2)“问”是向熟悉业务的同行请教。

(3)“记”就是及时记录常用单位地址、交通道路及具有规律性的知识。

(4)“背”是背诵主要路名和医院、饭店，厂矿等单位。

(5)“看”是注意看各种资料和路线，了解路名更改、单位易名情况，并利用业余时间实地查看。

只要肯下功夫，每个出租汽车驾驶员都能够在学习中不断提高，使自己成为一名优秀的出租汽车驾驶员。

四、诚信经营

诚信经营要求出租汽车驾驶员严格按出租汽车客运法规经营，做到不拒载，不挑乘客运近，严格按照规定收费。出租汽车运价是国家有关部门依法确定的，要认真、严格执行价格政策。在向乘客收取出租汽车费用时，应当实事求是，正确合理地收费。不能利用乘客急需租车心理对乘客明敲暗诈，采用舍近求远，单程返程等手段多收公路里程费和等候费，坑害乘客，必然会引起乘客不满，损害行业声誉。

(一)诚实守信、文明服务

诚实守信是中华民族的传统美德。讲信誉，讲信用，规范有序，取信于民。

出租汽车行业是典型的服务业，出租汽车驾驶员应当树立良好的服务意识。“诚实守信、文明服务”，既要体现在出租汽车整洁上，也要体现在出租汽车驾驶员诚实服务上。

诚信是中国几千年的道德准则的重要内容，也是社会主义道德的重要内容。“八荣八耻”明确指出：“以诚实守信为荣，以见利忘义为耻。”出租汽车行业的职业道德必须把诚实守信作为出租汽车驾驶员职业道德的基本理念，作为进入这个行业，从事这个职业的立业之本。出租汽车在运营过程中，经常会遇到乘客将钱物遗失在出租汽车内的情况，作为一名合格的出租汽车驾驶员，应当做到拾金不昧，发现乘客遗留物品，应及时归还失主，应及时上交处理，不得私自留用。出租汽车驾驶员还应当坚决抵制拒载、故意绕道、不打计价器或不按计价器的金额收款等违法行为，要为乘客提供高质量的文明服务。

我们出租汽车驾驶员要增强社会责任感,正确处理奉献和索取的关系,反对以不正常的手段获取利益的腐朽思想。要正确处理与乘客之间的直接利益关系,切实维护乘客的正当利益。做到真诚相待、讲究信用、不欺生欺幼、不刁难、欺骗乘客。要执行运价、打表收费。

(二)文明服务

要求驾驶员形象文明、语言文明、态度文明、举止文明等,做到不拒载、不议价、不中途甩客、不故意绕道行驶等。

(三)形象文明

要求驾驶员应做到按规定着装、佩戴胸卡或服务标志,衣着整洁。服饰大方,发式整齐、面目洁净,坐站有相、动作敏捷,讲究风度、不卑不亢。要注意避免不雅的举止动作,体现驾驶员积极向上、朝气蓬勃的面貌。

(四)语言文明

要求驾驶员用好10字文明用语,即:您好、谢谢、请、对不起、再见。在接待乘客时做到"请"字当头、"谢"在其中、礼貌道别,措辞委婉贴切,语气和蔼可亲,避免讲粗话、脏话和丑话。不能以口头或其他明显影响乘客心情的方式抱怨乘客,如路途太近、道路拥堵等。

(五)态度文明

要求驾驶员控制情绪、得理让人,勇于承认错误,理解宽容、与人为善,诚挚谦虚、乐观向上。在乘客上车前、上车中不应询问乘客目的地,若在交接班或者响应电召途中,应当开启相应灯标志。在乘客上车之后,不应以交接班或不识路为理由拒绝搭载。

(六)举止文明

要求驾驶员微笑服务,举止得体,彬彬有礼。如乘客接打手机时,应将车内音响调低音量,不影响乘客通话。遇到车流缓慢或他人不文明驾驶行为时,不应谩骂、诅咒等。对待特殊服务对象,要尊重对方的风俗习惯。

乘客乘车时有权享受必要的服务以满足自己的需求。有些驾驶员不按规定提供服务,如在盛夏高温季节,为了节约燃料,不开空调;为图自己方便,不愿将车开进允许通行的小路,不能实现"门到门"服务。这些擅自降低服务标准的做法,损害了乘客的合法权益,也损害了行业信誉。

第四节 职业道德建设的方法

要使出租汽车驾驶员树立良好的职业道德非一朝一夕之功有一个循序渐进的过程。

(一)学习

学习是加强职业道德技术的首要方法。一方面是自学,一方面是参加继续教育。学习包括读书、学习文化知识,学习伦理知识和向道德榜样学习。读书是自学的一种重要方式。仅次于选择益友的就是选择好书。在实际生活中的道德榜样比书中的知识更直接、更主动、更有比照。注意向他们学习。自我修养和自我改造是强大的动力。

（二）加强修养，提高技能

加强修养是学习的结果，也要在工作中不断地对自己严格要求。在思想上树立和巩固安全与服务意识，杜绝不文明驾驶和陋习。提高技能是加强修养的外在体现，主要包括驾驶和服务两方面能力。驾驶员需要在从业过程中，不断摸索车辆性能，掌握必要的维修技能；不断提高驾驶技能和线路选择能力，平稳、安全、快捷、高速地服务；不断学习服务心理学知识，用周到的服务，满足乘客的正当需要。

要做好服务，除了知车，还要知天识路、知人识业；除了车辆、客运等专业知识外，还要知道当地的历史地理人文等，这样才能服务有分寸，服务有办法。出租汽车驾驶员应了解以下几方面知识：

（1）知晓一些国内外时事政治，懂得党的方针政策，使自己有比较清醒的政治头脑。

（2）了解本地和各地的风俗习惯、地理历史、名胜古迹及名、优、特产品等。使自己有比较丰富的文化涵养。

（3）掌握英语等必要的常用业务用语和本地的民族语言、方言、哑语等，满足外宾和特殊人群的需要。

（4）对所在城市的道路情况、街道布局、走向、门牌的排序、有名的商场、饭店及娱乐中心的坐落地点等，都应了如指掌、心中有数，只有这样，才能对乘客提出的去向和地点做出迅速反应，并提出一条快捷、经济、合理的路线，使乘客满意。总之，只有掌握丰富知识，才能在服务中做到得心应手。

（三）严格要求自己

在单独活动没有人监督的情况下，有做坏事的条件，而又不会被人发觉，但是能用道德准则要求自己，而不去做，没有一点邪恶的念头萌发。这是慎独的方法，是建立在高度的道德觉悟和自觉精神基础上的道德，是许许多多人不容易做到的，但是，很多出租汽车驾驶员拾金不昧或见义勇为，救助他人，他们做到了“不以善小而不为，不以恶小而为之”，形成高尚的道德品质和道德人格。

（四）加强培训

鉴于出租汽车驾驶员的素质良莠不齐，驾驶员职业道德也还需要培养，要不断地加强对从业人员的教育培训。为此，交通运输部于 2011 年 12 月颁布了《出租汽车驾驶员从业资格管理规定》，要求出租汽车行业建立包括从业资格考试，注册，继续教育和从业资格管理等四位一体的从业资格制度体系。让学员认识到培训的目的是为了提高行业整体素质，树立良好的形象，规范行业行为，提高经济效益和社会效益。使人们在社会生活中每时每刻都在感受“道德”的存在。

（五）加强社会监督

加强社会监督是培养出租汽车驾驶员职业道德的重要一环。运输管理单位和出租汽车公司要求从社会各阶层聘请出租汽车行业风气监督员，从各个方面反馈出租汽车驾驶员服务情况，以便有针对性的解决存在问题。

（六）奖罚并重

在培训和加强社会监督的同时也要加重处罚力度，对有拒载、拼客、强揽、甩客、倒客、故意绕行和不按计价器收费等违规营运者，责令限期改正，并处一定数量的罚金。情节严重的，道路运输管理机构应当对其延期注册。将其违法行为记录等作为服务质量信誉考核的依据。

一年内3次以上违反规定者，将被吊销客运出租汽车驾驶员从业资格证。具体的考核办法见本书第十二章出租汽车行业管理中第三节出租汽车服务质量信誉考核。

道德在调节社会关系时，具有自身独特的作用，是法律手段所不能替代的。虽然法律是道德的底线，但是道德所起的作用是有限的，当存在不可调和的矛盾时，单凭道德观念不可能调整人与人之间的关系，必须更多地依赖法律手段。

（七）中华三德歌

《中华三德歌》包括“社会公德”、“职业道德”、“家庭美德”3个方面，为了方便学习，抄录如下：

滚滚黄河，浩浩长江。巍巍中华，屹立东方，文明古国。礼仪之邦。传统美德，源远流长。欣逢盛世，改革开放。政通人和，百业兴旺。道德建设，民心所向。文明米新风，神州荡漾。

1. 社会公德歌

我生社会，如苗在壤。立身处世，重在修养。待人接物，礼貌谦让。人敬一尺，我敬一丈。尊重他人，相互体谅。将心比心，切莫毁伤。助人为乐，品行优良。雷锋精神，代代发扬。公众场合，注重形象。讲究卫生，恪守规章。言谈举止，不可疏狂，着装整洁，仪态大方。虚情假意，人际沟墙。真诚相待，如沐春阳。急人所急，想人所想。扶危济困，古道热肠。敬老爱幼，助残扶伤。一片爱心，万缕阳光。防治污染，净化四方。山清水秀，鸟语花香。保护生态，节用宝藏。造福子孙，功德无量。国家兴衰，匹夫不忘。精忠报国，青史昭彰。公共财物，大众享受。自觉爱护，损坏赔偿。他人有险，挺身而上。见义勇为。正气伸张。社会治安，群管群防。遵纪守法，乐业安康。文明创建，美化城乡。人焕精神，地换新装。与外交往，不卑不亢。崇洋媚外，愧对炎黄。富贵不淫，威武不让。气度恢宏，协和万邦。百年屈辱，世事沧桑。催我奋进，拼搏图强。社会公德，牢记心上。文明公民，人人争当。

2. 职业道德歌

当今社会，各业各行。服务大众，敬业爱岗。人民公仆，清正贤良。防腐拒贿，无欲则刚。心系群众，关心痛痒。勤政务实，造福一方。执法人员，镜悬公堂。无私无畏，国徽闪光。惩恶除害，扶正安良。服务经济，保驾护航。工人做工，尽职爱厂。安全生产，注重质量。钻研技术，能工巧匠。提高效益，振兴工矿。农民务农，科学种养。多种经营，五谷飘香。不忘国家,多多种粮。勤劳致富,共奔小康。服务行业,文明之窗。诚实守信,顾客至上。货真价实,不欺不诳。合法经营,繁荣市场。科技英才,重任担当。刻苦攻关,勇于开创。严谨治学,力戒狂妄。多出成果,不负众望。文艺工作,“二为”方向。精品纷呈,百花齐放。深入生活,文化下乡。艺高德重,人民赞赏。体育健儿,志在高强。严格训练,艰辛备尝。竞技赛场,风格高尚。奋力拼搏,为国争光。白衣天使,救死扶伤。人道主义,光大发扬。妙手回春,医务精良。医德第一,圣洁芬芳。辛勤园丁,培育栋梁。传道授业,教学相长。循循善诱,爱心满腔。春风化雨,桃李成行。莘莘学子,金色时光。少小不学,老大悲伤。“四有”新人,未来希望。人民军队,和平保障。苦练本领,铁壁铜墙。纪律严明,威武雄壮。军民团结,国威共扬。行行风流,处处春光。海阔鱼跃,天高鸟翔。

3. 家庭美德歌

细胞健康,肌体强壮。家庭和睦,社会安详。婚姻自主,真情为上。志同道合,比翼翱翔。情结连理,地久天长。贫不嫌弃,富不相忘。相濡以沫,互敬互让。义务分担,甘苦同当。生儿育女,尽责抚养。言传身教,力戒纵放。琢玉成器,炼铁成钢。自强自立,能经风霜。养育之恩,天高地广。孝敬父母,千古伦常。嘘寒问暖,侍药奉汤。寸草难报,三春辉光。计划生育,国之计纲。少生优育,民富国强。婆媳妯娌,和气致祥。相互体贴,合家欢畅。邻里街坊,朝夕守望。出入相友,急难相帮。社区生活,丰富多样。歪风陋习,坚决抵挡。兄弟姐妹,出自一堂。让枣推梨,手足情长。迷神信鬼,吃亏上当,崇尚科学,利民兴邦。婚丧嫁娶,莫讲排场。攀比挥霍,人劳财伤。提倡节约,反对铺张。勤俭持家,福泽绵长。

中华三德,举国传唱。潜移默化,蔚成风尚。从我做起,当仁不让。民风淳厚,国运恒昌。

(八)驾驶员职业道德四字歌

安徽省六安市出租汽车驾驶员职业道德规范四字歌顺口、押韵、全面、易记。全文抄录,以供学习。

的士行业,文明之窗,八荣八耻,牢记不忘。语言文明,礼仪至上,笑颜常开,态度慈祥。
如有纠纷,主动谦让,得理让人,不事张狂。急人所急,想人所想,关心他人,古道热肠。
敬老爱幼,忠厚善良,见义勇为,敢冲敢上。老幼病残,搀下扶上,危急关头,救死扶伤。
礼待外宾,不卑不亢,会话英语,带头学讲。钻研业务,学有专长,能驾能修,不留故障。
安全责任,时刻不忘,谨慎驾驶,平安吉祥。车容车貌,四净一亮,标志设施,齐全流畅。
服装整洁,仪表端庄,品行操守,时时涵养。捡拾物品,完璧归赵,失主难找,立即上缴。
上客问路,行车打表,选择近道,不转不绕。地理环境,八方知晓,人文景观,准确介绍。
到站上下,定点停靠,礼让三先,相互谦让。遇客招手,减速停靠,有车必供,方便群众。
发现犯罪,立即报警,违禁物品,拒绝运行。运价标准,严格遵循,有零找零,无零让零。
收钱给票,主动自觉,假票串票,弃用坚决。宰客甩客,我辈不学,法规行约,守之如铁。
为国分忧,奉献在岗,文明使者,人人争当。新风吹拂,满城荡漾,亮丽风景,处处春光。

第五章 出租汽车设施与设备的使用方法

第一节 计价器和待租标志的使用方法

出租汽车计价器是用于测量出租汽车行驶里程、计算乘客出租汽车应付费用的设备。计价器必须经质量技术监督部门检定合格才能使用。

一、计价器组成和计费术语

(一)计价器组成

计价器主要由计量组件、税控组件等组成。

计价器主要包括里程传感器、空车待租标志、单片机、显示屏、打印机5个部件。里程传感器将出租汽车变速器输出的转动信号转换成电脉冲信号输入计价器,计价器中微处理器(单片机)根据脉冲信号测量行驶时间、行驶车速和行驶里程进行计算,得出乘客应付的车费,通过计价器的显示屏显示金额。

(二)用于出租汽车计费的常用术语

(1)空车:车辆处于待租状态。

(2)重车:车辆处于租用状态。

(3)切换速度:计价器从计程收费转换为时距并行收费方式的切换点车速值,单位为公里/小时(km/h)。

(4)低速:车辆的行驶速度等于或低于切换速度的状态。

(5)昼间:按运营规定的白天起止时间段(不含终止时间)。

(6)夜间:按运营规定的夜晚起止时间段(不含终止时间)。

(7)基本单价:不含加价的每公里租金,单位为元(人民币)/公里。

(8)加价:规定条件下加收的租金。

(9)单价:含加价的每每公里租金,单位为元(人民币)/公里

(10)起程:租用车辆最低计价行驶里程,单位为公里(km)。

(11)续程:到达起程后计价器的行驶里程,单位为公里(km)。

(12)计程:重车状态下计价的行驶里程,单位为公里(km)。

(13)计时:重车低速状态时计价的时间,单位为时、分、秒(h、min、s)。

(14)往返:租用车辆从起点经目的地返回起点的运营收费方式。

(15)单程:租用车辆从起点至目的地运营收费方式。

(16)暂停:暂时停止计时的状态。

(17)时距并计:重车使用时按照行驶时间和里程同时计费的方式。

二、计价器的使用

(一)计价器显示屏

根据《出租汽车计价器检定规程》(JJG 517—2009),计价器显示屏有 4 个显示窗口:金额屏、单价屏、计程屏、计时屏。

计价器显示屏旁设有 IC 卡卡槽和按键(称为机外键),机外键不得超过 3 个,一般由暂停键、检查键、单程键组成。

(1)金额屏:显示乘客应付的费用。

(2)单价屏:显示计价器在重车状态下出租汽车运营时每公里的租金。

(3)计程屏:显示计价器在重车状态下出租汽车行驶的里程数,从 0.0km 开始显示。

(4)计时屏:显示计价器在重车状态下,出租汽车低速运营累计时间,以秒为单位从 0s 开始显示。

(二)正确使用计价器和空车待租标志

出租汽车在候客时竖起空车待租标志,计价器没有使用。

乘客上车起步时,压下空车待租标志,计价器处于使用状态。此时计价器主机单价显示屏显示单价,金额屏显示基价,计程和计时屏显示本次运营累计的行驶里程和等候时间。

夜间运营时空车待租标志和顶灯同时熄灭,计价器开始按距离、时间并计式的计费方式进行计费。

当车速低于切换速度或者停车时计价器开始计时,高于切换速度时只计行驶时程。

到达乘客的目的地后,驾驶员按下暂停键。待乘客付费后,竖起空车待租标志,计价器处于空车状态,计价器显示屏显示归零。

(三)计价器使用的注意事项

(1)做好运营前的检查工作:

①计价器铅封是否完好,通电后计价器使用是否正常。

②计价器显示屏显示是否正常。

③空车待租标志翻动、转换是否自如和正常。

(2)需要收取单程附加费的,应先向乘客说明,然后按“单程”键。

(3)计价器显示的车费只是乘客上车后的车费,不包含燃油附加费,如按乘客要求经过车辆通行费征收站，出租汽车驾驶员要向乘客做好解释工作，如实向乘客收费，但不得向乘客收取返程的通行费。

(4)运营时发现计价器有故障，必须立刻将计价器送往有计价器维修资质的部门维修。车上有乘客时，应向乘客说明，按实际行驶的里程和时间收取费用。

(5)到达目的地后，乘客没有付清车费前，不要竖起空车待租标志，避免发生纠纷。

(6)计价器的时钟误差要求是30天内不超过5min。在误差范围内，不拆铅封，可用使用说明书进行时钟调整；误差超过5min时，送维修部门进行调整。

三、一卡通

“一卡通”就是用同一张IC卡上实现多种不同功能的智能管理，方便快捷，广泛应用于城市公交交通、高速公路自动收费、智能大厦、各种公共收费、智能小区物业管理、考勤门禁管理、校园和厂区一卡通系统中。持有“一卡通”的乘客，可以用IC卡支付出租汽车、公交车、购物、旅游等费用。

第二节　电召设施设备的使用

电召出租汽车是指通过电话、网络、路边呼叫装置、人群密集处的呼叫终端等方式呼叫出租汽车。电召出租汽车运营服务实现两项功能：一是减少乘客等车时间；二是减少出租汽车空载时间。电召出租汽车业务属于出租汽车经营者车辆调度范畴，目的是合理分配在运营中的出租汽车，有效降低出租汽车空驶率，满足人民群众的需要。

一、电召出租汽车服务

电召出租汽车须配备有符合行业规范和技术标准的GPS、电子识别系统等车载终端设施设备。电召出租汽车通过电召智能调度中心承接业务，提供即时电召或预约电召服务。乘客调度中心系统通过GPS定位分配离乘客最近的出租汽车前去载客。

二、电召出租汽车智能调度系统

电召出租汽车智能调度系统包括：调度中心、有线电话接入系统（排队机）、通信系统（通信工作站）、计算机智能调度系统（调度席）、业务网管检测系统、地理信息系统（GIS）和车载移动智能终端等。

三、电召出租汽车调度过程

（一）工作流程

(1)客户电话接入。

(2)录入约车业务信息。

(3)约车地点地理信息。

(4)业务信息带范围广播,等待抢答。

(5)移动智能终端选择显示,进行抢答。

(6)调度系统自动判断决策,调度派车。

(7)详细业务信息和身份识别标志(ID)下传显示。

(8)终端确认调度,前往乘客要车地点。

(二)归档

调度信息归档,完毕。

四、车载GPS终端设备安装使用

(一)安装的注意事项

安装前先确认插入终端的SIM卡余额是否满足运营要求,是否开通数据传输功能;然后确认所有设备和连接线连接正确后,再接通主机电源,切勿在主机通电情况下安装和卸载。

安装完毕后,先启动车辆试车,确保车辆各部分工作正常后,方可上路行驶。

(二)安装

主机安装位置应根据车型的不同,需要考虑防水、防尘、隐蔽性、走线方便等。

主机、设备和器件应采用隐蔽安装,手柄的安装以实用方便为原则。

第三节　消防设施和故障车警告标志的使用

一、消防常识

在车辆行驶中,因为驾驶员或乘客吸烟、电线短路、撞车、翻车或其他因素酿成火灾,导致车辆受损或人员伤亡。车辆发生火灾时,驾驶员不可惊慌失措,要冷静、果断迅速地让乘客下车,尽量降低因火灾造成的人员伤亡和财产损失。

(一)防止火势蔓延

(1)将车辆停在远离加油站、建筑物、高压电线、树木的空旷地带,想办法救火,让火势不再蔓延。当汽车着火危及周围房屋、电线、电缆以及易燃物品时,应立即隔离火场,迅速采取措施以防火势蔓延。

(2)如果是发动机着火,应迅速关闭发动机,尽量不打开发动机罩,从车身的通气孔、散热器及车底侧进行灭火。

(3)因为翻车、撞车等车祸而引起火灾时,要先抢救伤员,然后用路边田地中的砂、土掩盖,或者用棉被、衣服浸水扑盖,把火熄灭。

(二)使用车载灭火器

车载灭火器一般为手提式干粉灭火器,它的使用方法分为3个步骤;

(1)在距燃烧物5m左右处开启,撕掉小铅块。

(2)拔出保险销。

(3)右手压下压把后提起灭火器,左手握住喷嘴,将干粉喷向燃烧区。

灭火器要保持正立状态,将干粉射流喷向燃烧的火焰根部。在室外使用时,要站在上风向喷射,随着射程缩短,要逐渐接近燃烧区,以提高灭火效率。救火时要闭紧嘴,防止灼伤呼吸道。

车载灭火器是出租汽车必备的消防用具,是有保质期的,一定要按要求配置和要求的时间更换。

(三)正确的灭火方法

(1)明确不同型号灭火器的性能。

(2)燃油着火时,不能用水去浇,要做好油箱的防爆工作,及时切断油路,使用灭火器灭火。也可用路边沙土或厚布、工作服等覆盖灭火,以防火势蔓延。

(3)冬季,防冻液着火,立即用水浇泼着火部位,冲淡防冻液中酒精的浓度,迫使火势减弱或熄灭。

(4)救火时,要脱去化纤服装,注意保护暴露在外面的皮肤。已经粘在皮肤上的衣服不要撕扯,以免伤到表皮。不要张嘴呼吸或高声呼喊,以免烟火灼伤上呼吸道。

(四)紧急处置,迅速逃离

(1)逃离火灾前,应关闭点火开关,电源总开关和百叶窗,设法使乘客迅速撤离车辆。无法开车门时,要打破车窗玻璃逃出。在有可能的情况下,应迅速关闭油箱开关。

(2)当火焰燃至身上时,应迅速就地翻滚,猛压火焰。

二、警告标志的使用方法

出租汽车因故障、事故等原因不能离开行车道或者在路肩上停车时,驾驶员除必须开启危险报警闪光灯外,还需设置故障车警告标志,以警示同方向的其他车辆。

(一)使用方法

(1)由包装盒中取出故障车警告标志牌,手握住底部,分别打开底部两边的支撑脚。将打开四只脚的标志牌放置在地上,拉起左右反射片,使左边反射片上的销钉插入右反射片的开口槽底。

(2)将打开的故障车警告标志牌反光面朝故障车后方的来车方向放置,角度为标志牌垂直面与车尾垂直面左偏5°,普通公路放置在故障车后方50~100m处,高速公路放置在故障车后方150m外。

(二)收回方法

收取警告标志牌时注意保护红色反光面及荧光面,应避免划伤。连接和拆开左右反射片时,应顺着槽的方向推入或拉出,以免损坏。

第六章　出租汽车驾驶员服务规范

出租汽车是为社会大众服务的，必须有服务规范。

第一节　出租汽车车辆的要求和标准

一、服务设施以及标志、标识

（一）空车待租显示器和计价器要明显和准确

计价器要符合《出租汽车计价器》（JJG 517—2009）的规定，显示的位置要方便乘客查看，数字显示要清楚，票据打印准确清晰；铅封有效并且要定期检验。

（二）GPS 卫星定位装置

安装要符合相关标准。

（三）标识、标志

（1）车顶安装有符合当地道路运输管理机构规定的出租标志灯，要和空车待租显示器联动，夜间要有照明；标志灯有“TAXI”和出租汽车经营者的简称字样。

（2）空车待租显示器、停运服务标志应大、小适当，显示明亮，字迹清楚。

（3）车身两侧前门标识有所属经营单位的名称和服务监督电话。

（4）在车身明显位置上有运价标签，包括起步价、车公里租价和当地道路运输管理机构服务监督电话。车厢内照明设施和空调、音响等设备不但要齐全，而且能有效使用。

（5）在车内的适当位置也要张贴起步价、车公里租价等乘客须知的信息，字迹要清楚、端正。

二、车容车貌

（一）车容

（1）车辆牌照字号清晰，固定端正，无遮挡物和反光物。

（2）车前后内外的照明灯齐全，干净、明亮。

（3）轮毂罩、刮水器要完好、整洁。

（4）车门开、关自如，风窗玻璃齐全、干净明亮、没有破损、无遮挡物，升降功能有效、关闭后不漏水。

（二）车貌

（1）车身内外整洁完好，漆皮完整无损。

（2）车身颜色、图案要符合当地道路运输管理机构的规定。

（3）车辆内外没有擅自张贴的商业性广告。

三、车内设施完好

车辆是驾驶员的生产服务工具，应保持车辆处于良好状态，达到“六净”、“四全”、“三无”的标准。

（1）“六净”是指车身净、车厢净、座位净、轮胎净、车牌净、玻璃净。

（2）“四全”是指顶灯标志全、计价设备及价目表全、营运证件及标牌全、防劫装置及空调音响设施全。

（3）“三无”是指仪表台和后座搁板及行李舱内无杂物、车厢及行李舱内无积水、车厢内无异味。

（一）卫生

（1）车厢内整洁、卫生，无杂物、无异味。

（2）仪表完好、整洁，仪表台不放置与营运无关的物品。

（3）座套、脚垫整洁，无破损。

（4）行李舱要整洁。开启装置完好，除去车辆的必备用品、工具和乘客行李外，不能摆放其他物品。

（二）安全设施

（1）驾驶员安全防护装置要整洁、牢固。安全带和锁扣洁净、无污渍。

（2）座椅牢固无塌陷，副驾驶位置的座椅可前后移动，倾斜度可调，以便特殊的乘客使用。

（3）遮阳板、后视镜、顶棚、后风窗玻璃齐全、完好、干净。

第二节　驾驶员对不同乘客的服务要求

（一）驾驶员应具备的条件

（1）经道路运输管理机构考试合格，取得从业资格证件，并且按规定参加县级以上运输管理部门和经营者组织的培训、考核。

（2）携带《道路运输证》、《机动车驾驶证》、《从业资格证》等证件，在醒目位置上摆放由道路运输管理机构发放的服务监督卡（证）。

(3)熟知并且遵守道路交通管理和出租汽车营运管理的服务规范。

(4)熟知当地的历史、人文、交通、地理和地方风土人情,熟悉名胜古迹、旅游景点、机场、火车站、汽车站以及大型宾馆、酒店、医院、机关、企业、影剧院和运动场等公共场所。

(5)掌握基本的机动车维修知识,能迅速判断和排除一般故障。

(6)按时进行身体健康检查。

(7)积极配合处理事故和按规定进行有关投诉事宜。

(二)仪容仪表

(1)精神饱满、端庄大方、举止文明、礼貌待客。

(2)着装整洁,无破损,佩戴的饰物要得体。

(3)面部洁净、自然,化妆要淡雅适度。

(4)发型梳理整齐,不梳怪异发型,要经常洗发。

(5)勤洗澡,无怪味,保持个人卫生,指甲修剪整齐。

(三)服务言行

(1)使用普通话,表述清楚,简洁易懂;应掌握简单的本地区的民族语言、方言和常用外语。

(2)对乘客热情礼貌,微笑服务,态度和蔼,语速适中,声量适度,使用文明用语。

(3)举止大方、得体,耐心回答乘客提出的问题,与乘客交流适度,交谈内容健康、文明。

(4)尊重不同国家、地区、民族的宗教信仰和风俗习惯。

(5)遇到乘客对服务不满的时候,要虚心听取批评意见;遭乘客误解时,要心平气和,耐心解释。如果双方不能协商解决,请经营者(公司)或有关部门调解处理。

(四)服务禁忌

(1)驾驶员不得向车外抛弃物品、吐痰,这是极其不文明的行为。

(2)乘客之间交谈时,驾驶员不能插话。

(3)驾驶员与乘客交谈时不编造、听信和传播谣言。

(4)驾驶员注视乘客目光要适度,不要紧盯也不能目光停留时间过长。

(5)驾驶员不得向乘客推销购物、饮食和休闲娱乐等项目。

(6)不得在拉运乘客时添加燃油(气)或充电。

(7)不要吃有异味的食品。

第七章 出租汽车安全运营

第一节 影响安全运营的因素

安全运营是出租汽车客运服务的首要目标。出租汽车驾驶员必须树立安全文明行车的意识,掌握安全运营知识,具备安全运营的心理素质,掌握在复杂天气、复杂路况和紧急情况下的安全行车技能,同时掌握自身安全防范及处置方法,能够识别常见危险品,以保证出租汽车客运服务的安全。

一、影响安全运营的因素

行车过程中影响安全运营的有主观因素和客观因素。主观因素包括守法意识、安全意识、驾驶技术、行车经验、心理素质和生理素质等;客观因素是车辆技术状况、道路状况、特殊天气、气候变化和交通环境等。

(一)主观因素

主观因素即驾驶员自身的因素,是发生道路交通事故的主要因素。

1. 严格遵守交通法规和提高安全意识

出租汽车客运服务的特点之一是单人单车进行经营,容易出现超负荷运营和疲劳驾驶,违法停车、超速、不按交通导向行驶甚至逆向行驶,酒后驾车等违法行为。在道路条件非常好时,出租汽车驾驶员容易发生超速行驶、强行超车、强行并线等违法行为,这些违规、违法行为很容易引发交通事故。

2. 熟练驾驶技术和积累行车经验

驾驶技术和行车经验是驾驶员在实践中积累起来的知识和技能。城市道路交通状况千变万化,所以,出租汽车驾驶员从业资格制度规定,对于准备从事出租汽车客运服务的人员,要求申请人必须持有相应的机动车驾驶证 3 年以上,并在近 3 年内无重大以上且负同等以上责任的交通事故记录。这是确保乘客生命和财产安全的一项重要规定。

3. 心理素质

心理素质差的出租汽车驾驶员容易对路上出现的不按交通规则的现象来气、生气,甚至产生抵触情绪而开“赌气车”、“违法车”，增加了行车的安全隐患。有时，出租汽车驾驶员遇到饮酒乘客，不愿意拉，乘客又不干，这时一定要冷静，千万不要意气用事，若发生矛盾纠纷请及时向警方求助。

4. 生理素质

生理素质主要是指人体对事物反应的快慢速度。身体健康、精神状态良好，反应就快，反之则慢，精神高度紧张，反应的正确性会降低很多。

（二）客观因素

1. 车辆技术状况

车辆技术状况随着车辆使用时间的加长和维护情况变化而发生变化。车一旦有毛病，技术状况就会变坏，车辆的稳定性和操纵性就会变差，使用性能下降，成为行车的不安全因素。

2. 道路状况

道路是行车的基础，道路状况的好坏受多种因素制约：道路的等级、路面的质量，线形和坡度大小都能影响行车安全。另外，特殊路段，如平交路口、隧道、桥梁、城乡接合部、临时修建的道路等对行车安全隐患也有增加。

3. 特殊天气和气候变化

特殊天气包括降雨、降雪、大雾和高温天气等，影响驾驶员的视线和判断力，会给安全行车带来威胁。

主观因素和客观因素是密切相关的，既要强调主观因素是行车安全中最主要的因素，又要重视客观因素的影响和制约作用。出租汽车驾驶员应当充分主动地发挥主观能动力的作用，化解一些不利因素，防止各种交通事故的发生。

二、疲劳、饮酒、疾病和药物对安全运营的影响

（一）疲劳对安全驾驶的影响

当驾驶员长时间驾车或者因其他原因导致体力消耗过大而且睡眠不足时，容易产生精神和身体疲劳，感到困倦瞌睡，四肢无力，注意力不集中，判断力下降，甚至出现精神恍惚或记忆消失，开车时出现动作迟缓，过早或过迟操作，非常容易出现道路交通事故。

春季、夏季是最容易犯困和疲劳的季节，当出现身体发懒、手脚发胀、周身疼痛、精神涣散、焦虑急躁，眼睑肌肉颤动等不适情况，证明是疲劳驾驶，立即休息一会，绝不可强挺着，出现事故是一瞬间的事。

（二）饮酒对安全驾驶的影响

饮酒容易使人高度兴奋，反应和协调能力下降，胆子大了，可能发生超速行驶、强行超车或闯红灯等违法行为。汽车驾驶员禁止饮酒后开车，国家已经把饮酒醉驾定为触犯法律。

由于酒精的麻醉作用，酒后驾车时人的操作能力降低，一是对路况、距离、方向等判断失

误，从而埋下安全隐患；二是导致反应不灵敏，或者操作不到位，使本能避免的险情酿成事故；三是酒后神经系统紊乱，很难准确无误地完成规定动作，主要表现在动作不协调、不到位，有时要踩制动踏板但却踩到加速踏板上，从而发生交通事故。

（三）疾病对安全驾驶的影响

出租汽车驾驶员在生病状态下开车，注意力和反应力会大大降低，动作协调性变差，判断准确性和反应速度下降，有发生交通事故的可能。

（四）药物对安全驾驶的影响

驾驶员在行车期间应当按医生的嘱咐服药，选择不影响驾驶、副作用较小的药物。对神经系统有影响的药物，如有催眠功能的药物、止痛药物、治疗高血压的药物会造成疲倦，嗜睡等不适，最好不要服用，因为，这些药物会使驾驶员反应迟钝，注意力降低，容易引发交通事故。

出租汽车驾驶员应谨慎服用以下药物：镇静催眠药、抗过敏药、镇咳药、解热镇痛药、平喘、止吐药、胃肠解痉药、抗高血压药、降糖药、抗心绞痛药以及抗心律失常药等。如服用了上述药物，应当暂停运营。

三、安全运营的注意事项

（一）疲劳驾驶

疲劳驾驶是发生道路交通事故的主要原因之一，出租汽车驾驶员在疲劳时，会出现视线模糊、腰酸背疼、动作呆板、手脚发胀或精力不集中，反应迟钝等现象。如果仍勉强驾驶车辆，则可能导致交通事故的发生。

为预防疲劳驾驶应采取以下几项措施：

（1）保证足够的睡眠时间和良好的睡眠质量。每天要保持 7 ~ 8h 的睡眠时间，睡前 1.5 ~ 2h 不饮食，睡前 1h 内不多饮水，不进行过度脑力工作。卧室内保持通风良好、清洁，床不宜太软，被子不要过重、过暖，枕头不宜过高。

（2）养成良好的饮食习惯，提高身体素质。膳食宜选择易消化，营养价值高的食品，多吃含维生素 A、C、B_1、B_2 的食物，可以防止眼睛干燥，疲劳，夜盲症的发生，多吃粗粮和蔬菜等纤维性多的食物，可以增强胃，肠的蠕动，防止便秘和痔疮，多吃含钙量较高的食物，可以减轻驾驶中的焦虑和烦躁感；饭量以七八成饱为好，切勿暴饮暴食，尽量做到定时就餐，不要狼吞虎咽，以免患上胃病。

（3）科学安排行车时间，注意劳逸结合。连续行车达 4h，必须停车休息 20min 以上。

（4）注意休息方式。驾驶车辆避免长时间保持一个固定姿势，可时常调整疲劳部位的姿势，经常做深呼吸，以促进血液循环；最好在行驶一段时间后停车休息一下，下车活动一下腰、腿，放松全身肌肉，缓解驾驶疲劳。

（5）保持良好的工作环境。行车中，保持驾驶室空气畅通、温度适宜，减少噪声干扰。

(6)出租汽车驾驶员一旦出现疲劳症状,不要继续驾驶车辆,采取有效措施,适时地减轻和改善疲劳程度,可以采取以下8种方法:

①用清凉空气或冷水刺激面部。

②喝一杯热茶或热咖啡,也可吃一些酸、辣的刺激性食品。

③在合适地点停车,到驾驶室外活动一下肢体,呼吸一下新鲜空气。使大脑尽快得到氧气和血液补充,促使大脑兴奋。

④收听轻音乐或将音响音量适当调大,促使精神兴奋起来。

⑤做几个弯腰的动作,进行深呼吸。

⑥薄荷等香味有提神的作用,在车里滴一点有助驾驶员头脑清醒。

⑦如果车内过于暖和,会增加睡意。适当降低车内温度,驾驶员就会精神一些。

⑧刺激有关穴位使头脑清醒,驱散睡意。双手用适当的力度拍打头部的百会穴,疏通头部经络和血管,加快气血循环,促进新陈代谢和大脑兴奋。此外还有风府穴、合谷穴等。这些方法可以暂时缓解疲劳,但最有效的方法是保证充足的睡眠时间。

(二)超速行驶

俗话说"十次车祸九次快"。超速行驶已经成为发生道路交通安全事故的最主要原因之一。特别是在夜间,由于车和人都比较稀少,出租汽车驾驶员容易麻痹大意,觉得不会出事,结果造成交通事故。

超速行驶的危害有以下几点:

(1)超速行驶的时候,驾驶员不能全面、正确地知道车外的变化。如汽车以50km/h的速度行驶,0.1s前进1.39m,车窗外的事物一掠而过,而人在视野内感觉一个目标要0.4s,看清事物平均需1s。如果速度太快就无法看清路上的事物,容易发生交通事故。

(2)超速行驶时,车速越快,驾驶员注视点越远,对近处和一些小而变化慢事物难以辨认,临近发现时已经晚了,如在一级公路的平交道上过来的车辆或行人,有时就看不见,躲闪不及,造成交通事故。

(3)超速行驶时对速度的判断能力下降。驾驶员在高速行驶时,对行人、非机动车和其他机动车速度也会低估。在超越前车时又容易低估对向来车的速度和距离,同时低估要超越前车的相对距离,当发现紧急情况时往往采取措施已经来不及,发生相撞或者剐蹭事故。

(4)超速行驶因为精神高度集中,会增加驾驶员的疲劳程度,反应能力相应地下降。超速行驶时,超车、会车的机会增多,注意力频繁转移,容易感到疲劳,时间长了,还会瞌睡,极其容易引发交通事故。

(5)超速行驶影响车辆的操作稳定性。超速车辆的稳定性降低,特别是在弯道处行驶,离心力的作用易使车辆向回转中心外侧发生侧滑或倾斜,可能导致侧滑或倾翻等事故。

(6)超速行驶使汽车的制动距离增加。汽车的制动距离随车速提升而增加,超速行驶时,其制动距离大幅增加,易发生追尾或碰撞等事故。

(7)超速行驶影响车辆的安全性能。超速行驶破坏了车辆的工作参数,特别是对车轮非常不利,加大了跳跃性,提高了摩擦温度,轮胎非常容易老化和磨损变形,容易引发爆胎事故。

出租汽车驾驶员要时刻牢记"安全"这个人命关天的大事。严格遵守道路交通的限速规定,保持安全车速,不但能够减少交通事故的发生,还能降低燃油消耗,节约能源,减少有害气体排放,有利环境保护,一举数得。

(三)闯红灯

个别的驾驶员有时会闯红灯,特别是在夜间。闯红灯不仅违反了交通规则,影响了交通秩序,还严重威胁着他人和自己的生命以及财产安全。出租汽车驾驶员一定要做到"宁停三分,不抢一秒",把红绿灯视为生命灯。

(四)开车时接打手机

行车过程中接打手机,肯定会分散驾驶员的注意力,危险性非常大,因为打手机而发生的交通事故很多。一手拿手机,嘴里讲着话,心里想着事,一手握转向盘,对道路交通状况的观察,判断力肯定下降,容易发生闯红灯或者错过目的地,看不见横穿道路行人等错误。行车过程中接或打手机对车辆的控制能力会大大下降,容易出现方向跑偏,无意识加速或减速等,容易引发车辆追尾、剐蹭等交通事故。出租汽车驾驶员在运营过程中,应当将手机关闭或者调至静音状态,停车时再使用。

(五)不系安全带

部分驾驶员认为在城区道路上行驶,速度也不快,系不系安全带无所谓,这是相当错误的。乘客因为乘坐时间短,也认为不系安全带没关系。调查数据显示:在可能导致死亡的车祸中,使用安全带可以使车内人生还的几率提高60%。发生正面撞车时,系了安全带可使死亡率降低57%,侧面撞车时可使死亡率降低80%。日本最新研究表明,发生车祸时,后排未系安全带的乘客猛烈撞击前排座椅,会对驾驶员或前排的乘客形成极大的冲击,使在车祸中死亡的概率大约增大5倍。所以,出租汽车驾驶员在自己系好安全带的前提下,还要主动提醒乘客系好安全带。

驾车时,应按以下要求系安全带:

(1)腰部安全带应当紧贴髋骨的下部,与股骨部位正好接触上。在碰撞时,碰撞力作用在盆腔的骨骼上,避免安全带勒紧腹部导致严重伤害。

(2)肩部安全带应当系在肩部,跨过胸腔。人体的这些部位能够很好地承受安全带的束缚力。

(3)为了使腰部安全带系紧,在搭扣端向下拉腰部安全带的同时,向上拉肩部安全带。

(4)出租汽车驾驶员要及时清洗安全带和检查安全带的安全性,以免乘客嫌脏而不愿使用和使用了但没有效果。

四、提高安全运营和文明行车的意识

人、车、路是出租汽车服务的三个要素。人是主体，车是工具，路是基础。出租汽车驾驶员在三要素中居主要地位，因为车辆是由人驾驶的，道路是供人使用的。出租汽车驾驶员是安全运营的核心。对出租汽车驾驶员进行严格的培训，考核和管理以及坚持进行安全教育，就是为了让驾驶员树立安全文明的行车意识。

（一）应当具备安全文明行车意识

经验丰富、安全意识强的驾驶员即使在车辆和道路处于不正常的情况下，同样能做到安全行车。要确保行车安全，必须具备以下6种意识：

1. 安全行车意识

不计其数的交通事故发生的原因证明酒后开车，疲劳驾驶，操作判断失误，精力不集中和超速、违法超车等占绝大多数。驾驶汽车是一个脑力劳动和体力劳动相结合和眼、手、脑高度相结合的工作。作为一名出租汽车驾驶员，每次出车都必须有安全意识，做到“高高兴兴出车去，平平安安回家来”。驾驶员的安全意识差，驾驶车辆时就容易精神不集中，险情一旦出现，就会惊慌失措，容易操作失误而引发事故。驾驶员必须有对生命、家庭和财产负责任的信念去开车，才能做到安全行车。

2. 职业道德意识

安全、文明行车是驾驶员应尽的职责，也是职业道德和人格的体现。出租汽车驾驶员要不断提高自己的职业道德修养，做到温和、谦让、文明行车，才能为出租汽车行业树立良好的社会形象，同时也为自己带来丰厚的回报。

3. 交通法规意识

交通法规是生命之友。无数血的教训证明，交通法规是驾驶员的生命线，绝不能逾越。不遵守交通法规的驾驶员，危害社会，害人害已。只有自觉接受交通法规的制约，才能保证良好的社会交通秩序和自己的行车安全。

驾驶员要杜绝酒后开车、闯红灯、交通肇事逃逸、无证驾驶、伪造和遮挡牌照、超载、超速、闯禁行线、违法停车、违法占用应急车道、公交专用车道和不按规定检验上路等违法行为。

4. 驾驶技能意识

驾驶员的驾驶技能不仅只是开车的技能，还应该熟练掌握一般的车辆维护知识和简单修理技能。要对自己的驾驶技能有清醒的认识。要多谨慎，少盲目；多钻研，少满足；多请教，少自大。同时，出租汽车驾驶员还必须有意识地积累行车经验，熟悉不同的路况和交通环境。技术越全面，经验越丰富，安全行车就越有保障。

5. 生活习惯意识

驾驶员必须有良好的生活习惯。作息要有规律，无不良嗜好，如赌博、酗酒等。要做到4

个注意:注意饮食调理,注意精神调剂,注意情绪调整,注意身体调养。业余生活只有健康向上,才能保证旺盛的精力和愉悦的精神,做到安全行车。

6. 克服困难意识

在行车途中突然遇有天气变化或地质灾害,如飓风、大雾、地震、泥石流或是人为设置路障,爆炸、路桥损毁等,猝不及防的意外往往是考验一名驾驶员的能力和毅力的时刻。一名优秀的驾驶员即使身处险境,也能做到临危不惧,采取措施得当,化险为夷。

(二)安全意识的误区

误区1:认为自己的驾驶水平还凑合,思想里存在“生死有命、富贵在天”的想法。

误区2:这种类型多为技术熟练,有多年驾驶经验的“老”驾驶员,自以为经验丰富,容易存在侥幸、麻痹心理,无所顾忌,发生事故的可能性较大。

误区3:为了多挣钱,加班加点连续开车,超负荷运营,疲劳驾驶,以致安全意识越来越差,最终导致事故发生。据不完全统计,疲劳驾驶和酒后驾车对安全的影响大致相同,甚至更为严重。

“生命诚可贵,开车勿瞌睡”。不能不挣到多少钱就不收车。不能为了多挣钱而疲劳驾驶,出现交通事故,就得不偿失了。

安全、文明行车意识就是要求出租汽车驾驶员从思想深处提高守法意识。养成良好的安全意识,去掉驾驶陋习,努力提高自身素质,时刻保证行车安全,为社会公众提供优质、满意的客运服务。

第二节　安全运营的基本要求

“安全第一”是出租汽车运营服务的首要原则。保障乘客的人身财产安全是出租汽车安全运营的重要内容。出租汽车驾驶员必须掌握必要的安全运营知识,才能保障安全运营,提供更好的运营服务。

一、行车安全

(一)树立“安全第一、预防为主”的行车理念

(1)出租汽车驾驶员要树立“安全第一、预防为主”的行车理念、遵循“先人后物”的应急处置原则,严格遵守道路交通法律法规的相关规定,安全行车、平稳驾驶,还要按有关规定做好车辆定期检查和维护工作。

(2)在遇到情况不明,视线不良,会车等情况或交通交叉路口、危险和繁华地段时,一定要减速慢行。

(3)出租汽车驾驶员应当了解车辆技术状况,道路情况,气候变化特点,行人和车辆动态特点,事故处理规定等。

(4)出租汽车驾驶员禁止出现强行超车、争道抢行、随意变道、高速转弯、盲区急行、桥坡超车、让车不让速、会车不减速、路滑紧急制动、超载运行等不安全行为。

(5)出租汽车驾驶员应当根据路线、交通和天气情况适时调整行车速度,不能超过限速标志、标线标明的速度。在道路弯道行驶,要提前合理地控制行驶速度,以免产生侧滑。

(二)不同道路的安全行车要求

(1)一般道路行车中,遇前方有同向行驶车辆时,应合理控制速度,保持安全距离跟车行驶,尽量不超车或避免超车。

(2)穿越铁路时不能在火车通过区内停车。如果车辆发生故障,应立即让乘客迅速下车到安全的地方。

通过无人值守的铁路道口时,应预先认真瞭望,确认安全后方可通过。

(3)遇到路中有障碍物时,应选择道路安全的一侧通过。若障碍物宽度大于轮距且高度不大,可使一边车轮压在障碍物上,另一边车轮压在平路上,必要时应当让乘客下车,以减轻质量,一是为了乘客的安全,二是为了防止车辆倾覆。

(4)通过积水道路时,要察清水深、流速、流向和水底情况,判断是否能够安全通过。驶出积水路段,应断续轻踏制动踏板,保持车辆制动性能良好。

(5)通过公路急弯时要减速慢行,不得在弯道里超车;遇到视线不良的弯道要提前鸣喇叭,靠右行驶。

(6)下坡行驶时要控制车速,充分利用发动机牵阻作用减速,不得空挡滑行,不得超车。

(7)在街道繁华的地带,要注意行人和车辆动态,防备行人和自行车突然横穿,一定要谨慎驾驶。不做与运营无关的事情,以免分散注意力。

(8)通过桥梁时,要及时降低行驶速度,注意桥头附近的交通标志或提示,严格遵守通行规定,尽量避免在窄桥上换挡、制动、会车和停车。

(9)进入隧道时,要注意交通标志和用文字说明的规定:不要加速行驶,严禁超速,严格遵守限速规定。开启示廓灯、尾灯和近光灯,不得随意停车。

(三)其他安全行车要求

(1)出省、市、县以外或夜间去偏远地区时,要向出租汽车经营者报告,并按规定办理相关登记手续,验证乘客身份。在行车之前应熟悉路线、路况和天气情况。

(2)出租汽车驾驶员在载客时不应超过出租汽车核定的载客人数,不得装载易燃、易爆等危险物品。

(3)在行车途中需问询时,应将车安全停靠在路肩或不妨碍其他车车辆通过的地方。

(4)出租汽车驾驶员在出车前,应当按照规定检查车辆技术状况,并且准备好随车的设施和工具。

①检查轮胎气压及磨损是否正常,螺母有无缺失或松动。

②检查燃油量多少或燃气压力是否正常。

③检查机油的油面高度和工作压力是不是正常,配置自动变速器的车辆应检查液压油的油面高度。

④检查冷却液液面高度是否正常。

⑤检查后视镜是否清洁完好,调整到合适位置。

⑥检查仪表、指示灯是否正常,应特别关注气压表,冷却液温度表读数是否达到行驶要求。

⑦检查刮水器工作是否正常。

⑧检查灯光是否正常。

⑨检查转向系统是否正常。

⑩检查制动效能是否正常,配置缓速器的车辆应检查缓速器工作是否正常,避免意外事故发生。

(四)安全行车的注意事项

(1)行车时不要猛踩或突然放松加速踏板,也不要紧急制动或猛转转向盘。不在不允许停车的地段候客或逗留。夜间行车时,要正确使用远、近灯光。

(2)停车上下客人时,驾驶员应适时驶入右侧车道低速行驶,在接近路肩或便于停车的位置将车停靠、停稳,要提醒乘客在下车时注意安全和别忘了东西。

(3)通过道路交叉路口时,要提前减速,不得突然改变转向信号,不得随意变道、停车、加塞。

(4)遇到交通高峰时,道路拥堵,驾驶员要自觉服从交通警察指挥,尤其要控制好自己的情绪,不要急躁,保持平稳、良好的心态。

二、车辆安全

为确保运营车辆的正常运行,出租汽车驾驶员要做好设施的配置、检查和维修等工作。

(一)出租汽车技术条件要求

(1)车辆技术条件应符合《机动车运行安全技术条件》(GB 7258—2012)及国家汽车强制性检验要求;车辆的维护作业项目和程序应符合《汽车维护、检测、诊断技术规范》(GB 18344—2001)的各项规定;车辆报废应按照《机动车强制报废标准规定》执行。

(2)出租汽车应按规定配置顶灯、空车待租标志、计价器、具有行驶记录功能的车载卫星定位系统、安全防范设施、消防器材等。

(二)检查车辆技术状况

出租汽车驾驶员在出车前,要按照规定检查车辆技术状况,同时备好随车设施和必要的工具。

(1)检查轮胎气压及磨损是否正常,螺母有无缺失或松动。

(2)检查燃油量或燃气压力是否正常。

(3)检查机油的油面高度和工作压力是否正常,配置自动变速器的车辆应检查液压油的油面高度。

(4)检查冷却液液面高度是否正常。

(5)检查后视镜是否清洁完好并进行调整。

(6)检查仪表、指示灯是否正常,要特别关注气压表、冷却液温度表读数是否达到行驶的要求。

(7)检查刮水器工作是否正常。

(8)检查灯光是否正常。

(9)检查转向系统是否正常。

(10)检查制动效能是否正常

(11)检查喇叭是否能正常使用。

(12)检查暖风机或空调是否能正常工作。

(13)检查灭火器是否完好有效。

(14)检查车辆有无漏油、漏水、漏电、漏气等现象。

(15)检查是否携带故障车的警告标志。

(16)检查车载卫星定位系统、电召服务设备等工作是否正常。

(三)车辆维修

(1)出租汽车驾驶员应定期做好车辆检查和维护工作,不能把小毛病积攒成为大毛病,要对乘客负责,也要对自己负责。

(2)运营中发现车辆某零部件有异响、松动时,要及时停车查看,排除故障,或者送汽车修理厂。

(3)收车后,要认真检查车辆状况,及时进行维护。定期检查轮胎磨损情况;定期更换三滤和机油;发现车辆底盘、制动盘、制动片、制动管路、转向拉杆球头、减振器、橡胶部件、上下支臂胶套以及平衡胶套等部件损坏时,应当及时送汽车修理厂进行维修。

(4)定期检查车载消防器材性能、安放位置、使用有效期等,不符合标准或超过有效期的,必须及时进行更换。

(5)每次使用车载消防器材以后,必须送到具有维修资质的修理部进行检查,更换已损件并重新装配灭火剂或驱动气体,不能使用的要及时进行更换。

第三节　驾驶员心理素质对安全运营的作用

一、驾驶员的心理素质

交通安全于驾驶员的心理活动有着密切的关系。驾驶员的心理素质是安全行车的决定性因素,不具备安全心理素质的驾驶员难以保证行车安全。

（一）驾驶员的心理活动

心理活动是人们对客观事物的认识活动及人们对客观事物的态度。凡是能做到安全行车的驾驶员,心理活动通常是积极的,凡是违法肇事的驾驶员,其心理活动往往是消极的。应该做到以下5点:

（1）心情舒畅地驾驶车辆。心情不好、身心疲惫的人,很难做到注意力集中,不利于安全行车,要及时调整。

（2）平心静气地驾驶车辆。人际关系问题、家庭纠纷等都会导致驾驶时注意力减弱,此种情况下不要驾车。

（3）观察分析情况要灵敏果断。在驾驶过程中,要正确处理路面情况,冷静应对复杂的交通冲突,增强意志控制能力。

（4）操作规范、迅速、敏捷、及时。

（5）在行车过程中要仔细观察、谨慎驾驶、提前预防。

（二）驾驶员要具备良好的心理特征

驾驶员的个性心理特征对安全行车有直接的影响。良好的心理特征表现为行车中头脑清醒、判断迅速、反应迅速、操作敏捷、行动果断。良好的心理特征能够产生积极的增力作用,有利于保障交通安全,而不良的心理特征则会产生消极的减力作用。

（三）驾驶员要准确评价自己

驾驶员因年龄、性别、性格和学识以及经验上的不同而存在着很大差异,驾驶员要根据自己的个性差异正确地评价自己,认识自己的弱点和不足,而且要在实际工作中不断地总结经验,不断地锻炼和提高自己,克服弱点,弥补不足,才能减少驾驶中的错误,最大限度地避免交通事故的发生。

二、驾驶员的情绪、情感与行车安全息息相关

情绪、情感是人们对待客观事物的一种态度,当客观事物能满足人的需要,与人的主观愿望相吻合时,人就表现出满意、愉快、高兴、欢喜;反之,不符合自己的愿望或理想则表现出厌恶、愤怒、恐惧和悲哀,不同的情绪会给驾驶员在行车安全上带来不同的效果。

据报道:一位出租汽车驾驶员遇到一个醉汉要乘车,因为以前有过和醉汉乘车的纠纷,他拒载。这时,醉汉把住车门把不撒手,驾驶员一怒之下开车就走,把醉汉拖成重伤。所以,遇到饮酒乘客时一定要冷静,千万不要意气用事,若发生矛盾纠纷请及时向警方求助。

（一）情绪对安全的重要性

客观环境制约着人的情绪。家庭和睦、工作顺利、人际关系融洽都会带来良好的情绪。人们在工作称心如意、家庭美满幸福的时候,感到心情高兴;反之,心情不好,情绪悲观、萎靡不振,注意力不集中,工作精力不足,对视觉和感觉往往失去控制,反应迟钝,容易导致交通

事故发生。

激情是人的情绪的另一种状态。如发怒时的“怒发冲冠”、高兴时的“手舞足蹈”都是激情的表现。一般来说,心胸狭窄、自尊心、妒忌心过强,意志薄弱的驾驶员产生消极的激情时较多。克服和控制消极的激情,是减少交通事故的重要因素,需要驾驶员做到增强道德和法制观念,认清消极情绪的危害性,并且善于转移注意力。经常告诫自己要抑制愤怒和防止急躁情绪,谨防不良的激情干扰自己的心态和行为。

应激是出乎意料的紧张情况所引起的情绪状态。驾驶员在应激状态下有时会做出不适应的反应,这是在险情出现前缺乏足够思想准备引起的。人在毫无思想准备的情况下突然遇险,必然会产生应激情绪。因此,驾驶员在遇到险情时,最关键的是要沉着果断,处变不惊,采取相应对策,才能化险为夷、转危为安。

(二)职业道德对安全的重要性

驾驶员的职业道德直接关系到交通安全。具有良好职业道德感的驾驶员能够认识安全行车是自己对他人、对社会、对国家应尽的责任和义务,时时刻刻都能绷紧安全这根弦,丝毫也不会马虎。而那些对自己和他人缺乏责任感的驾驶员,驾车时,随心所欲,往往成为交通肇事者。

(三)控制情绪,情感的必要性

驾驶员在驾驶车辆时要有效地控制自己的情绪和情感,保持心情舒畅,不在心情沮丧、情绪不好时驾驶车辆。遇到烦恼、愤怒、反感、忧愁或悲哀时,要努力控制自己的情绪,尽量使心境平静下来。

三、视觉特性与行车安全的关系

(一)视觉对行车安全的影响

一般来说,在行车中约90%的有效信息是靠视觉得来的,所以视觉对安全行车有重大影响。

(1)在行车中,驾驶员的视力要比静止时差,而且随着车速的提高,驾驶员的有效视野会越来越狭窄。

(2)在黄昏以后和夜间,人们的视力明显下降,对安全行车也有重要影响。

(3)驾驶车辆由明处驶入暗处或由暗处驶入明处时,眼睛对光线的强弱变化都有一个适应过程。

(二)视力疲劳带来行车安全隐患

1. 疲劳时不能用吸烟提神

在感到疲劳时,有些出租汽车驾驶员会习惯性地点上一支香烟,感觉可以解乏提神,实际上,既违反运营服务规范,也影响驾驶员的身体健康和行车安全。

疲劳时吸烟可导致体内维生素B缺失,损害视觉神经,引起视力衰退。在驾驶过程中主要表现为视觉障碍、视线模糊、视野改变，有的人还会出现畏光等情况。此外。吸烟还容易诱发冠心病、心肌梗死等疾病。

2. 视力疲劳时影响安全

当眼睛长时间注视电子屏幕（如电视、电脑等），视线将变得模糊、辨色能力减弱，对突发事件的判断能力也有影响。所以，出租汽车驾驶员在收看电视节目后，应休息片刻后再进行运营。

第四节　安全行车的注意事项与紧急情况处理

一、在不同道路条件下的安全行车注意事项

（一）城市道路行车

城市道路交通环境复杂，尤其是交通高峰时期，往往形成道路拥堵，给行车安全带来影响。出租汽车驾驶员必须集中注意力，认识和掌握交通特点和安全行车注意事项，正确判断和处理行人和非机动车的关系。

（1）出租汽车驾驶员通过路口时，要提前减速，做好随时停车的准备，通过路口前要认真观察路口内外行人和非机动车的动向。遇行人或非机动车通过路口时，必须做到减速让行或停车避让。尽管出租汽车通过路口时是绿灯，如遇行人或非机动车闯红灯通行，也要做到避让，避免行人强行在人行横道上猛跑通过路口时，酿成事故。

（2）放学时间，学校门口往往会有学生成群拥向街道。遇此情况，驾驶员一定要谨慎驾驶，做到及早发现情况，提前处理。

（3）遇到有组织的队伍沿街道行进时，要注意减速，并且警惕突然有人离开队伍的情况。严格遵守交通的有关规定，做到随机应变，准确、迅速、灵活、规范，才能确保行车安全。

（二）起步、停车

出租汽车驾驶员每接送一位乘客，就需起步、停车各一次。“起步打左转向灯、靠边停车打右转向灯”，这是车辆行驶的基本规则。尽管这个操作不难，但是很多交通事故往往发生在起步、停车的一瞬间。分析发生事故的原因主要有以下几种：

（1）乘客下车时，驾驶员未观察右侧后视镜，未提醒乘客注意后方情况，导致同方向右侧的非机动车和行人发生交通事故。

（2）乘客由车身左侧上车或者左侧下车，导致与同方向行驶的其他车辆或非机动车发生交通事故。

（3）因驾驶员违法停车，或为逃避处罚，催促乘客快速下车，导致开车门时与非机动车、行人发生交通事故。

（4）遇有乘客招手乘车，强行靠边停车强揽乘客，导致强行并线时与同方向行驶的后方

车辆或非机动车发生交通事故。

(5)在路口等候交通信号灯或道路拥堵路段缓慢行驶时,乘客要求在道路中央下车,驾驶员未加制止,乘客开车门时导致与其他车辆发生交通事故。

(6)车辆停放在禁止停车区域或妨碍其他车辆正常通行的地点,导致交通事故。

(7)夜间在郊区公路两侧违法停车,与其他车辆发生交通事故。

(8)在弯路、窄路、下坡路段或盲区违法停车,与其他车辆发生交通事故。

(9)要避免在起步、停车阶段发生交通事故,应注意以下4点:

①乘客在下车打开车门前,驾驶员应通过后视镜或直接转头观察车辆两侧有无其他车辆和行人,确认安全后,再缓开车门。

②在城市道路停车时,车辆右侧车轮距道路边缘不得超过30cm,避免行人或自行车从车身右侧穿行。

③在道路上临时停车时,应选择允许停车,不妨碍其他车辆、行人通行的地点,按顺行方向停放,不得逆向停放车辆。

④夜间停车时,禁止将车辆停在盲区或紧邻路口的位置。因为容易与其他车辆发生相撞事故。在郊区公路夜间停车时,必须开启危险报警闪光灯和示廓灯,以免与快速驶来的其他车辆发生事故。

(三)夜间行车

夜间行车时,眼睛需要一定时间来适应光线的明暗变化,而外部的灯光也会给驾驶带来一定的困难。

(1)夜晚能见度较低,驾驶员很难辨认前方的道路状况,所以夜间行车应尽量保持低速匀速行驶,这样可以提供预先判断的时间。

(2)夜间行驶时,由于驾驶员的视距在夜间受影响很大,超车时的速度辨认困难,因此,应谨慎超车或尽量不超车。在跟车行驶时也要加大跟车距离。

(3)虽然夜间人车稀少,但行人和非机动车对安全的警觉性放低了。驾驶员可以适度变换远近灯光,既有利于自己观察环境和路况,又能够减轻眼部疲劳,还能够提醒周围车辆和行人,引起他们的注意。

二、在复杂天气条件下安全行车的注意事项

(一)雨天驾驶

(1)行车前应检查刮水器是否能正常工作,做好点火系统的防潮工作。天气昏暗时及时开启近光灯和雾灯。

(2)由于视线不良,要小心谨慎驾驶。无论道路宽窄、路面状况好坏,雨中开车尽量使车速不超过40km/h,全神贯注地观察前后车辆与本车的距离,做好采取各种应急措施的准备。

(3)雨中行车时,车辆容易发生侧滑。驾驶员要双手平衡握住转向盘,保持直线和低速

行驶。需要转弯时，应当缓踩制动踏板，以防止轮胎抱死而造成车辆侧滑。如需停车时，要提前100m左右开始减速、轻踩制动踏板，使后面车辆有足够的准备时间，避免由于制动过急造成追尾。

（4）当出租汽车经过积水路段或者在立交桥下或有大水漫溢路面时，首先要停车查看积水深度。水深不能超过排气管高度，如果超过，应选择其他路线绕行；涉水行驶时，应踩住加速踏板，低速直行，切不可中途停车、换挡或急转方向，车辆熄火以后就很难发动，发动机也容易损坏。

（5）雨中行车要注意前车的行驶速度和方向，绝不可因前车速度慢就加速超车。尤其是在高速公路上，由于各车道的车速相对较高，驾驶员的视角变窄，加上路面湿滑，强行超车时，稍动方向就很容易造成车轮打滑，极其容易造成与其他车辆发生剐蹭或引发车辆侧翻等意外事故。

（6）雨中的行人撑伞、骑车人穿雨披会使得他们的视线、听觉、反应等受到限制，往往是车辆临近时惊慌失措而滑倒。遇到这种情况时，应减速慢行，耐心避让，必要时可选择在安全地点停车，切不可急躁地与行人和非机动车抢行，防止撞到行人和非机动车。

（7）雨中行车，要注意路面情况与行人、车辆动态。适当降低车速，合理使用刮水器，谨慎小心驾驶。要密切关注路面情况及行人、车辆的动态。要特别留意路面坑洼情况，避免溅起的水花影响行人和非机动车的正常通行。

（二）雾天驾驶

雾天行车，能见度低，驾驶员视野变窄、视线模糊，不容易看清前方障碍（行人、慢行车、故障车、事故车、路面坑槽等），容易引发交通事故。驾驶员应打开前后雾灯和示廓灯，或打开近光灯起补充作用（注：后车不得使用远光灯），并严格控制车速，根据能见度选择不同的车速和安全距离行驶。

雾中行车，要减速慢行，打开雾灯；尽量避免超车；尾随前车时应适当加大车距，并随时做好制动准备。

（三）冰雪天气驾驶

汽车在冰雪路上行驶，因为附着力小，车轮容易发生空转，积雪路面又会增大行驶阻力，给行车带来困难。冰雪天气下夜间行驶更为困难，应当根据不同的情况，采取相应措施，正确驾驶，确保行车安全。

（1）路遇乘客招手乘车时，不得采取强行并线，要靠边停车以免发生侧滑，甚至导致追尾交通事故。

（2）通过冰冻路面时，应当降低车速、缓慢行驶、轻踩加速踏板和制动踏板。路面结冰附着力小，车轮易滑转和侧滑，起步应踩加速踏板，缓松离合器踏板，以降低驱动转矩，适合较小的附着力，防止车轮滑转。行驶中加速不可过猛，以防驱动轮打滑，减速时应利用发送机的牵阻作用，尽量避免使用制动器制动。转弯时，保持均匀车速，适当增大转弯半径，不得猛转转向盘，以防发生侧滑。

(3)行驶在积雪坡道时，应根据坡度大小和车辆的动力情况，选用适当的低速挡爬坡，避免中途换挡。下坡应用较低挡位控制车速，必须使用制动时，应在不踩离合器踏板的情况下，间歇地轻踩制动踏板，并且注意灵活运动制动。

(4)雪地会车时应适当加大横向间距，必要时还需停车等待会车，先让前车通过。

(5)雪地行车时，由于白雪反射的光线强烈，特别是有阳光的天气，宜戴有色眼镜保护眼睛，行车中注意力要高度集中。

(6)雪中行车，要加大行车间距，最好沿道路中央或已有的车辙低速缓行。加速时，不能过快，减速时避免使用制动器制动，利用发动机牵阻力作用，防止产生滑移；转弯时一定要低速，并且适当增大转弯半径；上坡时，要预先挂入低速挡，避免中途换挡，而又挂不上挡；下坡时，可利用发动机牵阻力控制车速，尽量避免使用制动器制动。

(四)大风中驾驶

遇到风沙天气要打开雾灯和示廓灯，减速慢行，风力较大影响行车安全时，要到安全地点避让，待风小后再继续行驶。

(五)严寒和炎热天气驾驶

1. 严寒条件下驾驶

车辆启动时，要充分预热。启动后，应在怠速状态下使发动机自动升温，一般要求升高到40～50℃时再起步，起步后要低速行驶一段时间，待各部件润滑充分后再加速行驶。

2. 炎热条件下驾驶

要注意避免发动机过热，保持散热器内有充分的冷却液，及时清除散热器和发动机体外表的灰尘和油垢，及时检查风扇传动带张力是否符合规定标准。掌握适当车速，低速挡行驶时间不宜过长，加速不宜过猛，发动机不宜长期处于大负荷下工作，以免发动机温度过高而损坏汽缸垫。发现车胎温过高、胎压过高时，应选择阴凉处停车休息一会，恢复正常后，再继续行驶。

三、紧急情况处理

车辆在行驶过程中经常出现发动机突然熄火、转向和制动失效、轮胎漏气及爆裂、车辆侧滑、车辆倾翻、行人突然横穿道路等紧急情况。

(一)紧急情况的处理原则

在行车途中遇到各种紧急情况，要避让得当，可以减轻或免除事故的危害，反之，则会加大事故损失。防止因避险不当而加重事故后果，在处理紧急情况时应遵循以下原则：

1. 沉着冷静，遇事不慌

在行车中，紧急情况往往发生得较为突然，驾驶员要沉着冷静，保持清醒的头脑，用最短的时间准确地做出分析与判断，果断采取正确避险措施，最大限度地减少事故损失。千万不可惊慌失措，以免酿成严重后果。

2. 及时减速，有效控制行驶方向

(1)在车速较低时发生紧急情况，要判断能否利用转向避开前方障碍物。在道路交通条件允许的前提下，应优先考虑转向规避撞车，同时制动减速，但切忌急转方向。

(2)车速较高时发生紧急情况，切忌急转方向避让，应迅速制动减速，使车辆在碰撞前处于停止或低速行进状态，以减小碰撞损坏程度。高速时急转方向，容易造成车辆侧滑或在离心力作用下倾翻的事故。

3. 先人后物，就轻处理

生命是最宝贵的，遇紧急情况避险时，要优先注意保护他人及自身生命安全。在危急情况下，车辆应向远离人的一方避让，宁可财产遭受损失，也要确保人员安全；要“避重就轻”，避险时车辆应向损失较轻或危害较小的一方避让，减轻事故的损失后果。

(二)发动机突然熄火的应急处理

当发动机突然熄火时，应采取以下应急处理措施：

连续踩踏 2 ~ 3 次加速踏板，转动点火开关，试图再次起动；若起动成功，不要继续行驶，应将车驶向路边停车检查，查明原因，排除隐患后再继续行驶。若试图再次启动失败，应打开右转向灯，利用惯性，将车缓慢驶向路边停车，打开危险报警闪光灯，并在车后方 50 ~ 100m 处设置故障车警告标志（若在高速公路上，应放置在车后方 150m 外）。检查熄火原因，及时排除故障。

途中发现发送机突然熄火，在靠边之前不要随意制动，以免把可能利用的惯性能量浪费掉，造成停车位置不佳。

(三)转向失控的应急处理

1. 转向突然失控

(1)若车辆和前方道路情况允许保持直线行驶时，不可使用紧急制动；高速行驶的车辆，在转向失控的情况下使用紧急制动很容易翻车，应立即松抬加速踏板、抢挂低速挡（俗称抢挡）减速，均匀而用力拉紧驻车制动器操纵杆进行辅助制动，当车速明显减弱时，轻踩制动踏板，让车辆缓慢平稳地停下。

(2)当未安装防抱死制动系统（ABS）的车辆已偏离直线行驶方向，事故已经不可避免时，要果断地连续踩制动踏板，使车辆尽快减速停车，尽量缩短停车距离，减轻撞击力度。

(3)采取应急措施的同时，对道路上其他通行的车辆及行人发出示警信号，如开启危险报警闪光灯、鸣喇叭或打手势等。

2. 转向突然不灵

装有动力转向的车辆，突然发现转向困难、操作费力，要尽快减速、靠右行驶，选择安全地点停车，查明原因。如果车辆还可以实现转向时，在保证安全的前提下，低速驾驶，开到维修厂进行维修。

（四）制动失控的应急处理

1. 制动突然失效

（1）制动失效时，要沉着冷静，握紧转向盘，立即松抬加速踏板，采取发动机制动，尽可能利用转向避让障碍物，同时利用驻车制动器或“抢挡”等方法，设法减速停车。

（2）使用驻车制动器不可将操纵杆一次拉紧，一次拉紧容易使制动盘“抱死”，损坏传动机件，丧失制动力。转动转向盘避开危险目标的同时，可视情况进行“抢挡”操作，利用发动机牵阻作用使车辆尽可能地减速，最终驶向路边停住。

（3）避让中要做到“先避人，后避物”，提前选择好可供安全停车的位置，以免冲撞行人而扩大事故。

车辆出现制动失效后，自始至终无论车速降低与否，操作转向盘控制行驶方向，规避撞车是首要的应急措施，只有在道路交通情况暂时不会发生撞车事故时，方可腾出手来“抢挡”、拉驻车制动器操纵杆。

2. 车行下坡路时制动突然失效

（1）查看路边有无障碍物、坡道可以帮助减速或宽阔地带可迂回减速、停车。最好是利用道路右侧专设的紧急停车道停车。停车后，应拉紧驻车制动器操纵杆，防止溜车或发生二次险情。

（2）若无可利用的地形和时机，应迅速抬起加速踏板，进行“抢挡”操作，抢挡越一级为妥，如车速仍高，可再次减速或抢挡，因为，若越两级抢挡，难度较大，一旦抢挡不成，危险性更大。

（3）当车速得到有效控制后，应选择较平坦、宽阔的地方停车散热、检修，停车后应拉紧驻车制动器操纵杆。

（五）轮胎突然出现故障的应急处理

轮胎突然出现故障是安全行车的一大隐患。

1. 轮胎漏气

行驶中车辆一侧轮胎漏气，会感到车身倾斜，倾斜程度随行驶时间的加长而加重，将导致车辆无法得到有效控制。发现轮胎漏气时，应紧握转向盘，慢慢制动减速，将车辆尽快驶离行车道，停放在路边安全地点。在车辆驶离行车道时，不要采用紧急制动，以免造成翻车或使后车因制动不及时而发生追尾事故。

2. 轮胎爆裂

车辆行驶中发生爆胎时，往往伴有爆破声，车辆会出现明显的震动，转向盘随之以极大的力量自行向爆胎一侧急转。后轮轮胎爆裂，车尾会摇摆不定，但方向一般不会失控，只要保持镇定，双手紧握转向盘，便可控制车辆保持直线行驶。前轮轮胎爆裂，危险较大，一旦爆胎，行驶方向会立刻向爆胎车轮一侧跑偏，直接影响驾驶员对转向盘的控制。

当意识到爆胎时，驾驶员双手应紧握转向盘，松抬加速踏板，极力控制车辆直线行驶，若车辆已有转向，也要急打方向，过度矫正，在控制住行驶方向的情况下，轻踏制动踏板（禁止紧急制动），使车辆缓慢减速，平稳停车，尽量将车逐渐靠在路边。

发生爆胎时，切忌向相反转向急转转向盘或急踩制动踏板，尽量采用“抢挡”的方法，利用发动机牵阻作用使车辆减速；尚未控制住车速前，不要冒险使用驻车制动器停车，以避免车辆横甩，发生更大的险情。

当车速较快时，切忌不能用脚猛踩制动踏板或以拉行车制动器的方式进行制动。这样会造成4个轮胎摩擦力不均而导致旋转、甩尾的失控局面。

（六）侧滑的应急处理

车辆在泥泞、溜滑路面下紧急制动或猛转转向盘时，由于车轮抱死或轮胎受力失去平衡，车辆与路面之间失去横向摩擦阻力，易产生侧滑、行驶方向失控，极易导致向路边翻车、坠车或与其他车辆、行人相撞。

当制动、转向或擦撞引起车辆侧滑时，应立即松抬制动踏板，并迅速向侧滑的一方转动转向盘，并及时回转方向进行调整，修正方向后继续行驶；因转向或擦撞引起的侧滑，不可使用行车制动。

车辆往那边侧滑，就往哪边转向，不可转错方向，否则，会加剧侧滑。

（七）倾翻的应急处理

车辆倾翻一般有先兆，驾驶员能够有所预感。侧翻时，由于离心力的作用，驾驶员身体有向外飘的感觉；路肩外斜坡翻车时，车身先慢慢倾斜，然后才会完全翻车；纵向倾翻时，车辆先前倾或后倾，驾驶员会有车头下沉或车尾翘起的感觉，然后才会翻车。当感到车辆不可避免地将要倾翻时，应果断采取应急处理措施：

1. 稳住身体

（1）当车辆不可避免地要倾翻，但倾翻力度不大，估计只是侧翻时，双手应紧握转向盘，双脚钩住踏板，背部紧靠座椅靠背，尽力稳住身体，随车体一起侧翻。

（2）车辆倾翻力度较大时，身体应迅速向座椅前下方躲缩，抓住转向柱或踏板等将身体稳住。避免身体滚动受伤或被甩出车外。

2. 安全跳车

（1）缓慢翻车有可能跳车逃生时，应向翻车相反方向跳车；切不可顺着翻车方向跳出，防止跳出车外被翻滚的车辆碾压。落地前双手抱头，卷缩双腿，顺势翻滚，自然停止，不要伸展手腿去强行阻止滚动，以免加剧损伤。

（2）在车中感到不可避免地要被抛出车外时，应在被抛出车厢的瞬间，猛蹬双腿，增加向外抛出的力量，顺势跳出车外；落地时，力争双手抱头顺势向惯性力的方向多滚动一段距离，以躲开车体，增大离开危险区的距离。

3. 倾翻后的安全处置

车辆倾翻或半倾翻后，应将发动机迅速熄火，及时卸下蓄电池，以防引起火灾。车辆半倾斜后，可利用工具撬抬，同时找人在另一侧用绳索牵拉，使车身端正过来。

4. 碰撞应急处理

当车辆已无可避免撞车时，务必镇定，迅速判断碰撞后果，果断地选择撞击部位和方式。车辆碰撞的形式有剐蹭、正面碰撞、侧面碰撞和追尾碰撞几种。

(1)剐蹭：

①剐蹭一般是指会车、超车或避让障碍物时，车辆之间或与其他物体相剐蹭的现象。剐蹭，对乘坐在靠近驾驶室或车厢边上的人员具有较大的危险性。

②车辆剐蹭的部位，多数发生在车头的两侧，当车辆有碰撞可能时，应及时控制方向，迅速向外侧(如条件许可)稍转转向盘，接着适量回转转向盘，并立即与剐蹭物分开，以免增加剐蹭面积。

③车体之间或车体与其他物体发生剐蹭时，身体应迅速向车内侧倾斜，双手握紧转向盘，后背尽量靠住椅背，稳住身体，以防车门脱开被甩出车外或车壳变形挤伤身体。

(2)正面碰撞：

①车辆有与前车或障碍物正面碰撞可能时，应及时控制转向盘，极力改正面碰撞为侧面剐蹭，以减轻损失。

②如果撞击的位置不在驾驶员一侧或撞击力量较小时，应紧握转向盘，两腿向前蹬，身体向后倾斜，紧靠座椅后背，以抵消惯性力。

③若无法避免与来车正面相撞前，应在迎面相撞发生在瞬间，迅速判断将受到撞击的部位和力量，迅速放开转向盘，并抬起双腿，身体侧卧于右侧座上，避免身体被转向盘抵住或车辆受到冲击变形后受伤。

(3)侧面碰撞：

①发生侧面碰撞时，车辆在移动的同时可能产生旋转，驾驶室车门也有可能脱开，驾驶员可能在碰撞力的作用下被甩出车外。因此，预计要发生撞击时，可立即顺车转向，在保证安全的前提下，尽力使侧面相撞变为剐蹭，以减轻损伤的程度。

②侧面碰撞部位发生在驾驶座部位时，应迅速将身体移往驾驶室另一侧，同时用力拉住转向盘，以便控制方向和借助转向盘稳住身体，防止甩出车外。

③若碰撞部位在右侧，撞击力尚小时，双手臂应稍曲，紧握转向盘，身体向后倾斜，紧靠座椅背，同时双腿向前挺直抵紧，使身体定位稳定，不致头部前倾撞击风窗玻璃或胸部前倾撞击转向盘。

④预计发生与前车追尾碰撞时，应在未撞前的一刹那稳定好身体，在安全带拉紧的情况下，曲体双臂抱着大腿，以防止车辆前部因撞击变形而挤压伤亡。

⑤被后方驶来的车辆碰撞时，驾驶员应紧靠椅背，双手迅速置于脑后并护住头后部，双脚踏板，这样在撞击时可减轻脊椎和颈部的创伤。

第五节　乘客与出租汽车驾驶员的安全与防范

出租汽车每天在大街小巷穿行,单人单车、流动性强,容易成为犯罪分子侵害的目标。因此,出租汽车驾驶员应强化安全意识,做好安全防范工作。

一、保证人身和财产安全

(一)乘客人身安全

(1)禁止乘客携带易燃、易爆、有毒、放射性和传染性等违禁物品乘车。

(2)检查车门是否关牢,提醒和要求乘客系好安全带,不要将头、手伸出窗外。

(3)靠近路边停车,车身要与道路平行,引导乘客由右侧安全下车。雨天停车时车门要错开有积水的地方。在禁止乘客上下的地方,出租汽车驾驶员有权拒绝乘客上下车。

(4)未成年乘客上车,应建议在后排就座,及时将车门锁关闭。

(5)乘客下车时,要提醒乘客开门时注意行人、非机动车和其他车辆,以保证乘客的安全。

(6)掌握基本的医疗急救知识,具有迅速的急救应变处理能力。

(7)遇到乘客身体不适,要立即采取相应急救措施或拨打急救电话。

(8)出租汽车发生火灾时,应立即停车,关闭发动机,协助乘客安全撤离,立即采取有效措施灭火。

(9)车辆落水时,应保持冷静,并告知乘客不要慌张,做好深呼吸,设法开启车门或敲碎车窗,协助乘客迅速逃生。

(10)车辆发生故障或交通事故时,应帮助乘客下车至安全区域;发生严重的交通事故时,应紧急拨打救助或报警电话,并要积极采取急救措施。

(11)运营途中发生交通事故时,出租汽车驾驶员应做到:

①立即停车。拉紧制动器操纵杆,关闭发动机,开启危险报警闪光灯,设置故障车警告标志;事故发生在夜间时,还应开启示廓灯、尾灯。

②及时报案。事故发生后,应及时将事故发生的时间、地点、肇事车辆及伤亡情况,通过电话或委托过往车辆、行人向公安交管部门报警。在警察到来之前,出租汽车驾驶员不得离开事故现场,更不允许隐匿不报。

③抢救伤员。如有人员受伤,应立即拨打救助和报警电话,视情采取急救措施,如采取止血、包扎、裹定、心肺复苏等,并设法将伤员立即送到就近医院进行抢救治疗。

④保护现场的原始状态,包括车辆、人员等遗留的痕迹。对散落物不得随意挪动位置。在警察到来之前,出租汽车驾驶员应用绳索等圈起来,成为警戒线,防止无关人员、车辆进入,破坏现场。为了抢救伤员,必须移动现场肇事车辆、伤员的,要在其原始位置利用石头、

砖块、白灰等做好标记。

⑤协助调查取证。在警察勘查现场和调查取证时，驾驶员必须如实陈述交通事故发生的经过，不得隐瞒真相。

(二)驾驶员自身安全

(1)遇到抢劫或者犯罪分子利用出租汽车进行违法犯罪活动等事件时，或者发现犯罪分子及犯罪嫌疑人时，应保持冷静，并寻机报警。

(2)发现可疑的危险物品，要立即组织乘客下车离开，迅速报警。

(3)出租汽车驾驶员还应当注意以下4个方面，做好自身安全防范。

①运营中不得疲劳驾驶，长时间运营后，要休息一会，千万不能疲劳驾驶。

②杜绝酒后驾车。

③运营中如发生纠纷，不要激化矛盾，实在无法化解，要及时报警。

④严格遵守出城登记和查报制度。

(三)财产安全

(1)乘客下车时，出租汽车驾驶员应巡视车厢，提醒乘客带好随身物品，并要主动帮助乘客提取行李舱中的物品。

(2)发现乘客遗留物品，应设法及时归还失主。如果无法找到失主，应及时上交公司或公安部门处理，不能私自留用。

二、出租汽车犯罪形式和防范措施

(一)抢劫出租汽车的类型

1. 暴力劫持型

抢劫出租汽车是一种针对出租汽车犯罪的作案方式。采取这种作案方式的犯罪分子多数是常在外地流窜作案，在僻静处由一人动手或多人在汽车内、外联合动手，用作案凶器控制驾驶员，往往会对驾驶员造成伤害。采取暴力劫持手段的犯罪分子，一般是先对作案的时间、地点、路线等了解清楚，再经过认真的预谋、策划，作案后果最严重，因而对驾驶员危害也最大。

2. 威胁恐吓型

有些犯罪分子利用、拉拢个别抵受不住金钱和女色诱惑的驾驶员，使其被迫参入违法活动，犯罪分子以揭发举报相要挟，威胁驾驶员，达到敲诈钱财的目的。

3. 敲诈型

该类犯罪分子或以显著地位、华丽外表迷惑驾驶员；或表面随和，主动与驾驶员攀谈，拉近关系；或租车时许诺重金酬谢等，使驾驶员放松警惕，导致被骗。

4. 药物麻醉型

该类犯罪分子一般采用在香烟、饮料、食品中投放麻醉剂的方法，使驾驶员食用后造成神志不清以至昏迷，丧失自我防范能力，达到劫车的目的。

（二）出租汽车犯罪的特点

1. 区域特点

犯罪分子通常选择偏僻、便于逃窜的区域作案。犯罪分子一般在市区上车，然后以种种借口，或许以重金酬谢，将驾驶员诱骗到偏僻地点，伺机作案。因此，犯罪分子在作案时总是设法回避行人和车辆密集的地方，刻意寻找环境冷清、地段僻静、人稀车少的地方，如城乡接合部、河边、铁道旁、远离市区的乡村等，同时作案地点道路通畅，便于逃窜。另外，有的犯罪分子通常会选择便于消除作案痕迹的地方，给警方侦破案件制造困难。

2. 时间特点

犯罪分子选择劫车的时间，也是有规律可循的。在一般情况下，他们总是在驾驶员精神上处于反应较差或防范戒备心理松懈的时候下手。其特点有以下几点：

（1）夜间作案的频率高。在夜间，出租汽车驾驶员由于连续运营，体能下降，这时的观察力、分析力、判断力以及自身防卫能力都降至全天的低潮。另外，夜间道路上行人、车辆稀少，不易引起注意。而犯罪分子是白天养精蓄锐，这时正是精神和体能状态最佳的时候，在双方较量中其占据明显优势。

（2）中午作案也时有发生。这是因为中午至傍晚离驾驶员收车回家，还有半天时间，犯罪分子有充裕的时间销毁罪证，制造假象，转移车辆。

（三）防范方法

出租汽车的防劫、防盗工作，除了要求出租汽车驾驶员加强安全防范意识，严格遵守各项规章制度之外，还必须采取相应的技术防范措施。

1. 加强安全防范意识

出租汽车行业是服务性行业。出租汽车出入于宾馆、饭店、商厦，居民小区，来往于车站、码头等各种社会活动场所。出租汽车驾驶员接触的乘客身份、素质不同，在服务过程中，一方面应该积极、热情、主动地做好服务工作，给乘客留下好印象；另一方面要保持高度的警惕，防范违法犯罪活动。

增强自我防范意识具体表现在以下几方面：一是出租汽车驾驶员警惕性高，关心周边及自身的治安状况；二是积极参与安全防范方面的学习教育及其他相关活动，努力学习和遵守国家的法律、法规，三是正确处理安全与经济利益的关系等。

2. 安装防劫、防盗装置

为达到防止犯罪分子劫车和保证驾驶员人身安全的目的，在车内安装防范设施。许多国家曾研制出各种样式的防劫、防盗装置，对保护驾驶员和车辆起到了一定的作用。有关资料显示，在劫车案中，犯罪分子从副驾驶座位上得手的发案率超过80%。可见，安装防劫、防盗装置能够提高出租汽车驾驶员的安全系数。

随着科学技术的发展和对车辆防劫、防盗重要性认识的加深，现在有各种功能的防劫、防盗装置投入使用，增强了驾驶员的防卫能力。但是，关键是出租汽车驾驶员必须有安全意识，防劫装置只是防范措施，面对凶残狡猾的犯罪分子，要很好地保护自己，关键在于提高自身反劫、防盗能力。目前，防劫、防盗设施主要有以下两种：

(1)安全隔离防护装置

防劫隔离装置种类比较多，从材料看，分为有机玻璃、硬塑和金属网3种；从式样上看，分为固定式和活动式两种。

(2)防劫报警装置

最有效的报警装置是车载卫星定位系统，出租汽车驾驶员应安装符合相关标准的全球卫星定位系统车载设备，选择服务质量高，技术力量雄厚的服务商。车载卫星定位系统具有报警快、定位准的优势，还具有远程监控等安全功能，有利于保障出租汽车运营安全。

(四)服务中的安全防范

为了更有效地打击和防范抢劫、偷盗出租汽车和驾驶员财务的犯罪活动，保障出租汽车运营服务及驾驶员的生命、财产安全，出租汽车驾驶员必须做好运营前、运营中及运营结束时的安全防范工作。

1. 运营服务前的预防工作

出租汽车驾驶员要检查随身携带的物品，特别是营业款，除必须备足的零钱外，尽量少带钱，必须带时，要妥为收藏。有无线电对讲机的车辆，要检查是否通畅有效，要与总台保持密切的联系。

出租汽车驾驶员平时要参加防劫、使用防劫装置的培训，熟悉掌握其运用方法，日常要加强对防劫和防盗装置的检查和维修，以保证设备的完好有效。出车前，驾驶员应检查防劫隔离装置是否牢固有效，如发现失效，要及时修复后才能出车。

2. 运营服务中的防范

(1)当乘客招手上车时，要做到“三判断”：一是判断乘客的年龄段，重点观察青壮年乘客；二是判断乘客的携带物品，是否有隐匿作案工具的可能；三是判断乘客的目的地是否明确。

(2)当乘客上车后，要做到先问话、看神态。注意观察乘客举动；注意留心乘客在车厢中的对话、眼神和暗示；注意在偏僻地段时是否老向车窗外偷看；注意看乘客是否特别紧张等。

(3)遇到形迹可疑的人租车，驾驶员要提高警惕，注意观察，要从言行举止、衣貌特征中发现问题。疑点显著的，要设法及时与公安机关取得联系。如可疑人员至中途下车，要记清上下车地点，行走方向，然后拨打110或到就近的公安机关报警。

(4)乘客上车后，如果讲不清确切的方向和目的地，并且多次变更路线和下车地点，或者找借口停车的，驾驶员对其要保持高度警惕，以防犯罪分子寻机动手。

(5)对乘客提携包装严密又无特征的行李，驾驶员主动上前帮助提拿、安放、并以询问的方式进行试探，如乘客坚决拒绝帮助且神色紧张、说话支支吾吾、语无伦次，则应该小心。

(6)对沉默寡言、举止诡秘，随身物品易携带且目的地较偏僻的男性乘客，驾驶员要设法与他交谈,以此了解对方,谨防恶性事件发生。

(7)出省、市、县境或夜间去偏远、冷僻地区时,应向出租汽车经营者报告,并按规定办理相关登记手续,验证乘客身份,并在行车之前熟悉相应的路线、路况和天气情况。

(8)驾驶员夜间承揽去郊县或市区偏僻地区的业务时,要尽量选择光线较好或行人、车辆来往较多的地段行驶。

(9)驾驶员要善于选择光线较好或较为热闹的地方,作为夜间临时停车的地点,特别是郊区或市区偏僻地区,以防车辆丢失。

(10)驾驶员在偏僻地点或非常情况下停车开票时,要注意观察。如乘客下车后到驾驶室窗外付费,则要关闭车门锁,车窗玻璃留一条缝隙,让车费从缝隙中递进来。如乘客在车上付费,则要注意观察乘客动态。

(11)对租车完毕未付车费就离车而去的乘客,驾驶员要予以提防,做好应变的准备,有条件的可将其扭送至就近的公安机关处理。

(12)女驾驶员在运营服务中,行为、说话要大方得体,同时更需要提高警惕,最好不在夜间出车。

(13)运营中如发现有其他车辆发出求救信号时,应当赶往协助,并迅速报警。

(14)驾驶员在做好防劫的同时,还必须做好防盗工作。

三、遇劫后防范的原则和措施

(一)遇劫后的处理原则

1. 临危不惧,处变不惊

反劫成功的案例也很多,说明出租汽车驾驶员在遇到抢劫犯罪时,只有临危不惧,胆大心细,才能保护自己生命和财产安全。

2. 快速反应,后发制人

快速反应就是通过犯罪分子的言行和自己的观察分析,判明犯罪分子的真实企图是抢钱还是劫车,有的放矢地思考对策。后发制人就是自己在被动的处境下,退一步,避开锋芒,在被动中求主动,先退后进,先软后硬,积极寻找机会。

3. 缓和对抗,以柔克刚

通过缓冲手段,麻痹犯罪分子,推迟矛盾激化的时间,以暂时的退让换取时间和空间,尽量避免正面冲突,以便采取处置方法。

4. 把握时机,理智冒险

出租汽车驾驶员在反抢劫中,把握好时机是反抢劫成功的关键。要防止处置过早,过早激化矛盾,在合适时机,果断采取措施,才可能反抢劫成功。

(二)遇劫后应采取的措施

出租汽车驾驶员在遇劫后,要注意自我保护,在财产和生命安全面前,应当首先考虑生命安全。在安装有自救报警设备的车辆内,及时通过系统报警,同时注意保护现场。

第六节 危险品的识别与处置

一、常见危险品的种类及其特性

危险化学品由国务院安全生产监督管理部门会同工业和信息化、公安、环境保护、卫生、质量监督检验检疫、交通运输、铁路、民用航空、农业等主管部门,根据化学品危险特性的鉴别和分类标准确定,公布,并适时调整。危险货物种类及编号按照《危险货物分类和品号编号》(GB 6944—2012)和《危险货物品名表》(GB 12268—2012)的规定执行。

《危险货物分类和品名编号》和《危险货物品名表》规定了危险货物品名表的一般规定和结构,以及危险货物的编号、名称和说明、英文名称和项别、危险性及包装类别等内容。这两项国家标准适用于危险货物运输、储存、生产、经营、使用和处置。

(一)危险化学品的分类

危险货物其具有的危险性或最主要的危险性分为9个类别:

第1类:爆炸品

第2类:气体

第3类:易燃液体

第4类:易燃固体、易于自燃的物质、遇水放出易燃气体的物质

第5类:氧化性物质和有机过氧化物

第6类:毒性物质和感染性物质

第7类:放射性物质

第8类:腐蚀性物质

第9类:杂项危险物质和物品

(二)常见危险化学品及特性

1.爆炸品

爆炸品是指外界作用下(如受热、撞击等),能发生剧烈的化学反应,瞬时产生大量的气体和热量,使周围压力急剧上升,发生爆炸,对周围的环境造成破坏的物品,如火药、炸药、起爆药、雷管、引信、弹药、烟花爆竹等。其主要危险是爆炸性。

2.气体

根据气体的性质可将气体分为易燃气体、非易燃无毒气体和毒性气体三类:

(1)易燃气体是指在常压下遇明火、高温即会发生燃烧或爆炸,燃烧时其蒸气对人、畜有一定的刺激毒害作用的气体,如氢、一氧化碳、乙炔、氯甲烷等。其主要危险是易燃、爆炸。

(2)非易燃无毒气体是指温度在20℃以下,压力不低于280kPa条件下运输的气体或以

冷冻液体状态运输的气体，如液化石油气，压缩天然气、氧气等。其咬住危险是爆炸。

(3)毒性气体是指其毒性或腐蚀性会危害人体健康的气体，如液氯、催泪瓦斯等。其主要危险是有毒。为了便于储运和使用，常常将气体高压压缩充装于钢瓶内，由于各种气体的性质不同，有的呈气态，有的呈液态，前者称为压缩气体，后者称为液化气体。

3. 易燃液体

易燃液体是指在其闪点温度时，放出易燃蒸气的液体或液体混合物，或是在溶液悬浮液中含有固体的液体，如汽油、柴油、煤油、乙醇、二氧化硫、各种涂料等。其主要危险是其挥发性蒸气导致燃烧和爆炸，甚至可通过皮肤，消化道和呼吸道进入人体，产生腐蚀、中毒的后果。

4. 易燃固体

(1)易燃固体是指燃点低，对热、撞击、摩擦敏感，易被外部火源点燃，燃烧迅速，并可能散发出有毒烟雾或有毒气体的固体物质，如硫黄、火柴等。其主要危险是易燃性和爆炸性。

(2)易于自燃的物质是指自燃点低，在空气中易于发生氧化反应，放出热量而自行燃烧的物品，如黄磷、镁、油脂等。其主要危险是易燃性和爆炸性。

(3)遇水放出易燃气体的物质是指遇水或受潮时，发生剧烈化学反应，放出大量的易燃气体和热量的物品，如电石、钠等。其主要危险是易燃性、腐蚀性、毒害性和爆炸性。

5. 氧化性物质和有机过氧化物

(1)氧化性物质是指自身不一定可燃，但可以放出氧气而助于其他物质燃烧的物质，如硝酸钾、氯酸钾等，如过氧化氢(双氧水)、过氧化钠、次氯酸钙、氯酸钾、硝酸钾等。其主要危险是氧化性、助燃性、爆炸性、毒害性和腐蚀性。

(2)有机过氧化物是指含有过氧基的有机物，其本身易燃易爆，极易分解，对热、震动或摩擦较敏感，如过氧化二苯甲酰、过氧化乙基甲基酮等。其主要危险是氧化性、助燃性、爆炸性、毒害性和腐蚀性。

6. 毒性物质和感染性物质

(1)毒性物质是指经吞食、吸入或皮肤接触后可能造成死亡或严重受伤或健康损害的物质，如砒霜、杀虫剂、苯胺、四氯化碳，煤焦沥青、氰化物、生漆及各种农药等。其主要危险是毒性、腐蚀性和易燃性。

(2)感染性物质是指含有病原体，能引起病态，甚至死亡的物质，如病菌、病毒等。其主要危险是传染疾病，危害健康。

7. 放射性物质

放射性物质是指能够自发地、不断地向周围放出穿透力很强、而人的感觉器官不能察觉的射线的物质，如镭、铊、硼等。其主要危险是辐射污染，最终使人员受到辐射伤害，能使人患放射性疾病，甚至死亡。

8. 腐蚀性物质

腐蚀性肤质是指接触生物组织时通过化学作用使其严重损伤，或在渗漏时会严重损害真是毁坏其他货物或运载工具的物质，如酸性物品（硫酸、硝酸、盐酸、冰醋酸）碱性物品（氢氧化钠、碳酸钠）、甲醛等。其主要未显示腐蚀性、毒性、易燃性或氧化性。

9. 杂项危险物质和物品

杂项危险物质和物品是指不属于上述8类危险性物质，但具有磁性、麻醉、毒害或其他类似性质，能使人情绪烦躁或不适，以致影响行车和飞行安全的物品，如永久磁铁、干冰、榴梿、大蒜油等。

二、处置方法

驾驶员在运营过程中，发现乘客有携带危险品的，应当分别按照以下情形进行处置：

（一）耐心劝导

遇到乘客携带危险品乘车时，出租汽车驾驶员应当告知乘客危险品不能携带乘车，特别是在节假日期间，乘客往往会携带烟花爆竹等危险品乘车，驾驶员应该耐心细致地乘客做好解释工作，避免由此引发矛盾纠纷。

（二）拒绝提供运营服务

如乘客既不同意将危险品自行处理，又执意要携带危险品上车，出租汽车驾驶员有权拒绝提供运营服务。

（三）终止运营服务

如出租汽车驾驶员在运营过程中发现乘客携带危险品，应当首先将车辆停放在安全的位置，告知乘客随车携带危险品的危害性，由乘客将危险品及时进行处置；如乘客执意要携带危险品继续乘车，出租汽车驾驶员有权终止运营服务。

（四）向有关部门报告

对于发现乘客携带危险品可能造成社会危害的，出租汽车驾驶员应当向所在地公安机关报告。

三、事故处置方法

出租汽车驾驶员在运营过程中发生危险品运输事故，要按照以下步骤做好事故处置工作：

（一）立即停车

驾驶员应在停车后按规定拉紧驻车制动器操纵杆，关闭发动机，消除火灾隐患，开启危险报警闪光灯，设置故障车警告标志；事故发生在夜间时，还应开启示廓灯、尾灯。

（二）请求援救

驾驶员应根据事件现场发展情况向当地消防部门（119）、公安部门（110）、急救中心（120）

等请求救援。

（三）防止失态扩大

驾驶员应在自我保护的前提下，采取一切可能的措施防止事态扩大。

（四）做好隔离

驾驶员应根据事件的现场情况，做好隔离和警戒工作。

（五）抢救伤员

如果有人员受伤，应尽最大努力采取紧急抢救措施。比如采取止血、包扎、固定、心肺复苏等措施，并设法将伤员立即送至就近的医院进行抢救治疗。

（六）及时汇报

驾驶员应当迅速向所属单位和有关部门报告突发事件的有关内容，包括事件发生的事件、地点、危险品化学属性、伤亡情况、初步估计事故发生的原因及事件发展趋向等。

第八章 节约能源与环保

成千上万的汽车在路上行驶,在消耗大量的石油资源的同时排放大量尾气,造成空气污染,直接威胁着人们健康。石油是有限的不可再生的资源,随着石油资源的日趋减少,国际和国内油价越来越高,汽车的节能问题越来越受到各级政府和人民、特别是车辆使用者的关注和重视。减排的问题已经得到全世界各国的高度重视,因为环境直接影响到人类的生存,影响到我们的生活,影响到人类的可持续发展。

第一节 影响节能驾驶的主要因素

汽车的燃料消耗减少和有害气体的排放是相互关联的。影响节能驾驶的主要因素有汽车行驶阻力、发动机耗油率、汽车的机械传动效率以及驾驶员操作习惯等。汽车行驶阻力与车辆结构、行驶状态等因素有关,而耗油率与机械传动效率、车辆结构、车辆维护等因素相关。作为驾驶员,要做好节能减排工作的关键是合理控制行驶阻力,做好车辆维护。

一、汽车行驶阻力有哪些

汽车行驶阻力包括滚动阻力、空气阻力、坡道阻力和加速阻力。

(一)滚动阻力

车轮滚动阻力系数于路面有着密切关系,选择硬质坚实的路面行驶,有利于减低行驶阻力,节约能源,提高汽车行驶的经济效益。

轮胎压力降低时,轮胎变形增大,轮胎的迟滞损失增加,同时使滚动阻力增加,加大油料消耗。

(二)空气阻力

汽车直线行驶时受到空气的阻力。空气阻力由摩擦阻力和压力阻力构成。据测试,一辆以 100km/h 速度行驶的汽车,发动机输出功率的 80% 被用于克服空气阻力。合理地控制车速,减少空气阻力,是节约燃料的重要手段。

(三)坡道阻力

汽车上坡行驶时,汽车重力沿着坡道的分力称为坡道阻力。除了山岭重丘之外,普通公路坡度一般小于5%，合理冲坡、利用汽车下坡时的惯性，比加油冲坡要节省油料，这是一项重要的驾驶技术。

（四）加速阻力

汽车加速行驶时，需要克服本身质量加速运动的惯性力称为加速阻力。汽车频繁地变换车速必然会增加汽车的加速阻力，使车辆的油耗增加，所以应尽量匀速行驶，提高经济性效益。

二、汽车维护是节约燃料的关键

保持汽车的良好技术状况是节约燃料的关键。因为使用条件、使用强度、使用性质的不同，汽车在整个使用过程中伴随着摩擦、振动、冲击及自然条件等因素，总成零部件会出现变形、裂纹、磨损、松框、腐蚀等情况，技术性能逐渐变差，耗油率增加。所以，技术状况的好坏与车辆的维护有着直接的关系。

一是用黏度较低的润滑油；二是确保各车轮轮胎气压正常；三是定期维护，主要体现在清洗燃油供给系统，定期更换机油、经常清洁空气滤清器、检查火花塞、维护消声器等；四是经常检查车辆制动系统；五是减少车辆风阻，装饰过度，如加装扰流板、防雨罩等，会破坏原车设计的风阻，也会增加燃料消耗。

（一）发动机维护

1. 注意空气滤清器维护

如果空气滤清器太脏会阻碍空气畅通，从而造成燃油消耗增加，试验已经证明，空气滤清器的滤清能力是否正常对节约燃料影响较大。空气滤清器部分堵塞时，油耗增加约5%。因此，空气滤清器必须按规定周期进行清洗或更换，在尘土多的地区或遇见风沙天气，更需要勤清洁、更换、以保持畅通。

2. 注意清除积炭

燃烧室的积炭增多后，容易引起可燃混合气的自燃，造成功率下降，如果积炭过多，会增耗燃油8%左右。因此，在二级维护和其他原因拆卸汽缸盖时，要认真清除燃烧室和活塞顶部的积炭，减少不必要的油耗。

3. 防止机油变质及机油滤芯不畅

不同等级的润滑油在使用过程中油质都会发生变化。车辆行驶一定里程之后，性能就会逐渐变差，可能会给发动机带来种种的问题。为了避免这些故障的发生，应该结合使用条件定期更换机油，并使油量适中，添加机油量一般以机油标尺上下限之间为好。也要定期更换机油滤芯。

4. 注意冷却系统的维护

冷却系统状况不良，将直接导致发动机不能在正常的温度下工作，燃油消耗量会增大。

5. 注意维护消声器

消声器是为了减少噪声而设计的。它的功能主要是为了消除部分噪声，减少公害，但另一方面，它又阻碍废气排除，消耗部分功率。如果消声器破裂损坏，会进一步阻碍废气的排出，增加油耗。因此，平时要注意消声器的功能，如发现破损，要及时排除或更换。

（二）底盘的维护

1. 传动系统的维护

（1）做好离合器分离杠杆与分离轴承间隙及离合踏板自由行驶的调整，保证离合器的传动效率，有利于节约燃料。

（2）调整好传动轴轴承、主减速器和差速器轴承预紧度以及齿轮啮合间隙，否则都会使汽车底盘传动效率下降，功率消耗增加，耗油量上升。

（3）根据季节选用齿轮油。变速器、差速器都应配用相应规格的齿轮油，按季节和气候的不同及时更换相应黏度的齿轮油，正确选用机油的型号。选择与制造厂家规定牌号相同的机油，不仅可以提高传动效率，延长机械零件的使用寿命，而且可以节约燃料。例如，当主减速器是双曲线齿轮时，必须使用双曲线齿轮油，因为双曲线齿轮油能在齿轮表面形成一层硫化铁保护膜，从而减轻黏附磨损，提高传动效率。

2. 制动系统的维护

（1）制动器蹄片于制动鼓间隙的检查与调整，制动器蹄片与制动鼓间隙调整不当，车轮在伴有制动的情况下艰难向前滚动，滚动阻力成倍增长，还会出现轮毂发热的现象，油耗量随之上升。因此，要经常检查制动器蹄片与制动鼓的间隙，发现问题及时解决。更换新的制动器蹄片，或重新镗削制动鼓而破坏了制动器蹄片与制动鼓原有间隙时，需要对间隙进行全面调整，从而节省燃料。

（2）轮毂轴承的润滑与调整。一般汽车的滑行性能越好，节约燃料效果越好。滑行能力与轮毂轴承预紧度的调整以及润滑质量有密切关系。测试标明，轮毂轴承间隙调得过紧，轮毂和轴承都会发热，轮毂转动客服的阻力增加，会多消耗燃料；轮毂轴承间隙过大，轮毂和轴承也会发热，出现车轮摇摆滚动的现象，滚动阻力加大，会多消耗 20% 的燃料。

（3）不能把润滑脂装满轴承腔，否则容易造成润滑脂泄漏、轮毂散热不良，也会增加轮毂的摩擦阻力，增加油耗。正确的方法是，将轴承清洗后，在轴承滚动体上注满润滑脂，这样既能保证润滑，又能减少摩擦，节省燃料。

3. 转向系统的维护

（1）转向操纵机构中的横拉杆、直拉杆球头配合间隙的调整很重要，既不能过松，也不能过紧。否则，转向太重，不利于充分运用精力车速行驶，达不到节约燃料的效果。

（2）转向轮定位的调整。转向轮定位一般包括主销内倾、主销后倾、前轮外倾、前轮前束等。前轮定位数据过大或过小，也会加速轮胎磨损，增加汽车的行驶阻力，进而增加燃料消耗，所以把转向轮定位数据调整到标准范围内，滚动阻力就会减小，进而节约燃料，减少轮胎磨损。

4. 轮胎的维护

轮胎气压过低会增大轮胎的滚动阻力，油耗会显著增加，当轮胎气压比厂家规定的压力低时,会增加燃料消耗,所以适当增加胎压可节约能源。

据试验标明,轮胎气压比规定压力增加10%,可有较好的节约燃料效果,还不会降低轮胎的使用寿命。但是,轮胎充气压力不可过高,过高也会降低轮胎寿命,遇到突然挤压会爆胎,同时增加道路的损坏。

第二节　节能驾驶操作

一、掌握正确驾驶方法

统计表明,同一类型的车,不同的驾驶方式,燃料消耗水平可能会有15%左右的差异。

(一)正确起动发动机

起动发动机时,变速杆要放到空挡位置,踏下离合器踏板,以减小发动机起动阻力。发动机起动后,缓抬离合器踏板,使其平稳接合,将动力平顺地传递给变速器输入轴。

电喷汽油发动机启动时不需要踩踏加速踏板。因为电喷汽油发动机控制加速踏板的是节气门的开度,供油量及浓混合气都由电喷供油系统自动控制。因而具有更好的动力性、经济性及加速性。

(二)发动机预热

发动机预热(即热车)是指发动机起动后冷却液温度升至正常温度的过程。发动机冷却液温度过低,会使燃料消耗增加并且加速发动机机件磨损,容易产生积炭,电喷发动机此时为开环工作,排放状况很差,会缩短三元催化器寿命。热车时间过长对燃料消耗和发动机寿命都是不利的,所以,应尽量缩短热车时间。

热车有怠速热车和低速行驶热车两种。电喷发动机车辆,可根据环境温度调整怠热车时间,一般冷却液温度升至40~50℃即可起步,低速行驶1~2km,随着冷却液温度逐渐正常才可高速行驶。

(三)汽车起步

汽车起步操作要做到手脚协调,轻踏加速踏板,缓抬离合器踏板,使发动机既不熄火,又能节约燃料,实现车辆平稳起步。

在汽车起步时,要合理选用挡位。重载时汽车起步,一挡比二挡要节约燃料。轻载时可选择二挡起步。

(四)加速控制

控制好加速踏板,做到:“轻踏、缓抬”,不要猛踩、猛抬或者连续地踏、抬加速踏板。猛踏加速踏板(急加速),燃油消耗会急剧增加。对于自动挡车辆,猛踏加速踏板,既不能迅速提高车速,又浪费燃油。

(五)减速控制

(1)制动器制动时由控制蹄片与制动鼓(盘)的摩擦使汽车轮胎与路面的摩擦而白白消

耗汽车的动能实现汽车减速。驾驶员在减速时，合理使用、正确操作制动器，尽量少用或不用制动，采用以滑行代替制动的方式，充分利用车辆的惯性节约燃油，实现有预见性的驾驶。

(2)未安装防抱死制动系统(ABS)的车辆，使用制动器时，应轻踏制动踏板，缓慢减速。遇紧急情况应采用“先急后松”的减速方法，即：第一次先急速踏下制动踏板，接着松开制动踏板缓慢减速，第二次再踩下制动踏板，然后慢慢松开制动踏板。尽量避免使用紧急制动。行至有信号灯控制的交叉路口、铁路岔口、停车场时，提前挂空挡滑行，以滑行代替制动，利用发动机的牵阻制动减速，减少制动器的使用强度，要避免滑行过早或过晚。滑行过早会使车辆没到位就停下，重新起步或加速，增加燃油消耗；滑行过晚会使车辆到位时车速很高，需要强烈制动减速，也要增加燃油消耗。汽车下山或下长坡行驶时，禁止空挡滑行。

(六)保持合理车速

(1)发动机转速越高，其输出功率和功率利用率越大，单位功率的燃油消耗量越小。因此，在低速行驶汽车的油耗较高。当车速过高时，其燃油消耗也很大，因为超过发动机最低油耗转速时，燃油消耗率随着车速的增加而增加。当车速超过一定程度以后，燃油消耗率增加得非常快。因此，车速过高或过低都不利于节省燃油。

(2)按经济车速行驶。经济车速是汽车以直接挡或超速挡行驶时，燃油消耗量最低的车速。一般的经济车速是汽车最高设计车速的50% ~75%。

(3)匀速行驶。避免行驶中突然加速和突然减速。突然加速要比平稳加速多消耗1/3燃油。

(4)尽可能多利用汽车的惯性和减少不必要的制动。一次紧急停车和起步多消耗35ml左右的燃料。

(七)合理选择挡位

汽车在运行中，换挡的时机与换挡的动作都对燃料的消耗影响很大。

(1)正常行驶条件下，高挡位比低挡位驾驶节省燃料，所以，在一般道路上行驶时，应尽量使用高速挡行驶，避免低速挡高速行驶。

(2)汽车驶向短而陡或坡度不大的坡道时，采用高挡加速冲坡，利用汽车惯性冲上坡顶。

(3)在行驶中，当感到动力不足时应及时减挡，而不应采用猛踩加速踏板的方式解决动力不足的问题，连续猛踩加速踏板，将加大燃料消耗。换挡时要脚轻手快，动作准确。这样可以缩短换挡时车辆行驶的距离，达到节省燃料的目的。

(八)停车熄火

停车要根据不同的具体条件，选择停放位置。停车要做到一次停到位，减少停车时的移车次数。避免在上坡、积水、结冰或松软的路面停车。

夏季停车时最好选择阴凉的地方。冬季停车注意车辆保温，以减少发动机起动和车辆起动时的阻力，减少油耗。露天停车要选择有阳光的地方，车头面对阳光，雪地长时间停车应清理车轮下方积雪，防止轮胎与地面结冰在一起。

停车后是否将发动机熄火，要根据具体情况来确定。车辆怠速运转1min以上的油耗要高于重新起动一次发动机。因此，当停车超过1min时，在不影响车辆正常通行的情况下，最好使发动机熄火。

（九）合理利用空调

当车速低于60km/h时，可视情况关闭空调，打开车窗通风；但车速高于80km/h时，则应利于空调制冷，不要打开车窗。因为高速时开窗后会增大风阻，所消耗的燃料比空调所消耗的燃料更多。

（十）安全滑行

滑行是指车辆在行驶中，解除发动机驱动后，靠车本身的动能（惯性力）或下坡的位能继续行驶。由于滑行时发动机不需要输出功率，只作怠速运转，只需消耗很少的燃油。因此，安全滑行是节约燃料的方法之一。

（1）滑行必须具备熟练的驾驶技术，车辆技术状况良好；严格遵守交通法律法规，选择视线清楚、平坦、坚实、路面宽直、视线良好、行人和车辆较少、路面及道路交通条件允许的路段，能够确保行车安全的情况下进行。

（2）加速滑行，是加速后在一定速度下空挡滑行，使发动机处于怠速状态，充分利用车辆惯性作用，达到节油的目的。滑行时应用高速挡加速到超过经济车速20%～25%时，迅速将变速器操纵杆移于空挡，车辆依靠惯性继续行驶，当车速降低到经济车速时，迅速挂入高速挡加速行驶。

（3）减速滑行，是指发现前方有障碍、转弯、过桥、会车、通过交叉路口，或有目的地停车之前，需要减速时，采用空挡滑行的方法。减速滑行能充分利用车辆惯性，减少制动所消耗的动力，不仅可以节约燃料，而且可减少机动磨损和冲击。

（4）下坡滑行，是利用车辆达到坡顶后的前进惯性力和下坡时车辆重力分力相结合的操作方法。下坡滑行仅限于在起伏的丘陵地带，接近平路的坡道处或在坡度小于5%的长而缓直的坡道上进行，并适当控制车速。严禁在坡度较大或转变的下坡道路上滑行，以确保行车安全。

（十一）高温条件下行车的节油措施

行驶中保持发动机冷却水在80～90℃的正常温度，是节约燃料的重要条件之一。发动机冷却水温度过高，导致早燃爆燃，充气量和有效压力下降；发动机冷却水在沸腾状态时，燃料消耗将增加60%左右。高温下行车的节油措施主要有：

（1）适当推迟点火时间，降低化油器油平面和蓄电池电解液相对密度。

（2）适量调稀混合气。

（3）及时消除冷却水垢，并检查节温器工作状况，调整皮带张力，以防打滑。

（4）调整发电机电压，减小充电电流。

（5）有机油散热器的，应将开关打开，保持曲轴箱通风循环良好。

(6)换用夏季润滑油(脂)。轮胎气压比冬季低20~49kPa。

(7)行驶中应尽量减少不必要的制动,严格控制轮胎温度。

(十二)低温条件下行车节油措施

发动机温度低于正常范围时,燃料的雾化性能变差,需要增加供油量加浓混合气,而燃油进入汽缸并不能完全燃烧,随废气排出,造成浪费,发动机冷却水温度降到40~50℃,燃料消耗将增加10%;车辆在40℃时行驶,燃料消耗将增加10%;车辆在40℃时行驶,燃料消耗约增加12%~13%;车辆在30℃时行驶,燃料消耗增加高达25%左右。低温下行车的节油措施主要有:

(1)适当调高浮子室油平面高度。

(2)增加分电器断电触点闭合角度,将其调至标准间隙偏下限,适当提高点火能量。

(3)在发动机和散热器的罩上加装保温套。

(4)使用防冻液。换用冬季润滑油(脂)。

(5)提高轮胎气压(一般比夏季高49kPa左右)。

(6)加大发电机充电电流,将发电机电压调至比夏季高0.6V。

(7)起动发动机后要进行预热,待发动机温度达到50℃以后再起步。

(8)起步后低速缓行一段距离,待冷却水的温度达到正常时,再转入正常速度行驶。

(9)行驶中注意保持发动机冷却水正常的工作温度,以降低燃料消耗。

二、避免不良驾驶习惯

(一)减少发动机空转

经测试,一般轿车发动机怠速每运转5min,就会消耗掉大约70mL的汽油。在短时间停车等候时,发动机空转既会对空气造成污染,又会增加燃料消耗。

(二)不要养成怠速踩加速踏板的习惯

有些驾驶员在热车起动后或每次起步前和发动机熄火前,总喜欢习惯性地踩几次加速踏板,这是不可取的非规范操作。因为猛踩加速踏板,加速装置会额外供油。据测算,每怠速踩一次加速踏板,相当于白白浪费汽油3~5mL;同时,混合气被额外加浓后,造成燃烧不完全而产生有害废气排放,会污染环境。

(三)发动机温度的调节

在夏季,有些驾驶员为减轻发动机热辐射的烘烤或担心冷却液沸腾,故意把冷却液工作温度控制得很低,致使发动机油耗增加。据试验,冷却液工作温度从90℃降至80℃,多消耗燃料2.5%;如果降至75℃,多消耗3%~5%;降至65℃时,则多消耗15%。原因如下:

(1)经汽缸壁、活塞等机件散失的热量过多,致使做功时汽缸内气体的压力、温度下降,发动机的功率降低,燃料消耗增加。

(2)机油黏度增大,机件运动阻力增大。

(3)汽油不易蒸发、雾化,混合气形成不良,燃烧不完全。

驾驶员在行车中,要注意观察仪表,及时调节百叶窗的开度,既要防止发动机冷却液沸腾,也要杜绝低温行车。在冬季气温较低时,要给发动机罩加装保温套。保温条件较差时,可在百叶窗后部挡上纸板或塑料布等,尽量减少因冷空气的侵入而降低行车温度。总之,无论夏季还是冬季,都必须使冷却液保持在 80 ~ 90℃的正常工作温度。

第三节 汽车环保知识

一、汽车对环境污染的种类

(一)气体排放污染

汽车发动机排放的主要污染物有氮氧化物(NOx),碳氢化合物(HC)、一氧化碳(CO)及微粒物(PM)。其中氮氧化物(NOx),碳氢化合物(HC)经阳光照射,在大气中形成光化学烟雾,对人的呼吸系统产生极大的危害;氮氧化物(NOx)和二氧化硫(SO_2)在大气中可产生酸雨效应,导致人类的酸雨病症。柴油机排放物主要是氮氧化物和微粒物,微粒物会危害人的眼睛和呼吸道。

(二)噪声污染

道路交通噪声占到城市噪声的75%左右,是城市环境噪声污染的主要组成部分,交通噪声主要来自于运行的机动车辆,其中以汽车噪声为最大。

汽车噪声主要来自于汽车排放噪声、发动机噪声、轮胎噪声和喇叭噪声,此外还有车体振动和传统系统噪声等。高于 70dB 的噪声会使人心情不安、烦躁、疲倦,工作效率下降等,甚至引发头晕,失眠等病症。

(三)废弃物污染

汽车垃圾,如废轮胎、玻璃、塑料、废蓄电池、废润滑油等特殊的垃圾会污染地面,污染附近水源,给环境造成严重污染。

(四)其他污染

(1)汽车点火系统工作时发射的电磁波对无线电通信、电视信号等造成干扰。

(2)清洗汽车用水所造成的水污染。

二、降低污染物排放的主要措施

为了抑制汽车有害气体的产生,促使汽车生产厂家改进产品,以降低这些有害气体的源头,欧美国家都制定了相关的汽车排放标准。发展中国家大都采用汽车尾气排放体系。我国目前参照欧洲标准体系制定了机动车排放标准。

(一)使用符合国家排放标准的车辆和新能源车辆

选用达到国Ⅲ标准的车辆是降低排放污染的基本保证。出租汽车可以采用新能源汽车，如液化石油气汽车、压缩天然气汽车和混合动力汽车等。

（二）加强车辆日常维护

（1）准确调整和校核发动机。精心维护的发动机燃料消耗低，排放的污染物少。

（2）进行日常维护。按生产厂家提供的维护计划检查燃油供给系统、空气滤清器变速器、转向系统、制动系统、传统带、空调、减振器、前轮定位及其他易磨损和破坏的零件。

（3）定期更换机油，注意清洗发动机积炭和滤清器，及时更换火花塞等。

（4）按车辆压缩比标值选择合适标号燃油，燃油标号偏高或偏低都会造成汽缸和喷油嘴积炭增加，污染物排放增加。

（三）养成良好的驾驶习惯

（1）平稳加速，避免起步和停车过快，起步过快要比正常起步多耗费60%的燃料，且污染物排放大幅度增加。

（2）匀速驾驶，按经济车速行驶。在市区内尽可能保持在50~70km/h的车速。行车速度过快或过慢，不必要的加速、减速和停车汽车所消耗燃料都要增加，相对的污染物排放也会更多。

（3）可靠润滑是减少汽车磨损和传动阻力的保证。优质润滑材料可延长机件寿命，降低燃料消耗和尾气排放。驾驶员要定期检查发动机、底盘等各种部件的润滑状况。

（4）经常检查轮胎气压。轮胎气压不足会增加油耗。

第九章　出租汽车常见机械故障处理

第一节　汽车维护的基本知识

汽车维护是指道路运输车辆运行到国家有关标准规定的行驶里程或间隔的时间，为维护汽车完好状况和能力而必须按期执行的维护。汽车维护贯彻"安全第一、预防为主"的方针，这是保障汽车安全运行的基本制度。

一、维护的分类

汽车维护分为日常维护、定期维护和非定期维护3种。其中定期维护分为一级维护和二级维护；非定期维护分为季节维护和磨合期维护。

二、维护的作业内容

（一）日常维护

日常维护是驾驶员在每日出车前、行车中和收车后进行的车辆维护作业，主要内容有清洁、补给和安全检查。

清洁主要是指对汽车外观、发动机外表进行清洁，保持车容整洁。补给是指对汽车各部润滑油（脂）、燃油、冷却液、制动液、各种工作介质、轮胎气压进行检视补给。

安全检查主要是指对汽车制动、转向、传动、悬架、灯光、信号等安全部位以及发动机运转状态进行检查看视、校紧，确保行车安全。

（二）出租汽车检内容

（1）轮胎：气压标准，无夹石，无破裂，固定螺母无缺失、无松动、轮胎的胎面和胎壁上不得有长度超过25mm或深度足以暴露出轮胎帘布的破裂和割伤。

（2）车身要清洁、漆膜完好、无剐蹭变形。

（3）车窗玻璃清洁、无破损。

（4）车门和车窗应启闭轻便，不得有自行开启现象，门锁应牢固可靠。门窗应密封良好，无漏水现象。

(5)牌照字迹清晰、封帽齐整。

(6)灯光齐全有效,安装牢固,灯罩无破损,灯泡亮度正常。

(7)蓄电池:清洁、无渗漏,电解液液面高度应符合规定,通气孔畅通,电桩夹头清洁、牢固。

(8)散热器:无漏水。

(9)冷却液量:打开散热器盖查看冷却液量是否充足,查看补偿罐内冷却液面是否在底线和高线之间。

(10)机油量:启动发动机前检查,油面高度在机油尺刻线之间,机油应色清无杂质、黏度正常。

(11)传动带张力:检查传动带磨损、老化程度,用拇指以 29 ~ 49N 的力按压传动带中间部位,应产生 10 ~ 15mm 的挠度。

(12)灯光开关:开关自如。

(13)喇叭:响声正常。

(14)仪表:指示正常。

(15)刮水器:刮水器能正常工作,其刮水面积应确保驾驶员具有良好的前方视野,关闭时,刮水片应能自动返回至初始位置。

(16)转向盘:要求最大自由转动量不大于 20°,检查时车轮应摆正,在车轮不动的情况下转向盘能摆动的最大转角应符合要求。转动灵活、操纵轻便,无卡滞异响。

(17)制动踏板:自由行程符合原厂设计要求(一般轿车为 10 ~ 15mm)。

(18)离合器踏板:自由行程符合原厂设计要求(一般轿车尾 20 ~ 30mm)。

(19)驻车制动器操纵杆:检查驻车制动器自由行程符合规定。在空载状态下,驻车制动装置应能保证机动车在坡度为 20%、轮胎与路面间的附着系数大于等于 0.7 的坡度上正、反两个方向保持固定不动,时间应大于等于 5min。

(20)后视镜:镜面清晰、角度合适。机动车外后视镜的安装位置和角度,应保证驾驶员能在水平路面上看见车身左侧宽度为 2.5m、车后 10m 以外区域及车人身右侧宽度为 4.0m、车后 20m 以外区域的交通情况。

(21)安全带:安装位置应合理,齐全有效、锁止可靠,固定点有足够的强度。

(22)灭火器:有效期一年,至少每季度检查一次。气压正常,铅封横销齐全,喷嘴胶管完好。

(三)一级、二级维护周期的确定

根据《汽车维护、检测、诊断技术规范》(GB/T 18344—2001),汽车一、二级维护周期的确定,应以汽车行驶里为基本依据。

(四)季节维护

季节维护是指根据不同的季节,特别是冬末春初和秋末冬初时对车辆的冷却系统、润滑系统以及蓄电池的维护工作,如更换能满足环境与气温需求的冷冻液、润滑油等。

(五)磨合期维护

磨合期维护是指新车或经过大修的车辆在行驶2000km以内的车辆维护作业。为延长发动机及车辆的使用寿命和提高其性能,车辆在磨合期内,要确保发动机冷却液在固定的温度(80~90℃)下工作,随时掌握仪表和警示信号的动态,听、察异响,坚持日常检查,及时紧固松框部位。磨合期结束后,到汽车维修企业进行磨合后的维护。

第二节　出租汽车常见故障及其处理

一、发动机故障

发动机工作是否正常,一般根据该发动机的气动性能、加速性能、燃油消耗率等为依据。在对发动机的故障进行检查前,务必先对发动机进行基本检查,以便迅速、准确地诊断。发动机的基本检查包括:燃油量是否充足,冷却液是否充足,蓄电池电压的是否充足,空气滤清器是否堵塞,发动机传动带的松紧度,机油量是否正常,怠速运转是否正常等。

(一)发动机启动困难

发动机启动困难是指起动机能带动发动机按正常转速转动,有明显的着车征兆,但很难启动。

1. 故障现象

连续多次起动或长时间依靠起动机工作才能启动发动机。

2. 故障原因

(1)进、排气系统出现漏气、堵塞等故障。

(2)燃油供给系统燃油压力太低,喷油器工作不良(漏油、积炭、堵塞等)。

(3)点火系统点火线圈、火花塞工作不良或高压线破损。

(4)电控系统传染器故障,怠速控制阀或附加空气阀故障等。另外汽缸压缩力太低,废气再循环阀工作不良也会造成起动困难。

3. 处理措施

驾驶员发现这种故障后可以尝试检查火花塞间隙和颜色是否正常,空气滤清器滤芯是否堵塞。如果上述部分都没问题,应到汽车维修企业进行专业维修。

(二)发动机运转有异响

发动机异响是指发动机在正常工作中发出超过技术要求的不正常的响声。异响与转速、负荷、温度、缸位、工作循环、润滑条件等多种因素有关。常见的响声部位主要有曲轴主轴承、连轴承、活塞销、活塞销和气门等。

1. 故障原因

曲柄连杆机构和配气机构间隙过大,在发动机工作时,尤其是转速变化时有响声。另外,发动机润滑可能不良。

2. 处理措施

突然出现异响较大或声音变化较大时,应停机求助专业人员,其他情况应及时送到汽车维修企业检修。

(三)发动机过热

1. 故障现象

发动机过热是指发动机冷却液的温度超过正常的温度范围,有时还有散热器开锅沸腾的现象,即所谓的"开锅。"

2. 处理措施

如果行车中发动机出现过热,应立即靠边停车,注意不要马上熄火,以防发动机出现"黏缸"现象。应让发动机怠速运转一会,等发动机温度下降后再进行处理。

一般可先检查冷却系统的冷却液是否充足,外观有无漏水现象:检查水泵传动带松紧度。检验标准是:在发动机和风扇轮之间用拇指以 29 ~ 49N 的力按下,传动带下陷 10 ~ 15mm 为合适。另外,看发动机是否有长时间超负荷工作的情况。若无上述情况,应到汽车维修企业及时检修。

(四)润滑系统故障

1. 机油压力过高

机油压力过高表现为发动机启动后,机油压力表显示压力剧增;在发动机运转中,机油压力表显示值突然增高,压力忽高忽低。

(1)故障原因:主油路阻力过大、堵塞不畅,比如使用机油牌号不对或机油老化、变质,造成机油黏度过大;机油内杂质过多或机油变质,造成主油道堵塞不畅;滤清器旁通阀开启困难,弹力不足或装配不当。

(2)处理措施:先让发动机起动,进行诊断检查,自己无法排除时,应求助专业人员,以防发动机继续运转造成"拉缸"和曲轴"抱死"等严重后果。

2. 机油压力过低

机油压力是指发动机启动后,机油压力迅速下降,甚至降至 0 或发动机机油压力始终过低。

(1)故障原因:机油量不足、机油黏度过低、机油变质造成机油压力失常;机油泵工作失常;曲轴轴承、连杆轴承、凸轮轴轴承磨损,造成轴承间隙过大,机油压力过低。

(2)处理措施:关闭发动机,用机油尺检查,如果机油量不足,要及时添加机油;若黏度下降应更换机油。其他原因如油面升高带有水泡沫应求助专业人员修理。

二、底盘故障

(一)离合器常见故障

离合器的作用:一是保证汽车平稳起步;二是保证换挡平顺;三是防止传动系统过载。

在汽车行驶过程中,驾驶员可根据需要踩下或松开离合器踏板,使发动机与变速器的传动暂时分离和逐渐接合,以切断或传递发动机向变速器输入的动力。

离合器常见故障主要有:离合器打滑、分离不彻底、发响和抖动等。

1. 离合器打滑

(1)故障现象:离合器打滑表现是当汽车起步时,完全放松离合器踏板,发动机动力不能完全传至变速器主动轴,使汽车动力下降,起步困难;汽车加速时,车速不能随发动机转速的提高而提高或行驶无力;当重载时,打滑较明显,严重时会从离合器内散发出焦臭味。

(2)故障原因:离合器主动部件与被动部件接合的摩擦力不足,如离合器踏板自由行程太小或没有,使压盘处于半分离状态;摩擦片磨损变薄、硬化、铆钉外露或沾有油污等。

(3)故障诊断:首先拉紧驻车制动器操纵杆,挂上低速挡,慢慢放松离合器踏板,逐渐踩下加速踏板,若汽车不动,发动机仍继续运转而不熄火,说明离合器打滑。

(4)故障处理:如确认是打滑,可检查离合器踏板自由行程,如不符合规定,应予以调整。若自由行程正常,应到汽车维修企业进一步检修。

2. 离合器分离不彻底

(1)故障现象:当汽车起步时,将离合器踏板踏到底仍感觉挂挡困难,虽强行挂入,但不放松离合器踏板,汽车就向前移动或造成发动机熄火。变速时挂挡困难或挂不进挡,并从变速器端发出齿轮撞击声。

(2)故障原因:离合器踏板自由行程过大;膜片弹簧分离指内端不在同一平面上;离合器从动盘翘曲,铆钉松脱或新换的摩擦片过厚;从动盘毂键槽与变速器输入轴键齿锈蚀,使从动盘移动困难等。

(3)故障诊断:判断时首先检查和调整离合器踏板自由行程。

(4)故障处理:若上述检查调整仍无效时,应及时到汽车维修企业修理或换件。

3. 离合器发响

(1)故障现象:汽车在行驶中,操纵离合器时,有不正常响声。

(2)故障原因:分离轴承磨损严重或缺油,轴承复位弹簧过软、折断或脱落;从动盘铆钉松动或减振弹簧折断;踏板复位弹簧过软、脱落或折断。

(3)故障诊断与处理措施:轻踩离合器踏板,膜片弹簧与分离轴承接触,若听到“沙沙”的响声,则为分离轴承响,原因为轴承磨损松框或损坏,应予以更换;若踩下、放松离合器踏板时,如出现间断的碰击声,为分离轴承前后滑动响,应更换轴承复位弹簧;若发动机运转过程中松抬离合器踏板有响声,将踏板抬起后响声消失,则为踏板复位弹簧失效,应更换离合器踏板复位弹簧。

4. 离合器发抖

(1)故障现象:汽车起步时不能平稳接合,使车身发生抖动。

(2)故障原因:压盘和从动盘发生翘曲,或从动盘铆钉松动;变速器与飞轮壳或者离合器

盖与飞轮固定螺栓松动;膜片弹簧力不均。

(3)故障诊断:让发动机怠速运转,挂上低速挡,缓慢松开离合器踏板并踩下加速踏板起步,如车身有明显抖动,则为离合器发抖。

(4)故障处理:若有上述情况,应到汽车维修企业检修。

(二)变速器常见故障

变速器由传动机构和操纵机构两部分组成。传动机构的主要作用是改变传动比和转动方向;操纵机构的主要作用是控制传动机构,实现变速器传动比的变换,即实现换挡,以达到变速、变矩的目的。

汽车变速器随着行驶里程的增加以及不规范的操作,使其零件的磨损、变形随之增加,这样会出现异响、挂挡困难、跳挡、乱挡、发热、漏油等常见故障。

1. 变速器异常声响

变速器异响主要是由于轴承磨损松旷和齿轮间不正常的啮合引起。大致表现在空挡发响和挂挡后发响。

(1)故障现象:空挡发响是指发动机怠速运转,变速器处于空挡位置有异响,踏下离合器踏板时响声消失。挂挡后发响是变速器挂入挡位后发出异响。

(2)故障原因:变速器壳体变形;第二轴前轴承磨损和有污垢;变速器常啮合齿轮磨损;轴承松旷,损坏、齿轮轴向间隙大;拨叉与接合套间隙过大等。

(3)故障诊断:变速器发生响声,是由于齿轮或轴的振动及其他声源引起,然后扩散到变速器壳壁产生共振而形成的。诊断步骤为:发动机怠速运转,变速器空挡有异响,踩下离合器踏板后声响消失,多为常啮合齿轮啮合不良。变速器各挡均有声响,多为基础件、轴、齿轮、花键磨损使形位误差超限。挂入某挡,声响严重,则说明该挡齿轮磨损严重。起动后尚未挂挡就发响,且在汽车运行中车速变化时声响严重,说明输出轴的前、后轴承响。

(4)处理措施:如果发生上述情况,应及时到汽车维修企业检修或更换相关元件。

2. 变速器跳挡

(1)故障现象:汽车行驶中,变速杆自动跳回空挡位置,多在中、高速负荷突然变化或汽车剧烈振动时发生。直接挡跳挡最为常见。

(2)故障原因:一般是由于齿轮磨损形成锥形,啮合时产生轴向力,加之工作过程振抖、转速变化,迫使啮合齿沿变速器轴向脱开。

(3)处理措施:出现变速器跳挡故障,应及时求助专业人员拆检变速器,检查调整换挡机构和传动机构,必要时应拆下修理或更换。

3. 挂挡困难

(1)故障现象:挂挡时,不能顺利挂入挡位,常发生齿轮撞击声。

(2)故障原因:变速叉轴弯曲变形;自锁或互锁钢珠破裂、毛糙卡滞;变速器拨叉轴调整不当或损坏;同步器耗损或有缺陷;变速器轴弯曲变形或花键损坏等。

除了变速器故障外，离合器分离不彻底，齿轮油变质、油量不足或规格不符，也会造成挂挡困难。

(3)处理措施：发生挂挡困难，如影响正常行车时，应及时到汽车维修企业检修变速器，或者检查离合器是否分离不彻底。

4. 变速器乱挡

(1)故障现象：汽车起步挂挡或行驶中换挡，所挂挡位与需要挡位不符或虽然挂入所需挡位但不能退回空挡，或一次挂入两个挡位。

(2)故障原因：换挡杆与拨叉拨动端松框、损坏或换挡拨动端内磨损过大，换挡滑杆互锁销与小互锁销磨损过大，失去互锁作用。

(3)故障诊断和处理措施：挂挡时，变速换挡杆稍偏离一点位置，就会挂上不需要的挡位，则是换挡杆拨动端工作面磨损过大导致，应及时调整和更换相关零件。如同时能挂上两个挡位. 则是互锁机构失效所致。

(三)制动系统故障

制动系统的作用是使行驶中的汽车按照驾驶员的操纵进行强制减速甚至停车，使已停驶的汽车在各种道路条件下稳定驻车，使下坡行驶的汽车速度保持稳定。

1. 制动拖滞

(1)故障现象：踏下制动踏板时感到既高又硬或没有自由行程，汽车起步困难或行驶费力。

(2)故障原因：踏板轴锈滞复位困难；主缸活塞复位弹簧过软、折断，皮碗发胀或回油孔被污物堵塞；制动蹄摩擦片与制动鼓间隙过小；制动液脏污，黏度太大，使回油困难；制动管凹瘪、堵塞，使回油不畅；制动踏板没有自由行程等。

(3)故障诊断：放松制动踏板后，全部或个别车轮仍有制动作用，即表明制动拖滞。行车中出现制动拖滞，若各轮制动鼓均过热，表明主缸有故障。若个别制动鼓过热，则属于该轮制动器工作不良。

若故障在主缸时，应先检查制动踏板自由行程。若无自由行程，一般为主缸推杆与活塞的间隙过小或没有间隙。若自由行程正常，可检查制动液是否太脏、黏度太大。如制动液正常，则应到汽车维修企业进行主缸检查。

(4)处理措施；若故障在个别车轮制动器拖滞，应及时进行检修，否则，行车中易引起行驶跑偏和制动跑偏。

2. 制动效能不良

(1)故障现象：汽车行驶中制动时，制动减速度小，制动距离长。

(2)故障原因：制动管路中渗入空气，制动器有故障，轮缸有故障；主缸有故障。

(3)故障诊断：首先检查踏板自由行程是否过大，一般制动踏板自由行程为10～15mm。如果过大，可调整自由行程。再踏下制动踏板，观察有无制动液渗漏部位。检查制动器是否有故障或过脏，如果制动衬块的排屑槽被异物覆盖，制动时将失去排出尘土、刮去水分的作用，使制动力降低。

(4)处理措施：注意定期更换制动液，不同性质的制动液不可互换使用或混用，否则也可能造成制动不良甚至制动失灵。

3. 制动突然失灵

(1)故障现象：汽车在行驶中，一次或连续几次踩下制动踏板均无制动效果。

(2)故障原因：制动管路严重破裂或接头脱节；轮缸皮碗破损或踏翻；主缸皮碗破损或踏翻；主缸内无制动液。

(3)故障诊断：发生制动失灵的故障，应立即停车检查。首先观察有无制动液泄漏。如制动主缸推杆防尘套处制动液泄漏严重，一般为主缸皮碗踏翻或严重损坏；如某车轮制动鼓边缘有大量制动液，说明该轮轮缸皮碗压翻或严重损坏。管路渗漏制动液一般明显可以看到，若无渗漏制动液现象，则应检查主缸储液室内制动液是否充足或到汽车维修企业检修。

4. 制动跑偏

(1)故障现象：进行制动操作时，车辆向一边偏斜。

(2)故障原因：主要有车架变形、前轴移位、前束不符合要求、转向机构松旷及两前钢板弹簧弹力不等。同一轴的两侧车轮制动鼓与摩擦片的间隙不一，两前轮摩擦片的接触面积相差太大，两前轮摩擦片的质量不同，两前轮制动鼓内径相差过多，两前轮制动蹄复位弹簧弹力不等。

(3)故障诊断：检查时先通过路试制动，根据轮胎拖印查明制动效能不良的车轮予以检修。拖印短或没有拖印的车轮即为制动效能不良。

(4)处理措施：先检视该轮制动管路是否漏油，轮胎气压是否充足。若正常，可查看制动器摩擦片与制动鼓间隙。如仍无效，可到汽车维修企业检查制动器各部件，检查车架或前轴的技术状况及转向机构情况。

(四)转向及行驶系统故障

转向系统常见故障为转向沉重、转向不灵敏、行驶跑偏、行驶摆头、轮胎异常磨损等。

1. 转向沉重

(1)故障现象：汽车转向时，转动转向盘感到沉重费力，甚至打不动、无回正感。

(2)故障原因：各部间隙过小、配合过紧、润滑不良或助力装置失效。

(3)故障诊断和处理措施：对动力转向系统应先检查、调整转向助力系统，驱动传动带的松紧度，观察有无漏油现象。检查轮胎气压是否过低。如果转向仍然沉重，应到汽车维修企业检修转向传动机构是否有卡滞等故障。

2. 行驶摆头

(1)故障现象：汽车在中、高速行驶时，出现行驶不稳，严重时转向盘有振手的感觉。

(2)故障原因：转向减振器、前悬架减振弹簧或减振器损坏；车轮、制动盘或传动轴不平衡,前轮定位不正确或悬架松动;转向器啮合间隙过大、传动机构松旷、轮毂轴承松旷等。

(3)故障诊断和处理措施:首先检查转向盘自由行程,如果过大,进行调整。若无问题,可检视转向减振器是否有漏油痕迹,如有,应更换。若仍然无问题,应到汽车维修企业检查调整前轮定位,对车轮进行动平衡以及检查传动轴是否松动、弯曲等。

3. 车辆跑偏

(1)故障现象:汽车行驶时,稍微松一下转向盘,汽车就会自动偏向一边,必须用力握住转向盘,才能保证车辆的直线行驶。

(2)故障原因:左、右前轮胎的气压不等、轮毂轴承预紧度不等;单边制动拖滞,前轮定位不正确;前悬架两侧减振弹簧弹力不等或减振器工作性能存在较大差异;车辆两侧轴距不相等。

(3)故障诊断和处理措施:驾驶员可重点检查两前轮的轮胎气压:观察汽车两侧的高度,若两侧高度不同,表明较低侧悬架弹簧的弹力衰退,应予更换;压动车辆前端一侧,若车身上、下振动2~3次后马上静止,表明减振器工作正常;行车途中停车时,检查两侧的制动器和轮毂轴承,如过热,说明制动拖滞或轴承过紧引起的跑偏。如果以上检查调整仍然无效,可到汽车维修企业测量汽车两侧轴距,检查调整前轮定位。

三、电气设备故障

(一)蓄电池故障

1. 蓄电池漏电

(1)故障现象:蓄电池停用一段时间后,电能自行消失,无法使用。

(2)故障原因:蓄电池外部不清洁,造成正、负极接线柱间导通,外部电路有个别短路。

(3)处理措施:做好蓄电池的清洁和紧固工作。

2. 蓄电池极板硫化

(1)故障现象:蓄电池容量下降,起动性能差;充电时电解液温度异常升高,并过早产生气泡;放电时电压下降过快。

(2)故障原因:蓄电池极板硫化是蓄电池报废的主要原因。硫化原因是蓄电池长期充电不足、电解液长期欠缺或放电后长期放置,在极板上生成白色的粗晶粒状的硫酸铅,堵塞了极板空隙,阻碍电解液的渗入,使蓄电池容量下降,内阻增大。

(3)处理措施:预防蓄电池产生极板硫化,使用时应该避免蓄电池过度放电,尽快充电。如果出现蓄电池极板严重硫化,应该更换。

(二)起动机不转或运转无力

1. 故障现象

转动点火钥匙至“起动”位置,起动机不转动;或起动机能运转,但转动无力。

2. 故障原因

蓄电池电压不足或电源线接线柱接触不良;点火开关失效、损坏:起动继电器接触不良、失效;起动机电磁开关接触不良、失效;起动机电刷或换向器磨损、烧蚀、接触不良以及起动机励磁绕组或电枢短路、损坏等。

3. 处理措施

先检查蓄电池的电能是否充足,如果正常,则应检查导线连接情况,然后检查起动线路和起动机本身是否有故障。

(三)电源系统故障

1. 故障现象

充电指示灯亮或电流表指示放电。

2. 故障原因及处理措施,见表9-1

电源系统故障原因及处理措施 表9-1

故障部位	原因	处理措施
发电机	传动带过敏或断裂	检查、调整或更换
	电刷或滑环磨损、玷污、烧蚀、接触不良	检修或更换
	励磁绕组或电枢导线短路或断路	检修或更换发电机
整流二极管	烧蚀或连接线断路	检修或更换
充电系统线路	电路短路或断路	检修

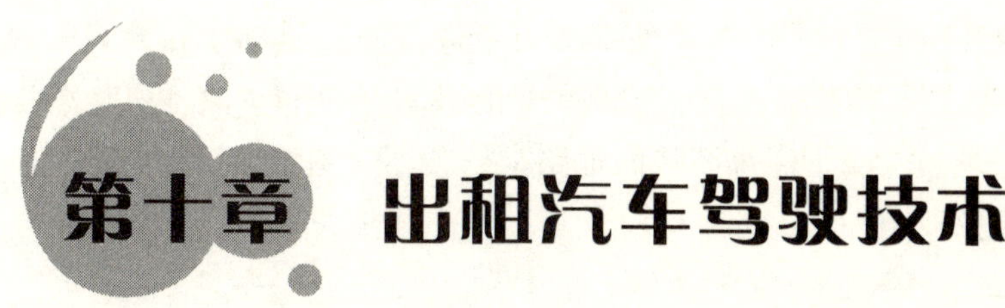

第十章　出租汽车驾驶技术

第一节　出租汽车技术标准

出租汽车是为乘客提供服务的经营场所。因此,车辆必须具有安全、舒适等性能,出租汽车的技术状况应当符合有关规定。

出租汽车整车及主要总成、安全防护装置等有关运行安全的基本技术,要符合《机动车运行安全技术条件》(GB 7258—2012)中的规定。

(一)整车

1. 整车标志

机动车应至少装置一个能永久保持的产品标牌。该标牌的固定、位置及形式应符合规定。乘用车的车辆识别代码应打刻在发动机舱内能防止替换的车辆结构件上,或打刻在车门立柱上,如受结构限制没有打刻空间时,也可打刻在右侧除行李舱外的车辆其他结构件上。

2. 外观

机动车外观应整洁,各零部件应完好,连接牢固,无缺损。车体应周正,车体外缘左右对称部位高度差应小于等于40mm。

3. 漏水检查

在发动机运转及停车时,散热器,水泵,缸体、缸盖、暖风装置及所有连接部位均不得有明显渗漏现象。

4. 漏油检查

机动车连续行驶距离不小于10km,停车5min后观察,不得有明显渗漏现象。

(二)主要部件总成

1. 发动机

发动机应动力性能良好,运转平稳,怠速稳定,无异向,机油压力和温度正常。发动机点火、燃料供给、润滑、冷却和进排气等系统的机件应齐全,性能良好。

2. 转向系统

机动车的转向盘应转动灵活，操纵方便，无卡滞现象。机动车应设置转向限位装置。转向系统在任何操作位置上，不得与其他部件有干涉现象。机动车转向盘的最大自由转动量应符合标准，最大设计车速大于等于100km/h的机动车为15°，其他机动车为25°。

机动车在平坦、硬实、干燥和清洁的道路上行驶不应跑偏，其转向盘不应有摆振、路感不灵或其他异常现象。

3. 制动系统

机动车应设置足以使其减速、停车和驻车的制动系统或装置，且行车制动的控制装置与驻车制动的控制装置应相互独立。制动系统的机构和装置应经久耐用，不得因振动或冲击而损坏。行车制动和驻车制动的主要性能参数应符合标准。

4. 行驶系统

(1)轮胎：同一轴上的轮胎规格和花纹应相同，轮胎规格应符合整车制造厂的出厂规定。轮胎胎面不得因局部磨损而暴露出轮胎帘布层。

(2)车轮总成：车轮的动平衡要求与该车型的技术要求一致。

(3)悬架装置：各球关节的密封件不允许有切口或裂纹，稳定杆应连接可靠，结构件不允许有变形或残损。同一轴上的弹簧形式和规格应相同，其弹簧形式和规格应符合产品使用说明书中的规定。

(4)减振器：应齐全有效，不得有明显渗漏油现象。

(5)车架：不应有变形、锈蚀和裂纹，螺栓和铆钉不应缺少或松动。

(6)前、后桥：不应有变形和裂纹。车桥与悬架之间的各种拉杆和导杆不应变形，各接头和衬套不应松旷或移位。

5. 传动系统

(1)离合器：机动车的离合器应接合平稳，分离彻底，工作时不应有响、抖动或不正常打滑等现象。踏板自由行程应与该车型的技术要求一致。

(2)变速器和分动器：换挡时齿轮应灵便，互锁、自锁和倒挡锁装置应有效，不得有乱挡和自行跳挡现象；运行中应无异响；换挡杆及其传动杆件不应与其他部件干涉。

(3)传动轴：传动轴在运转时不得发生振抖和异响。

(4)驱动桥：驱动桥壳、桥管不得有变形和裂纹，驱动桥应正常且不得有异响。

6. 照明、信号装置和其他电气设备

灯具应安装牢靠、完好有效，不得因振动而松脱、损坏、失去作用或改变光照方向；所有灯光的开关应安装牢固、开关自如，不得因振动而自行开闭。

驾驶员不得对外部照明和信号装置进行改装，也不得加装强制性标准以外的外部照明和信号装置。照明和信号装置的数量、位置、光色和最小尺寸及可见度应符合标准。

7. 车身

车身的技术状况应能保证驾驶员有正常的工作条件和客货安全，其外部不应产生明显的镜面反光。机动车驾驶室要保证驾驶员的前方视野和侧方视野。车身和驾驶室应坚固耐用,覆盖件无开裂和锈蚀。

车身外部和内部乘客可触及的任何部件、构件都不应有任何可能使人致伤的尖锐凸起物(如尖角、锐边等)。

(三)安全防护装置

1. 安全带

乘用车的驾驶员座椅和前排乘员座椅均应装置汽车安全带。装置的汽车安全带均应为三点式(或四点式)汽车安全带。汽车安全带应可靠有效,安装位置应合理,固定点应有足够的强度。

出租汽车应装备驾驶员汽车安全带佩戴提醒装置。当驾驶员未按规定佩戴汽车安全带时,应能通过视觉或声觉信号报警。

2. 车外后视镜

出租汽车应在车身外左右至少各设置一面后视镜。外后视镜的安装位置和角度,应保证驾驶员能在水平路面上看见车身左侧宽度为2.5m、车后10m以外区域及车身右侧侧宽度为4.0m、车后20m以外区域的交通情况,车外后视镜应易于调节,并能有效保持其位置。安装在外侧距地面1.8m以下的后视镜,当行人等接触该镜时,应具有能缓和冲击的功能。

3. 前风窗玻璃刮水器

出租汽车的前风窗玻璃的刮水器,刮水面积应确保驾驶员具有良好的前方视野。刮水器关闭时,刮水片应能自动返回至初始位置。

4. 燃料系统的安全保护

燃料箱及燃料管路应坚固并固定牢靠,不会因振动和冲击而发生损坏和漏油现象。不准许驾驶员改动或加装燃料箱和改动燃料管路。燃料箱的加注口及通气口应保证在机动车晃动时不泄漏。

5. 气体燃料专用装置的安全防护

气体燃料的供给系统应有有效的安全保护结构和措施,以防止气体泄漏,每一个钢瓶阀出口端都应安装高压过流保护装置。

(1)对于两用燃料汽车,应设置燃料转换系统并安装燃料转换开关。在燃料控制上,应具有当发动机突然停止运转时,即使点火开关打开也能自动切断气体燃料供给的功能。燃料转换开关的安装位置应便于驾驶员操作,其挡位标记应明显,能分别控制供油、供气两种状态。气体燃料和汽油电磁阀的操作均应由燃料转换开关统一控制。当电流被切断时,电磁阀应处于“关闭”位置。

(2)压缩天然气管路应采用不锈钢或其他车用高压天然气专用管路,高压液化石油气管路应采用专用管路。不准许驾驶员改动或加装钢瓶。

(3)钢瓶应被可靠地固定在车上,安装钢瓶的固定座应具有防止钢瓶旋转、移动的能力,固定座应便于拆装工作。钢瓶安装在车上后，钢瓶编号应容易看见，钢瓶的强度和刚度不得下降，车架（车身）结构强度也不应受影响。

（4）钢瓶应安装在通风位置或采取有效的通风措施，阀门渗漏的气体不应进入驾驶室或载人车厢。

（5）钢瓶一般不能直接安装在驾驶室和载人车厢内。当不得不安装在上述位置时，应用密封盒、波纹管及通气接口将瓶口阀及连接的高压接头与驾驶室、载人车厢安全隔离。密封盒等隔离装置应有很强的防护功能，当车辆受到冲撞时应能有效地防止钢瓶冲入驾驶室、载人车厢。

（6）钢瓶的安装和保护罩的设置，应能保证钢瓶集成阀的正常操作和检查。

（7）手动截止阀应安装在钢瓶到调压器之间易于操作的位置，阀体不得直接安装在驾驶室内。钢瓶至调压器之间应安装滤清装置，并易于检查、清洗和更换。

（8）高压管路的特殊部位（如相对移动部件之间）应采用柔性管线，其余部位应采用刚性管线。

（9）刚性高压管路应排列整齐、布置合理、固定有效，不得与相邻部件碰撞和摩擦，所有高压管路和高压管接头应得到有效的保护，高压管接头应安装在能看得见且操作者易于接近的位置。

（10）气体燃料车辆应安装泄漏报警装置，所有管路接头处均不应出现漏气现象。

（四）出租汽车附属部件要求

（1）出租汽车应按要求统一安装固定式出租汽车标志灯（顶灯），顶灯（重车时灯灭、空车时灯亮）要与空车待租标志、计价器联动，并设置乘客提示语音。

（2）车身颜色和图案要符合统一规定。

（3）车辆前、后风窗玻璃不得粘贴遮阳膜，其他部位未经批准不得张贴广告或其他标志图案。经批准的广告尺寸，以不得影响驾驶员后方视线为标准。

（4）车内仪表、配套音响设备和照明灯具、空调系统必须完整，并保持性能良好。

（5）铺贴的地板、脚踏板，不得有异味和危害健康的有毒材料。

（6）车辆座椅应牢固，前椅靠背调节不得失效，安全带松紧适宜，前后座套应统一。

（7）车内设施应方便儿童、老人和残疾人等乘车。

第二节　预见性驾驶

一、通过学校时的险情预测

看到学校和注意到儿童标志时，应及时减速，在上学或放学时段，要预测到会有放学或上学的小学生、儿童及家长聚集以及突然横穿，做好预防出现突然情况的准备。

二、通过人行横道时的险情预测

驶近人行横道时，应减速或停车让行。人行横道内没有行人时，也要预测到会有行人或非机动车突然急速通过。有行人通过人行横道时，应预测到行动缓慢的行人还滞留在人行横道上。

夜间通过人行横道遇对面来车没有关闭远光灯时，应及时减速，预防在两车灯光的交织处会有看不见的行人正在通过。

三、通过公共汽车站时的险情预测

通过停有公共汽车的车站时，应减速行驶，仔细观察周围的动态。要预测到会有行人从车前或车后突然横穿道路，非机动车或行人会超越公共汽车，公共汽车会突然起步。

四、通过交叉路口的险情预测

（一）正在通过时的预测

1. 通过绿色信号灯亮，直行通过交叉路口时，应注意观察路口的各种动态。要预测到行人、非机动车突然横过道路，其他车辆违法转弯阻挡正常行驶路线。

2. 在交叉路口内与对面的大型车辆交会时，应及时减速，谨慎驾驶。要预测到对面车辆后方可能会跟小型机动车突然转弯。

（二）转弯时预测

（1）在交叉路口跟随前车右转弯时，应保持安全距离，注意观察右侧道路情况，要预测到前车会突然减速停车，行人、非机动车会突然从车前绕行，右侧会有机动车加速直行。

（2）在交叉路口左转弯时，要预测到会有行人突然横过道路，对面左转的车辆后方有机动车直行。

（三）通过视线不良的交叉路口时的预测

通过视线不良的交叉路口时，要预测到两侧路口内会有车辆急速驶出，紧急制动会发生后车追尾事故。

五、急转弯时的险情预测

通过急转弯道时，应减速靠道路右侧行驶，要预测到转弯过急会侵占对方车道，弯道对面会有来车越过道路中心线占道行驶，如果是滑湿路面会发生侧滑。

六、跟车时的险情预测

跟随大型车辆行驶，要预测到前车会突然制动减速或停车，大型车前有小型机动车突然左转或行人、非机动车突然横穿道路。

七、超车时的险情预测

超越前方停车的大型车辆时，靠近道路中心减速行驶，要预测到车门会突然打开或起步，车前会有行人、非机动车突然横穿马路。

前方遇到非机动车超越停放的车辆时，要预测到自行车在临近停放车辆时突然大弧度绕行，或由于绕行过急突然摔倒。

超越大型车辆前，要预测到对面有来车，超越过程中突然减速会发生追尾，超越后可能没有行车位置。

八、道路阻塞时的险情预测

在交通阻塞道路上缓慢行车时，要预测到摩托车、行人、非机动车从右侧突然绕到车前横穿过道路，前车因异常情况紧急制动。

第三节　正确使用轮胎

轮胎是汽车的主要部件，其工作性能直接影响车辆安全性、稳定性和经济性。超速行驶、胎压过高，可能会引起爆胎，造成事故。轮胎选用不当，可能会引起轮胎早期磨损，对安全行车构成威胁。使用伪劣轮胎，会酿成事故。因此，作为出租汽车驾驶员，为了乘客及自身安全，延长汽车的使用寿命，要合理选择和使用汽车轮胎。

一、轮胎型号选择

现代轿车普遍采用子午胎。子午胎是帘布层相互平行排列，恰似地球的子午线方向，所以，称为子午胎。子午胎的特点是弹性大、耐磨性好，可使轮胎使用寿命延长30%～50%；流动阻力小，可降低油耗8%左右；附着缓冲性能好，承载能力大。子午胎的使用范围越来越广。

二、轮胎的维护

由于汽车轮胎直接与路面接触，因此特别要做好轮胎的维护工作。

（一）避免不必要或经常性制动

高速行驶时应注意保持安全车距，避免不必要或经常性制动，这样可以减少对轮胎的损害。

（二）不要超负荷使用

轮胎经常在超负荷下使用，寿命会减少20%～50%。

（三）符合国家标准的工作气压

气压是决定轮胎寿命和工作好坏的主要因素。轮胎所充气压必须符合国家标准的工作气压。

（四）适时对车辆轮胎进行换位

在车辆一级维护和二级维护时检查轮胎，保持轮胎的磨损均匀，延长使用寿命。

（五）经常检查轮胎

要经常检查轮胎产生的异形磨损、花纹沟底龟裂、帘线折断、帘布层脱层等损坏。轮胎磨损到磨耗标记处，必须进行更换。轮胎的使用极限是残留花纹深度小于1.6min时。为了解轮胎是否已到使用极限，一般在轮胎上都设置了极限磨损记号。

翻修后的轮胎不要在车辆前轮上使用。

三、轮胎的正确使用与维护

（一）保持轮胎标准气压

胎压过高、过低都会引发轮胎过度的磨损，造成爆胎。如果驾驶员发现由于气压过高造成轮胎过热，不允许采用放气、向轮胎上浇冷水等方法降低温度，那样会加快轮胎的老化速度，降低轮胎使用寿命。遇到这种情况只能停车自然冷却降温、降压。胎压过低时，驾驶员要及时充气，并检查轮胎是否有漏气现象，保证轮胎气密性。这一点对于无内胎轮胎极为重要。

（二）注意轮胎的动平衡

汽车更换轮胎时，在装车前一定要经过动平衡测试，如果发现轮胎不平衡，不允许装车使用。

（三）注意轮胎的换位

为使汽车各轮胎磨损均匀，延长其使用寿命，要定期按规定实施轮胎换位，一般在二级维护时进行轮胎换位维护。

（四）严禁超载行驶

驾驶员要根据汽车的型号来控制装载量和车速，经常超载不但加大了爆胎的可能性，而且可能引发悬架变形和车身损坏。

四、正确使用轮胎的方法

（一）平稳起步

汽车起步不可过猛，无论空、重车都应低速平稳起步。避免轮胎空转与地面发生强烈摩擦，以减少胎面磨耗。

（二）保持直线前进

在良好路面上行驶，应保持直线前进，除会车和避让障碍物外，禁止车辆行驶时左右摇摆和急剧转向。

（三）控制车速

（1）车辆下长坡时应根据坡度大小、长度和道路情况，适当控制车速。

(2)车辆上坡时,应尽量利用惯性行驶,及时换挡变速,以减少轮胎的磨损。

(3)行车转弯时不要高速,车辆产生较大的离心力,加速轮胎磨耗,同时还会有危险。

(4)在复杂情况下(会车、超车、通过城镇交叉路口、过铁路)行驶时,应掌握适当的行车速度,减少频繁制动和避免紧急制动,否则造成轮胎与路面之间的滑动摩擦,致使胎面严重磨损。

第四节　汽车新技术

一、混合动力汽车

混合动力汽车(Hybrid Electrical Vehicle,简称 HEV)是指同时装备两种动力来源——热动力源(由传统的汽油机或者柴油机产生)与电动力源(蓄电池与电动机)的汽车。

(一)混合动力汽车的工作原理

混合动力汽车的动力系统主要由控制系统、驱动系统、辅助动力系统和蓄电池组等部分构成。

在车辆行驶之初,蓄电池处于电量饱满状态,其能量输出可以满足车辆要求,辅助和系统不需要工作。蓄电池电量低于60%时。辅助动力系统起动:当车辆能量需求较大时,辅助动力系统与蓄电池组同时为驱动系统提供能量;当车辆能量需求较小时,辅助动力系统为驱动系统提供能量的同时,还给蓄电池组进行充电。由于蓄电池组的存在,使发动机工况稳定,废气排放得到改善。

(二)混合动力汽车的特点

在传统汽车中,当驾驶员踩下制动踏板时,这种本可用来给汽车加速的能量作为热量被白白浪费了。而混合动力汽车却能大部分回收这些能量,并将其暂时储存起来供加速时再用。当驾驶员想要有最大的加速度时,汽油发动机和电动机并联工作,提供可与纯汽油发动机相当的加速性能。在对加速性要求不太高时,混合动力车可以单靠电动机行驶,或者单靠汽油发动机行驶,或者二者结合以取得最大的效率。而在低速行驶时,可以单靠电动机,不用汽油发动机辅助。即使在发动机关闭时电动转向助力系统仍可保持操纵功能,提供比传统液压系统更大的效率。

二、防抱死制动系统

防抱死制动系统(ABS)可保证车辆在进行紧急制动时,自动控制和调节制动力,防止车轮抱死,使每个车轮产生尽可能大的地面制动力,进而消除制动过程中的跑偏、甩尾等不稳定状态,以获得良好的制动性能和稳定的转向操纵性能。

驾驶安装有防抱死制动系统(ABS)的车辆制动时,驾驶员初始踩住制动踏板不放松,使防抱死制动系统(ABS)有效发挥作用,可保证足够和连续的制动力,采取紧急制动时,感觉到制动踏板发生震颤,是防抱死制动系统(ABS)正常的工作特性,不是制动系统有故障。

三、废气涡轮增压技术

(一)废气涡轮增压技术

废气涡轮增压技术是指通过涡轮回收部分发动机排气能量,驱动压缩机对发动机进气进行压缩,使小排量发动机获得更多的进气量,从而达到与较大排量发动机获得更多的进气量,从而达到与较大排量自然吸气式发动机相当功率水平的技术,涡轮增压技术在保证发动机动力性的前提下,减小了发动机排量,大幅改善了发动机的经济性,进而降低了 CO_2 气体的排放。在具有相同功率的前提下,增压发动机的燃油经济性可提高 10% 左右。

(二)使用涡轮增压发动机时应注意事项

(1)起动发动机后,原地保持发动机怠速运转 1min 以上,冬季气温较低时应适当延长怠速时间,使发动机冷却液温度升高,润滑油流动性变好,从而使涡轮增压器得到分润滑,延长其使用寿命。在怠速期间,不应使发动机高速空转。

(2)停车后,保持发动机怠速运转 3min 以上,待发动机温度充分冷却后再熄火。发动机长时间高速运转后,涡轮增压器处于高温状态。此时突然熄火,润滑油供给会中断,涡轮增压器内部的热量也无法被润滑油带走,这样会损坏涡轮增压器。

(3)为保证涡轮增压器在高温和高速环境下的有效润滑,必须选择抗磨性好、耐高温的合成机油或半合成机油。

(4)保持空气滤清器、机油滤清器等的清洁,防止灰尘等杂质进入涡轮增压系统造成磨损。

四、两用燃料汽车的使用常识

为了节约石油资源和加强环境保护,世界上许多国家愈来愈重视代用燃料汽车的开发和应用。目前,以压缩天然气(CNG)、液化石油气(LPG)为燃料的燃气汽车和以甲醇、乙醇为燃料的汽车已比较成熟。燃气汽车已在我国不少城市和地区开始使用。

我国出租汽车常见两种燃料汽车有压缩天然气汽车和液化石油气汽车两种。以使用压缩天然气(CNG)为多,天然气在我国蕴藏丰富,主要成分是甲烷,由于含甲烷的成分不同,其热值为($31\sim35\times10^6$)$J/N\cdot m^3$;天然气汽车是目前世界上公认的高节能、低污染、经济、安全的新型代用燃料汽车。

CNG 汽车的优点是燃料价格便宜,汽车排气污染小,不积炭及车辆部件损耗小,安全可靠,车辆改装简单。

(一)使用两用燃料汽车应注意的问题

(1)CNG 汽车(燃天然气汽车)驾驶员必须经过技术培训,取得合格证后方能驾驶 CNG

汽车。

(2)燃气汽车的维修和调试应专业维修厂进行。

(3)使用天然气汽车启动时在确定化油器中无汽油的情况下,将燃料转换开关扳到“气”位置,点火开关置于“点火”位置。燃料转换开关上的绿色指示灯亮,即可按照汽车正常程序启动发动机。

(4)按国家劳动部《气瓶安全监察规程》规定,天然气储气瓶应一年进行一次检测。

(5)天然气转换为汽油,先将发动机转速提高到2000r/min以上,然后将转换开关由气挡位直接扳到油位置挡即可。

(6)使用天然气汽车长期燃用天然气时,应定期短暂使用燃用汽油,以防止供油系统失效。

(7)使用天然气汽车油转气将燃料转换开关扳到中间位置挡,切换两种燃料供应,并使发动机转速保持在200r/min以上。

(8)车辆维护时,储气瓶、减压阀、高压管路及接头等严禁敲击、碰撞。储气瓶,与明火距离不得小于10m。

(9)使用天然气汽车行驶时,应观察燃料转换开关上的气量指示灯,了解气量情况,天然气即将用完时是绿灯全熄灭。

(10)气瓶必须到经过盟级锅炉压力容器安全监察机构注册登记的单位进行充装。

(11)使用过程中气瓶内的气体不能全部用尽,应保留至少维护保养0.2MPa的剩余压力。

(12)汽车在行驶过程中如发生漏气,如果是管线破裂,气体大量泄露而无法关闭气瓶阀时,应立即将现场圈起,隔离火源,不允许人、车入内,待天然气放尽后关闭气瓶阀。

(13)如果发生火灾,除立即关闭电源气瓶外,还应将现场圈起,用灭火器灭火。

(14)车辆停止行驶时,应停放在阴凉处,防止烈日暴晒。

(15)严格执行加气站安全操作规程。加气时不容许超过额定工作压力20MPa。开启瓶阀时,人不得站在瓶和阀的正面。

(16)对CNG汽车进行维护时,储气瓶、减压阀、高压管路及接头等严禁敲击、碰撞。

(17)每30天检查一次天然气燃气压力。

(18)使用过程中气瓶内的气体不能全部用尽,应保留至少维护保养0.2MPa的剩余压力。

(19)汽车在行驶过程中如发生漏气,如果是管线破裂,气体大量泄露而无法关闭气瓶阀时,应立即将现场圈起,隔离火源不允许人车入内,待天然气放尽后关闭气瓶阀。

(20)如果发生火灾,除立即关闭电源气瓶外,还应将现场圈起,用灭火器灭火。

(21)车辆停止行驶时,应停放在阴凉处,防止烈日暴晒。

(22)严格执行加气站安全操作规程。加气时不容许超过额定工作压力20MPa。开启瓶阀时，不得有人站在瓶和阀的正面。

（二）充装燃气的要求

（1）进入加气站时，严格遵守加气站安全管理规定。

（2）汽车进入充气停车位置（加气岛）后，关闭车上的所有电器装置（包括点火开关、收放机、CD 机、电风扇等），断开电源总开关。

（3）配合加气人员进行车用气瓶及液位指示情况的检查，储气瓶内的气压不得超过额定工作压力（压缩天然气瓶不大于 20MPa，液化石油气瓶不大于 2.2MPa）。

（4）充气前，放下充气阀的防尘罩，然后插入充气插头准备充气。

（5）充气时，严格按安全操作规程进行操作，人不能站在充气阀口正面，以防充气插头滑脱，气体喷出伤人。

（6）充气至额定压力（容量）时，去除充气插头，旋紧充气阀防尘罩。

（7）充气完毕后，打开出气阀开关（在气瓶组合阀中），检查系统是否有漏气现象。若发现漏气和其他故障，必须排除后，方能上路行驶。

（三）出车前的安全检查

出车前除按燃油车的检查顺序检查外，还应检查下列几项：

（1）燃气系统的显示是否正常。

（2）燃气的储存情况。

（3）燃气系统高压表指示压力与停车前比较有无明显下降。

（4）燃气装置和管路是否有漏气现象。

（5）各部件、管路有无松动及异常情况，如有松动、漏气应及时排除。

（四）燃气汽车停驶时的安全操作

（1）燃气汽车停驶超过 10min，应关闭手动气阀及电器总开关。

（2）每日收车后，要认真检查系统是否正常，有无气瓶松动、漏气及其他异常现象；关闭手动气阀及电器总开关，查看高压表的压力指示情况，以备次日判断系统是否漏气。

（3）燃气汽车停止行驶，停入车库或停车场时，要认真检查车辆停放周围有无明火或易燃、易爆物品，然后切断车上所有电源，关闭气瓶组合阀上的出气阀。

（4）燃气汽车长期停放时，将冷却液、燃油放净，燃气用完，拆下蓄电池极柱电缆，将车停于通风、防潮、防火、防晒的场地。

（5）驾驶员不得擅自拆装燃气系统装置、车用气瓶，不得擅自改变系统装置，车用气瓶的安装位置及方向，不得擅自废弃加气口防尘罩。

（五）行驶中特殊情况的应急处理

（1）车辆在行驶中，如因高压燃气管破裂、卡套松脱造成燃气大量泄漏而无法关闭气阀时，立即靠边停车，关闭电源总开关，疏散人员，并将现场隔离，不允许人员、车辆进入，隔离火源，待燃气散尽后再作处理。

(2)发生火灾时,要迅速关闭电源总开关、手动气阀和蓄电池阀,并迅速隔离现场,用灭火器灭火。

(3)因发生交通事故,造成管路或气瓶阀无法关闭,引起燃气大量泄漏,要及时向有关部门报告,以便及时处理。

随着汽车电子技术、通信技术、代用燃料使用技术的不断进步以及新材料的运用,进一步提升了汽车使用过程中的安全、节能与环保状况。驾驶员要了解这些新技术、新知识,才能更加合理地使用车辆,保持车辆良好的性能,发挥新技术的作用。

第五节　高速公路驾驶技术须知

高速公路是全封闭、多车道,具有中央分隔离带、立体交叉,集中管理,控制出入,限制上路车种,安全服务设施配套齐全,专供机动车高速行驶的公路,在高速公路上驾驶,完全不同于一般道路的驾驶,由于高速公路具有车速高、车道区分明确,车辆流向单一,流量大的特点,出租汽车驾驶员应当学会并掌握高速公路的正确驾驶方法。

一、检查轮胎

在高速公路上行车,气温高,速度快,容易造成爆胎,导致方向失控酿成事故。出行前4个轮胎都要仔细检查一遍,最好到专业维修店调整好轮胎气压。尤其不要忘记检查备胎。

二、时速不能快慢不均

在高速公路上行驶速度低于80km/h,容易给快速上来的后车造成视觉错误而发生追尾。要快慢均匀。

三、不能不声不响超车

超车前一定要前后看清楚再动手。尤其是超越大型货车时,一定要确认前车已经知道了你的意图。先打转向灯,连续揿喇叭(高速公路上货车噪声大,驾驶员可能听不见),必要时打远光灯示意。开始超车了就要果断,返回行车道时要看一下后视镜,确保后车安全距离。被超车时不要紧张,管好自己的方向,走好自己的车道。尤其是大型客车超上来,偶尔会在两车之间形成旋转气流,此时要紧握转向盘,紧盯前方车道,让客车快速过去。

四、不能跟车距离太近

高速公路车速快,车距相应要拉大。以100km/h计算,1s车轮就滚出28m左右。通常时速为100km,跟车距离就是100m。高速公路上会不断出现确认车距的指示牌,可以此来估计自己的跟车距离。

尽量不要长时间跟在大型货车后面，这类车体积大，阻挡前方视线。而且有些货车尾灯昏暗，潜藏危险。

五、不能开车接听手机

高速行驶接听手机，一是注意力分散，方向跑偏，二是车速突然减慢，易引起后车追尾。即使是用耳机，也有同样问题。

驾驶员听着铃声响不去接，心情会很急躁，注意力不集中，影响开车。把手机设置静音状态，到休息站时，再拿出手机给来电进行回复。

六、开车拧饮料瓶盖

开车时喝饮料，一手扶转向盘，一手拧瓶盖子。有时拧不开，又低头看，前方有情况则来不及处理。

事先准备好盖子可以用手推开的饮料瓶或者带吸管的饮料瓶。

七、车道选择

高速公路上一般有 3 条行车道外加一条紧急停车道，总共 4 条车道可供驾驶员使用。

（一）快车道

快车道是指行驶方向最左边的那条车道，用来超车或者快速行驶的，所以车相对会少些，车速也会更快些。但快车道隐藏的危险也最大，媒体上曾不止一次报道，一辆在快车道正常行驶的车辆被对面跨栏而过的汽车撞成重伤。这是由于快车道的视野大多不算开阔，在发生紧急情况时避让的空间很小，所以，当您需要超车时可以暂时借用快车道，但最好不要长时间占据快车道。

（二）中间车道

虽然稍慢些，但最为稳妥。因为中间车道的视野和处理紧急情况的空间都会比其他车道大得多。

（三）慢车道

除了经常会遇到大型车辆挡路外，有时突然从旁边引路冲出来的汽车也会给安全带来隐患，因此，也不可取。

（四）紧急停车道

用紧急停车道强行超车的危险最大。一是那里经常会停下故障车，可能产生追尾；二是紧急停车道内常会有故障车遗弃的螺钉、渗漏的机油等废物，这些废弃物一旦粘到轮胎上危险一触即发。

八、高速驾车不能超过极限

当汽车高速飞奔时，所有部件的反应都会变得异常灵敏。也许平时开车时不经意的一个转向动作，到高速时就有可能酿成大祸，所以，高速驾驶时除了要注意动作温柔外，还要注意绝不可超过控制极限。

九、高速公路紧急停车要领

一般来说，高速行驶时最好不要停车，能坚持到服务站最好，如果实在坚持不了也应选择无盲区的直线路段，并停在紧急停车带内。停稳后立即开启安全警报闪光灯，并同时开启示廓灯、前照灯和雾灯，在车后方的 50～100m 处放置危险警告牌，提示过往驾驶员注意安全。

(一)驶入高速公路安全行驶的 3 个步骤

1. 匝道行驶

进入高速公路一旦驶错方向就不会再有退路。要注意观察路标，以确认是向左还是向右行驶，是进入左匝道，还是进入右侧匝道，严禁在匝道上超车、停车、掉头、倒车，这些做法都有可能酿成车祸。

2. 加速车道行驶

要充分利用加速车道，尽量提高并接近主干道上行进车辆的车速，以防后续车与本车发生追尾碰撞。在进入合流三角地带之前，打开左转向灯，沿加速车道加速行驶，应当尽快将车速提高到 60km/h 以上，如果跟随前车行驶，还要注意观察前车的行驶速度和加速情况，并保持一个能够在加速车道上，充分提速的安全距离，在充分利用加速车道约 1/2 以上路程，注意并掌握前后情况，估计在不致妨碍行车道车辆行进的有利条件下，选择驶入行车道的时机，果断驶入高速公路行车道。

3. 驶入行车道

从加速车道驶入高速公路行车道重要的是应集中精力，观察左侧行车道上行驶车辆的车速和车流情况，在不妨碍行车道车辆正常行驶的情况下，安全平顺地汇入车流。

(1)汇入行车道时，转向盘的操作不要过急、过猛。

(2)密切注视高速公路行车道的行车情况，并通过后视镜观察行车道后面驶来的车辆动态。

(3)应正确估计行车道上车流速度，以调整和控制好行驶速度。

(4)主车道车辆稀少时，也应尽量避免抢在正常行驶车辆前驶入主车道。

4. 正确驶入高速公路的操作过程

(1)在合流三角地带之前打开左转向灯。

(2)通过内外后视镜或直接目视观察主车道上的车辆流动动态。

(3)车辆充分加速，达到主车道规定车速。

(4)再次观察主车道上车流动态，在确保安全的条件下平稳地转入主车道行驶。

(5)关闭转向灯；因为转向盘转角不大，前轮自动回正能力较小，应养成手动回正的习惯。

(二)驶离高速公路

驶离高速公路基本上也是分3步进行,驶离行车道、在减速车道上行驶和匝道行驶。

1. 驶离高速公路行车道

在高速公路行驶,想要离开高速公路时,当看到最初的出口标志后,应迅速作好驶离的准备。

(1)高速公路每一出口前,2km、1km、500m及出口处都设有预告下一出口的标志,应尽早变更到最右侧行车道。

(2)驶离高速公路主车道的最佳时机是行至离出口500m处,打开右转向灯,适当调整车速,逐渐平顺地从减速车道始端驶入减速车道。

(3)如果因疏忽已驶过出口,此时只能继续向前,行驶至立交桥掉头,或下一出口驶离高速公路,千万不要在高速公路上紧急制动、停车、倒车及掉头、逆行、穿越供紧急使用的中心隔离带缺口,以免发生危险。

2. 减速车道的行驶

驶入减速车道后,关闭转向灯,注意观察车速表,进入匝道之前,车速降到约40km/h。

3. 驶入匝道后行驶安全要点

根据匝道的弯度握好转向盘,并将车速控制在限定的时速以下。

(1)驶离匝道与驶入匝道一样,不可以在匝道上超车、停车、掉头、倒车。

(2)注意从其他车道合流的车辆。

(3)不得未经减速车道减速,直接进入匝道。

4. 驶离高速公路匝道安全要点

(1)采用点制动,尽量使车速降到限定时速以下,以避免与收费口的车辆发生追尾碰撞。

(2)精力集中,握稳转向盘,缓慢地驶出弯曲的匝道。

(3)特别要注意从其他行车道合流驶来的车辆,应相互礼让,不得争道抢行。

5. 正确驶出高速公路的操作过程

(1)见到2km预告标志牌后,不要再超车;

(2)见到1km预告标志牌后,严禁超车。

(3)驶过500m预告标志牌后,打开右转向灯,做好进入减速车道的准备。

(4)见到出口标志牌后,平稳地转动转向盘进入减速车道。

(5)进入减速车道后,关闭转向灯,在到达分流点三角地带前,将车速降到40km/h速度,可以注意观察车速表。

(6)注意其他车辆突然驶向出口匝道。

十、控制行驶速度

(一)确认车速

在宽阔的固定参照物少和高速车流的高速路段上行驶,一定要通过车速表确认车速,不要盲目地一味加速,应严格遵守高速公路的行驶速度要求。

1. 最高时速和最低时速

最低车速不得低于60km/h,最高车速不得高于120km/h,在遇到恶劣天气时行车必须减速行驶。

2. 速度的选择

(1)严格遵守最高和最低时速的规定。

(2)根据道路交通情况和需要选择车速,超车时不要超过最高时速,礼让超车时,不能低于最低时速。

(3)注意高速公路上非规定时速的限速标志。

(二)严格遵守分道行驶的原则

高速公路行车道分为:双向四车道、六车道、八车道,机动车在高速公路上行驶时,必须严格遵守分道行驶、各行其道的原则,不得穿行越线、变更车道,不准骑、轧行车道分界线。

1. 同方向有2条车道的行驶

所有机动车在行车道上行驶,左侧车道的最低车速为100km/h。

2. 同方向有3条车道的行驶

(1)车速高于110km/h的汽车在最左侧车道上行驶。

(2)车速高于90km/h的汽车在中间车道行驶。

(3)右侧车道车速不得低于60km/h。

3. 同方向有4条以上车道的行驶

(1)车速高于110km/h的汽车在最左侧车道上行驶。

(2)车速高于90km/h的汽车在中间车道(第2条)上行驶。

(3)右侧车道车速不得低于60km/h。

除因停车驶入或驶出紧急停车带或路肩外,不准在紧急停车带和路肩上行车。

道路限速标志标明的车速与上述车道规定不一致的,按照道路限速标志标明的车速行驶。

(三)必须保持足够的安全距离

1. 同车道两车间的前后安全行驶距离

汽车在高速公路上正常行驶时,同车道的前后车辆必须根据行驶速度、天气和路况,保持足够的安全距离。

(1)所谓正常情况下,当车速为100km/h时,安全距离为100m以上,车速在100km/h以下时,安全距离可适当缩小,但最小距离不得少于50m。

(2)如遇大风、雨、雪、雾天或路面结冰时,应当减速,在这些非正常情况下,前面讲到的安全距离,不足以确保行车安全,所以应在规定安全距离的基础上留足危险的余量,又称“避险距”。

(3)为了防止发生追尾事故,高速公路每隔一段距离设有专门为驾驶员确认安全距离而设立的标志牌。

①能见度小于200m时,开启雾灯、近光灯、示廓灯、前照灯和后照灯,车速不超过60km/h,与同车道前车保持100m以上的距离。

②能见度小于100m时,开启雾灯、近光灯、示廓灯、后照灯和危险报警闪光灯,车速不得超过40km/h,与同车道前车保持50m以上的距离,100km/h规定行车路段50m为危险车间距,100m以上为安全距离,0m处为车间距确认路段起点,50m处为车间距确认路段,危险车间距,100m处为车间距确认路段,安全距离。

2. *瞬时两车横向间的左右距离*

(1)正常超车时,车速在100km/h时,横向车间距为1.5m以上,70km/h时,为1.2m以上。

(2)如遇大风、雨、雪、雾天或路面结冰时,在减速行驶的同时,应适当加大横向车间距。

第十一章　出租汽车驾驶员维权及救护伤员知识

出租汽车驾驶员作为出租汽车运营服务的直接提供者，在合法权益受到损害时，能通过正确的方式维护自身权益。

第一节　与经营者签订合同

一、签订合同的意义和目的

合同是明确出租汽车经营者和驾驶员相互权利义务的依据。订立合同，是出租汽车经营者和驾驶员依法经营、维护自身合法权益的法律行为。出租汽车驾驶员应与出租汽车经营者依法签订合同，履行法律手续。

出租汽车经营者已经实行员工制经营模式的，应遵循合法、公平、平等自愿、协商一致、诚实信用的原则，与驾驶员依法签订劳动合同。

二、签订合同

（一）签订劳动合同

（1）用人单位的名称、住址和法定代表人或者主要负责人。

（2）劳动者的姓名、住址和居民身份证或者其他有效身份证件号码。

（3）劳动合同期限。

（4）工作内容和工作地点。

（5）工作时间和休息休假。

（6）劳动报酬。

（7）社会保险。

（8）劳动保护、劳动条件和职业危害防护。

（9）法律、法规规定应当纳入劳动合同的其他事项。

（二）签订经营合同

出租汽车经营者不是实行员工制经营模式的，应当按照权责对等、风险共担的原则，与驾驶员签订经营合同，合理确定出租汽车经营承包费用，明确出租汽车经营者和驾驶员的权利义务，保障驾驶员的合法权益。

（三）经营合同

（1）经营期限。

（2）双方的权利和义务。

（3）经营的方式和内容。

（4）收益的分配方式。

（5）违约责任。

（6）争议解决方式。

（7）其他条款。

三、签订合同的程序

经营合同由出租汽车经营者与驾驶员在经营合同文本上签字或者盖章生效。

经营合同文本由出租汽车经营者和驾驶员各执一份。

第二节　维护自身合法权益

出租汽车驾驶员在自身的合法权益遭到侵害时，应当根据法律法规的规定，通过合法渠道进行维权。出租汽车驾驶员进行维权的正确途径和合法程序包括投诉举报、陈述和申辩、听证、行政复议、行政诉讼、行政赔偿和信访等。

一、投诉举报

任何单位和个人都有权对交通行政许可实施机关及其工作人员不严格执行有关行政许可的法律、法规、规章以及在实施交通行政许可中的违法违纪行为进行检举、控告。交通行政许可实施机关收到举报后，应当依据职责及时查处。

二、陈述和申辩

公民、法人或者其他组织对行政机关所给予的行政处罚，享有陈述权、申辩权。

在简易程序中，执法人员将所认定的违法事实、处罚的理由和依据告知行政管理相对人，并告知其有权做出陈述和申辩，行政管理相对人可以当场提出陈述和申辩的意见，执法人员应当对其提出的事实、证据和理由应当进行复核，事实、理由或证据成立的，予以采纳。

在一般程序中，当事人在收到违法行为通知书之日起 3 日内，可以进行陈述和申辩，出租汽车主管部门应当审核当事人的意见，并应当将当事人提出的事实、理由或证据制成笔录。上述事实、理由或证据成立的，出租汽车主管部门应当采纳。

三、听证

行政机关做出责令停产停业、吊销许可证或者执照、较大数额罚款等行政处罚决定之前，应当告知当事人有要求举行听证的权利；当事人要求听证的，行政机关应当组织听证。当事人在被告知听证权利之日起3日内提出听证申请。当事人不承担行政机关组织听证的费用。

四、行政复议

对行政机关做出的行政处罚决定不服或认为具体行政行为侵犯其合法权益的，可以自知道该具体行政行为之日起60日内提出行政复议申请；对于县级以上地方人民政府工作部门的具体行政行为不服的，由申请人选择，可以向该部门的本级人民政府申请行政复议，也可以向上一级主管部门申请行政复议。

行政复议机关已经依法受理的，或者法律、法规规定应当向行政复议机关申请行政复议、对行政复议决定不服再向人民法院提起行政诉讼的，在法定行政复议期限内不得向人民法院提起行政诉讼。向人民法院提起行政诉讼，人民法院已经依法受理的，不得申请行政复议。行政复议机关受理行政复议申请，不得向申请人收取任何费用。

五、行政诉讼

对行政机关做出的行政处罚决定不服或认为具体行政行为侵犯其合法权益的，可以直接向人民法院提起行政诉讼。

不服行政复议决定的，可以在收到行政复议决定书之日起15日内向所在地人民法院提起行政诉讼。复议机关逾期不作决定的，可以在复议期满之日起15日内向人民法院提起行政诉讼。

直接向人民法院提起行政诉讼的，应当在知道做出具体行政行为之日起3个月内提出。当事人不服人民法院第一审判决的，有权在判决书送达之日起15日内向上一级人民法院提起上诉。当事人不服人民法院第一审裁定的，有权在裁定书送达之日起10日内向上一级人民法院提起上诉。逾期不提起上诉的，人民法院的第一审判决或裁定发生法律效力。

六、行政赔偿

合法权益受到行政机关或其工作人员做出的具体行政行为侵犯造成损害的，有权请求赔偿。

赔偿请求人要求赔偿，应当先向赔偿义务机关提出，也可以在申请行政复议和提起行政诉讼时一并提出。单独就损害赔偿提出请求的，应当先由行政机关解决。对行政机关的处理不服，可以向人民法院提起诉讼。赔偿义务机关应当自收到申请之日起 2 个月内给予赔偿；逾期不予赔偿或者赔偿请求人对赔偿数额有异议的，赔偿请求人可以自期限届满之日起 3 个月内向人民法院提起行政诉讼。请求国家赔偿的时效期为 2 年，自国家机关及其工作人员行使职权时的行为被依法确认为违法之日起计算，但被羁押期间不计算在内。

七、信访

信访，一般应采用书信、电子邮件、传真等书面形式。提出投诉请求的，应当载明信访人的姓名（名称）、住址、请求、事实、理由。

信访人采取走访形式提出信访事项的，应当到有关机关设立或指定的接待场所提出。多人采用走访行使提出共同的信访事项的，应当推选代表，代表人数不得超过 5 人。

信访人提出的信访事项，应当客观真实，对其所提供材料内容的真实性负责，不得捏造、歪曲事实，不得诬告、陷害他人。

信访人在信访过程中应当遵守法律、法规，不得损害国家、社会、集体的利益和其他公民的合法权益，自觉维护社会公共秩序和信访秩序。不得在国家机关办公场所周围、公共场所非法聚集、围堵、冲击国家机关、拦截公务车辆或者堵塞、阻断交通；不得侮辱、殴打、威胁国家机关工作人员，或者非法限制他人人身自由；不得在信访接待场所滞留、滋事或者将生活不能自理的人弃留在信访接待场所；不得煽动、串联、胁迫、以财物诱使、幕后操纵他人信访或者以信访为名借机敛财。

第三节　旅客急救的基本知识

一、旅客急救原则

1. 对途中生病患者的处置

（1）旅客发生意外事件时，要积极承担应尽的义务，为其提供服务。遇乘客在车上发生急病和意外伤害时，应迅速送往医院进行救护，并及时报告有关部门。

（2）胸部和腹部突然出现疼痛时，要使病人安静，能就近找到医生处理最好；腹部肌肉紧张疼痛时，可采用将膝盖下垫高的处理方法进行缓解。

（3）有心脏和肺病有患者，呼吸困难时可保持半坐姿势，没有医生的嘱咐，不要乱服药，严禁吃、喝、抽烟等。

2. 对伤员的处置

旅客运输车辆发生交通事故往往是多人受伤。抢救时应先抢救重伤员，再抢救轻伤员；先救命，后治伤。抢救过程要着重注意以下几点：

(1)尽快把受伤者救离事故现场,尽量选择救护车能够接近的安全地点实施抢救。

(2)受伤者在车内无法自行下车时,可设法将其从车内拖出,尽量避免二次受伤。

(3)对伤员全身做一次检查,分清伤情;注意隐蔽性损伤,如脑出血,腹内脏器出血等。

(4)不要急于将伤员送往医院,防止由于一些致命伤没有被发现,在搬运时加重伤势,运送途中死亡。

二、危重伤员应急抢救措施

1. 昏迷不醒伤员的抢救

(1)可能产生昏迷的原因有天气炎热、缺氧、各种原因中毒、暴力刺激大脑等。

(2)昏迷失去知觉的伤者症状是不会讲话;抢救前应检查伤者呼吸,保持侧卧。

2. 呼吸中断伤员的抢救

(1)呼吸中断后,应立即进行抢救,否则会由于缺氧而危及生命,呼吸中断者的症状表现为无呼吸声音和无呼吸运动。

(2)抢救时,抬起下颌角使呼吸道畅通,这种措施在很多场合下对恢复呼吸起很大作用;如果受伤者仍不能呼吸,就要进行口对口的人工呼吸。

(3)如果人工呼吸不能起作用时,就要检查嘴和咽喉中是否有异物,并设法排除,继续进行人工呼吸。

3. 失血伤员的抢救

(1)如果受伤者失血过多,将会出现生命危险,如出现休克等症状;处理失血措施可通过外部压力,使伤口流血止住,然后系上绷带。

(2)失血过多,往往会产生休克,所以流血止住后,应接着采取一些防止休克的措施。

4. 休克伤员的抢救

受伤者失血过多会出现休克,其症状表现为:面色苍白、四肢发凉、额部出汗、口吐白沫、显著焦躁不安,脉搏跳动变得越来越快和虚弱,最后脉搏几乎摸不出来。这些症状有时会部分出现,有时又会同时出现。休克时间过长,可能使伤员致死,应及时采取下列措施:

(1)将伤员安置在安静的环境。

(2)抬起伤员腿部直到处于垂直状态,使休克停止。

(3)采取保暖措施,防止热损耗。

(4)反复检查呼吸和脉搏。

(5)迅速呼吸并送往医院。

5. 烧伤伤员的抢救

烧伤伤员的症状为:皮肤发红、起泡、感觉疼痛。内部组织受损的烧伤可引起呼吸困难、休克、烧伤性疾病等危险。应采取下列急救措施:

(1)迅速扑灭衣服上的火焰或脱掉烧着的衣服。

(2)全身燃烧时,可向身上喷冷水。

(3)用消过毒的绷带包扎烧伤口。

(4)防止热损耗,可饮盐水(1 杯水中放 1 匙食盐)。

(5)不可使用粉剂、油剂、油膏或油等敷料。

(6)脸部烧伤时,不要用水冲洗,也不要覆盖。

(7)反复检查呼吸和脉搏,防止休克。

6. 中毒伤员的抢救

(1)应迅速把中毒的伤员送到有新鲜空气的地方,以防止继续中毒。

(2)对昏迷不醒的伤员要采取侧卧位。

(3)反复检查呼吸和脉搏,停止呼吸时,应进行适当的人工呼吸。

7. 头部损伤伤员救护

(1)如果伤员神志清醒,呼吸脉搏正常,损伤不严重时,可进行伤部止血,包扎处理后,扶伤员靠墙或树旁坐下,找一块垫子将头和肩垫好,若伤员出现昏迷,要保持呼吸道畅通,并密切注意呼吸和脉搏。

(2)在救护转移时,护送人员扶置伤者呈半侧卧状,头部用衣物垫好,略加固定,再转移。

8. 骨折伤员处置

(1)防止伤员休克,不要移动伤员身体的骨折部位。脊柱可能受损时,不要改变伤员姿势。

(2)确实是骨折,要小心用消毒胶片包扎,并按发生后的状态保持部位静止。

(3)关节损伤(扭伤、脱臼、骨折)的伤员,应避免活动,不要改变损伤时瞬间的位置、姿势,更不能自行复位;安放到固定位置后,保持损伤骨节的静止。

(4)把骨折伤员抬上担架时,要遵循医护工作人员的指导。由 3 名救护人员把手托放在伤员身下,在统一指挥下,一起抬起伤员的躯干,抬上担架。

三、常用急救方法

1. 人工呼吸法

伤员呼吸停止后 2 ~4min 内便会死亡,在这种情况下,应及时对伤员进行口对口的人工呼吸抢救,以挽救伤员的生命。

(1)让伤员仰卧,面部向上,颈后部(不是头后部)垫一软枕,使其头尽量后仰。

(2)抢救者位于伤员头旁,一手捏紧伤员鼻子,以防止空气从鼻孔漏掉;同时用口对着伤员的口吹气,在伤员胸壁扩张后,即停止吹气,让伤员胸壁自行回缩,呼出空气;如此反复进行,每分钟约 16 ~20 次;对儿童每 3 ~4s 一次,1min 15 ~20 次,要有规律地、正确地反复进行。

(3)吹气时要快而有力,并密切注意伤员的胸部,如胸部有活动后,立即停止吹气,并将伤员的头偏向一侧,让其呼出空气。

(4)成人每次吹气量应大于800ml,但不要超过1200ml;低于800ml,通气可能不足;高于2000ml,常使咽部压力超过食管内压,使胃胀气而导致呕吐,引起误吸。

(5)每次吹气后抢救者都要迅速掉头朝向伤员胸部,以求吸入新鲜空气。

(6)进行4~5次人工呼吸后,应摸摸颈动脉、腋动脉或腹股沟动脉。如果没有脉搏,必须同时进行心脏按压。

2. 胸部心脏按压法

胸部心脏按压是从伤员体外压迫一度停止跳动的心脏,使之恢复跳动的一种急救方法。

(1)使伤员仰卧在硬板上或地上,抢救者站在或跪在伤员侧面(左侧或右侧均可),两手相叠,一只手掌放在胸骨中央下二分之一处,另一只手放在前一只手的上面加强力量;将手掌根部放在伤员的胸骨下方、剑突之上。

(2)借自己身体的重量,以手掌根部用力向下作适度压陷,然后放松压力,让胸廓自行弹起;以每分钟60~80次的规律速度按压,向下按压和松开的时间必须相等;按压的间歇不再使胸部受压,便于心脏充盈;但手掌根不要抬起离开胸壁,以免改变按压的正确位置。

(3)抢救者的双臂应绷直,双肩应在伤员胸骨的正上方,上半身可向前倾斜,利用上半身的体重和肩、臂部肌肉度和宽度应够大;不然会使压迫心脏的力量减弱而减小了按压的作用。

(4)如伤员在钢丝床上,应在其背后垫一块硬板,其长度和宽度应够大,不然会使压迫心脏的力量减弱而减小按压的作用。

(5)对儿童伤员心脏按压要轻而快。只用一只手,试着力量进行,压力约为成人的二分之一左右,以每分钟80~100次的规律速度按压;若是幼儿,可用两个手指压迫,压力为儿童的二分之一,每分钟100~110次为妥。

3. 双人心肺复苏抢救法

双人心肺复苏法是指两人同时进行徒手操作,即一人进行心脏按压,另一个进行人工呼吸。

(1)双人抢救的效果要比单人进行的效果好。心脏按压速度为1min 60次。心脏按压与人工呼吸的比例为5:1,即5次心脏按压,1次人工呼吸,交替进行;每次操作中断时间最多不得超过5s。

(2)操作时由按压者数口诀:1下、2下、3下……,人工呼吸者打开伤员气道作准备,每当口诀数完第4下时,人工呼吸者开始深呼气,在按压者数完第5下松手时,深吸一口气,气体吹入肺内,可以看到伤员胸廓膨起。然后按压者按压5次,人工呼吸者吹气1次,如此反复进行。

(3)触摸伤员的手足,若温度略有回升时,则进一步检查颈动脉搏动,确定心跳开始后,立即停止心脏按压。为了防止心跳再次停止,必须一面注意观察,一面作再按压的准备。

4. 单人心肺复苏抢救法

(1)如遇伤员无呼吸时,应立刻对伤员进行口对口吹气两次,然后检查颈动脉,如脉搏存在,表明心脏尚未停搏,无须进行体个按压,仅做人工呼吸即可,按每分钟 12 次的频率进行吹气,同时观察伤员胸廓的起落。

(2)检查脉搏,如无搏动,则人工呼吸与心脏按压同时进行;抢救者计数 1、2、3、4、5…15 按压后,迅速倾斜头部,打开伤员气道的同时深吸气,捏紧患者鼻孔,快速吹气 2 次。然后再回到胸部,重新开始心脏按压 15 次,如此反复进行。

(3)单人进行心肺复苏抢救 1min 后,可通过看、听和感觉来判定有无呼吸。以后 4 ~ 5min 检查一次,中断时间最多不得超过 5s;一旦心跳开始,在立即停止心脏按压的同时,尽快把伤员送到医院继续诊治。

5. 指压止血法

血液是维持人生命的重要物质,当人受外伤,引起大出血,其出血量走过全身血量的四分之一,生命就会发生危险。指压止血法是指较大的动脉出血后,用拇指压住出血的血管上方(近心端),使血管被压闭住,中断血液。

(1)颞动脉压迫止血法:用于头顶及颞部动脉出血。用拇指或食指在耳前正对下颌关节处用力压迫。

(2)颌外动脉压迫止血法:用于肋部及颜面部的出血;用拇指或食指在下颌角前约半寸处,将动脉血管压于下颌骨上。

(3)颈总运动压迫止血法:常用在头、颈部大出血而采用其他止血方法无效时使用。方法是在气管外侧,胸锁乳深肌前缘,将伤侧颈动脉向后压于第五颈椎上,但禁止双侧同时压迫。

(4)锁骨下动脉压迫止血法:用于腋窝、肩部及上肢出血。用拇指在锁骨上凹摸到动脉跳动处,其余四指放在病人颈后,以拇指向下内方压向第一肋骨。

(5)肱动脉压迫止血法:用于手、前臂及上臂下部的出血。在病人上臂的前面或后面,用拇指或四指压迫上臂内侧动脉血管。

6. 包扎止血法

包扎止血法是指用绷带、三角巾、止血带等物品,直接敷在伤口或结扎某一部位的处理措施。

(1)加压包扎止血法:适用于小动脉、静脉及毛细血管出血。用消毒纱布垫敷于伤口后,再用棉团、纱布卷、毛巾等折成垫子,放在出血部位的敷料外面,然后用三角巾或绷带紧紧包扎起来,以达到止血目的。

(2)加垫屈肢止血法:在上肢或小腿出血,且没有骨折和关节损伤时,可采用屈肢加垫止血。如上臂出血,可用一定硬度、大小适宜的垫子放在腋窝,上臂紧贴胸侧,用三角巾、绷带或腰带固定胸部;如前臂或小腿出血,可在肘窝或腘窝加垫屈肢固定。

(3)止血带止血法:材料取弹性的橡皮管、橡皮带。上肢结扎于上臂上三分之一处,下肢结扎于大腿的中部。包扎时应先将伤肢抬高,底部垫上敷料或毛巾等软织物,将止血带适当拉长,绕肢体两周,在外侧打结固定。要标明扎止血带时间,每40min放松一次。

(4)一般小动脉和静脉出血可用加压包扎止血法;较大的动脉出血,应用止血带止血法;在紧急情况下,须先用压迫法止血,然后再根据出血情况改用其他止血法。

(5)如伤处有骨折时,须另加夹板固定;伤口内有碎骨或异物存在时,不得应用加压包扎止血法;用止血带止血,一定要握紧,如果扎得不紧,深部动脉仍有血液流出。

7. 绷带包扎法

用绷带包扎伤口,目的是固定盖在伤口上的纱布,固定骨折或挫伤,并有压迫止血的作用,还可以保护患处。

(1)环形法:多用于手腕部,肢体粗细相等的部位。先将绷带作环形重叠缠绕,每一圈环绕稍作斜状,第二、三圈作环形,并将第一圈之斜出一角压于环形圈内,最后用胶布将带尾固定,也可将带尾剪成两个头,然后打结。

(2)蛇形法:多用于夹板的固定。先将绷带按环形法缠绕数圈,按绷带的宽度作间隔斜着上缠或下缠。

(3)螺旋形法:多用于肢体粗细相同处。先按环形法缠绕数圈,上缠每圈盖住前圈三分之一处或三分之二呈螺旋形。

(4)螺旋反折法:多用于肢体粗细不等处。先按环形法缠绕,待缠到渐粗处,将每圈绷带反折,盖住前圈三分之一处或三分之二处,依此由下而上地缠绕。

(5)绷带不能打得过紧,也不能过松,不然后引起血液不良或松得固定不住纱布;打结时,不要在伤口上方,也不要在身体背后,以免睡觉时压住不舒服。在没有绷带而必须急救的情况下,可用毛巾、手帕、床单(撕成窄条)、长筒尼龙袜子等代替绷带包扎。

8. 三角巾包扎法

对较大创面、固定夹板、手臂悬吊等伤员,需应用三角巾扎法。

(1)普通头部包扎:先将三角巾底边折叠,把三角巾底边放于前额拉到脑后,相交后先打一半结,再绕至前额打结。

(2)风帽式头部包扎:将三角巾顶角和底边中央各打一结成风帽状。顶角放于额前,底边结放在后脑勺下方,包住头部,两角往面部拉紧向外反折包绕下颌。

(3)普通面部包扎:将三角巾顶角打一结,适当位置剪孔(眼、鼻处)。打结处放于头顶处,三角巾罩于面部,剪孔处正好露出眼、鼻;三角巾左右两角拉到颈后在前面打结。

(4)普通胸部包扎:将三角巾顶角向上,贴于局部,如系左胸受伤处,顶角放在右肩上,底边扯到背后在后面打结;再将左角拉到肩部与顶角打结;背部包扎与胸部包扎相同,位置相反,结打于胸部。

9. 骨折固定法

当发生骨折事故之后,为了使断骨不再加重对周围组织的损伤,减轻患者的疼痛和便于医生的诊治，在运送伤员去医院的途中，应进行必需的固定。

（1）肱骨骨折固定法：伤者手臂呈屈肘状，用两块夹板固定，一块放于上臂内侧，另一块放在外侧，用绷带固定。如只有一块夹板，则夹板放在外侧加以固定，用三角巾悬吊伤肢。

（2）大腿骨折固定法：将伤腿拉直，夹板长度上至腋窝，下边脚跟。两块夹板放于大腿内、外侧，用绷带或三角巾缠绕固定。

（3）脊柱骨折固定法：严禁乱加搬动，应轻巧平稳地在保持脊柱安定状况下，移至硬板担架，用三角巾固定后，及早送往医院。切勿扶持伤者走动或使用软担架运送，以免脊柱骨折加重，引起终生截瘫。

（4）骨折处有出血时应先止血和消毒包扎伤口，然后固定。对于大腿、小腿和脊椎骨折，一般应就地固定，不要随便移动伤者。

（5）固定力求稳妥牢固，要固定骨折的两端和上下两个关节。上肢固定时，肢体要弯着绑屈肘状；下肢固定时，肢体要伸直绑。

第十二章　出租汽车行业管理

第一节　出租汽车行业管理的意义及必要性

一、出租汽车行业管理的意义及必要性

出租汽车驾驶员的素质是决定出租汽车行业服务质量和管理水平的根本性因素。

出租汽车已成为人民群众出行的重要方式之一，在方便人民群众出行、促进经济社会发展等方面发挥了积极作用，行业中也涌现了一批见义勇为、热心公益的优秀驾驶员，得到了社会的好评。但是，出租汽车行业由于从业人员流动性强，准入“门槛”相对较低，监管力度不足、使得少数驾驶员服务意识差，无故拒载、故意绕行、随意拼客或倒客、语言不文明等行为时有发生，直接影响了出租汽车行业的服务质量，损害了出租汽车行业的形象。

因此，2008 年，交通运输部接手指导出租汽车管理工作职责后，就开始着手研究建立并完善出租汽车驾驶员从业资格管理制度。

2011 年 10 月至 11 月，国务院法制办就《出租汽车驾驶员从业资格管理规定》（以下简称《规定》）向社会公开征求意见。根据公开征求意见情况再对《规定》进行修改完善后，于 2011 年 12 月 8 日经第 12 次交通运输部部务会议审议通过，于 2011 年 12 月 26 日以交通运输部令 2011 年第 12 号正式公布，自 2012 年 4 月 1 日起施行。

出租汽车驾驶员从业资格管理制度的建立，对加强出租汽车驾驶员的资格管理，全面提升出租汽车驾驶员服务技能和服务水平，推动出租汽车行业规范健康发展，具有十分重要的意义，具体体现在以下 3 个方面。

1. 保证服务质量的需要

出租汽车既是城市的“窗口”行业，又是服务性行业，直接反映城市的管理水平和文明程度。建立出租汽车驾驶员从业资格制度是提升从业人员素质、保证行业服务质量的重要抓手。

2. 保证运营安全的需要

加强对出租汽车驾驶员的管理是保证乘客生命财产安全的第一道关口。建立出租汽车驾驶员从业资格制度，是落实驾驶员的安全培训、安全教育和各项安全管理制度的保障。出租汽车驾驶员必须通过出租汽车行业相关法律法规、职业道德、服务规范、安全运营、经营区域的人文地理和交通路线等知识的测试，并具备相应从业条件后才能申请从业资格证件。取得从业资格证件并办理注册后，方可从事出租汽车客运服务。

3. 规范行业发展的需要

建立出租汽车驾驶员从业资格制度是加强出租汽车行业管理、促进行业健康规范发展的重要手段，是市场经济条件下政府依法管理从业人员、规范从业行为、提高从业人员职业能力和水平、强化职业道德意识、维护公众利益的重要制度。这项制度已成为政府开发人力资源、规范市场主体行为、建立市场诚信体系的重要途径和手段。

出租汽车行业管理是政府部门为规范出租汽车市场秩序，保障出租汽车运营安全，提高出租汽车服务质量，维护乘客、经营者和从业人员的合法权益，对出租汽车行业进行的行政管理。出租汽车驾驶员应自觉规范服务行为，为出租汽车行业发展做出应有贡献。

二、国务院和交通运输部对出租汽车行业发展极为重视

为了解决出租汽车行业存在的问题，国务院制定了一系列文件：《国务院对确需保留的行政审批项目设定行政许可的决定》（国务院令 2004 年第 412 号）、《国务院办公厅关于进一步规范出租汽车行业管理有关问题的通知》（国办发[2004]81 号）、《关于印发〈出租汽车服务质量信誉考核办法（试行）〉的通知》（交运发[2011]463 号）和《出租汽车服务》（GB/T 22485—2008）等。其中《国务院对确需保留的行政审批项目设定行政许可的决定》第 112 项保留了“出租汽车经营资格证、车辆运营证和驾驶员客运资格证核发”的行政许可。并规定由县级以上地方人民政府出租汽车行政主管部门具体实施。

三、出租汽车行业管理

（一）出租汽车客运服务的性质

出租汽车客运服务从服务性质上看，属于道路运输经营的一种形式。由于各种原因。《中华人民共和国道路运输条例》（简称《道路运输条例》）主要对道路运输经营（包括站场经营、机动车维修经营、机动车驾驶员培训）进行了规定。《道路运输条例》第八十二条规定“出租汽车客运和城市公共汽车客运的管理办法由国务院另行规定”。以此为依据制定的《道路运输从业人员管理规定》（交通部令 2006 年第 9 号），对道路运输从业人员界定为六大类，分别为经营性道路客货运输驾驶员、道路危险货物运输从业人员、机动车维修技术人员、机动车驾驶培训教练员、道路运输经理人和其他道路运输从业人员。

从业资格制度包括考试、注册、继续教育和从业资格证件管理制度。

（二）建立的出租汽车驾驶员从业资格制度体系

在借鉴国外先进经验和综合考虑我国实际情况的基础上，本《规定》建立的出租汽车驾

驶员从业资格制度体系，体现了三点要求：

1. 强化准入管理

加强出租汽车驾驶员从业资格考试管理，设定全国公共科目和区域科目考试，实行全国统一考试大纲，使用全国统一的考试系统。申请人符合《规定》的条件并通过从业资格考试，方可取得从业资格证件，持证上岗。

2. 加强动态管理

结合各地管理实际，实行注册管理和继续教育。取得从业资格证并办理注册手续后，纳入从业人员动态管理的范畴、通过继续教育建立定期培训机制，解决"一考定终身"、从业人员素质难以得到有效提升等问题。

3. 建立提出机制

将注册管理、继续教育与《出租汽车服务质量信誉考核办法（试行）》挂钩，以出租汽车驾驶员的从业行为、服务质量和考核成绩为依据，建立退出机制，逐步实现出租汽车驾驶员队伍的优胜劣汰。

第二节　从业资格管理的内容

一、从业资格管理目的和原则

《规定》目的在于规范出租汽车驾驶员从业行为，提升出租汽车客运服务水平，出租汽车驾驶员的从业资格管理适用本规定。出租汽车驾驶员从业资格管理工作应当公平、公正、公开和便民。

在出租汽车驾驶员从业资格管理体制上，实行以地方管理为主、行业指导的管理模式。交通运输部负责指导全国出租汽车驾驶员从业资格管理工作，县级以上交通运输主管部门负责组织领导，县级以上道路运输管理机构（含出租汽车管理机构）具体实施从业资格管理工作。

二、从业资格制度体系

出租汽车驾驶员从业资格管理包括从业资格考试、注册、继续教育和从业资格证件管理。出租汽车驾驶员必须经过考试取得从业资格，并进行注册后，方可从事出租汽车客运服务。

考试制度主要解决出租汽车驾驶员的入门问题，把好资格准入关；注册制度主要解决出租汽车驾驶员一次考试终身有效问题，把好动态管理关；继续教育制度主要解决出租汽车驾驶员知识更新问题，强化运营服务安全知识，把好素质提升关；从业资格证件管理制度主要解决出租汽车驾驶员从业管理问题，把好监督管理关。

三、从业资格考试制度

（一）考试科目及内容

出租汽车驾驶员从业资格考试包括全国公共科目和区域科目考试，实行全国统一考试大纲。全国公共科目考试是对国家出租汽车法律法规、职业道德、服务规范、安全运营等具有普遍规范要求的知识测试；区域科目考试是对地方出租汽车政策法规、经营区域、人文地理和交通路线等具有区域服务特征的知识测试。

全国公共科目考试题库由交通运输部负责编制；区域科目考试题库由设区的市级道路运输管理机构在省级道路运输管理机构指导下编制，直辖市所属区域科目考试题库由直辖市所属省级道路运输管理机构负责编制。

（二）组织形式

（1）出租汽车驾驶员从业资格考试由设区的市级道路运输管理机构组织实施。

（2）设区的市级道路运输管理机构对符合条件的申请人，按照从业资格考试工作规范及时安排考试。

首次参加出租汽车驾驶员从业资格考试的申请人，全国公共科目和区域科目考试在首次申请考试的区域完成。

（三）考试报名条件

（1）取得相应的机动车驾驶证 3 年以上。

（2）近 3 年内无重大以上且负同等以上责任的交通事故。

（四）考试报名程序

拟从事出租汽车客运服务的驾驶员，应当向所在地设区的市级道路运输管理机构申请参加出租汽车驾驶员从业资格考试。填写《出租汽车驾驶员从业资格证申请表》，并提交符合考试报名条件的相应证明材料：

（1）机动车驾驶证及复印件。

（2）有关部门或者单位出具的 3 年内无重大以上且负同等以上责任的交通事故记录证明。

（3）身份证明及复印件。

（五）考试成绩及有效期

设区的市级道路运输管理机构应当在考试结束 10 日内公布考试成绩。考试合格成绩的有效期为 3 年。

公共科目考试成绩在全国范围内有效，区域科目考试成绩在所在地行政区域内有效。

（六）发证

出租汽车驾驶员从业资格考试公共科目和区域科目考试均合格的，由设区的市级道路运输管理机构自公布考试成绩之日起 10 日内核发《中华人民共和国道路运输从业人员从业资格证》。

出租汽车驾驶员到从业资格证发证机关核定的范围外从事出租汽车客运服务的，应当参加当地的区域科目考试。区域科目考试合格的，由当地设区的市级道路运输管理机构核发从业资格证。

四、从业资格注册制度

(一)注册要求

取得从业资格证的出租汽车驾驶员，应当经道路运输管理机构从业资格注册后，方可从事出租汽车客运服务。

出租汽车经营者应当聘用取得从业资格证的出租汽车驾驶员，并在出租汽车驾驶员办理从业资格注册后再安排上岗。

(二)注册条件和程序

(1)申请从业资格注册或延续注册的出租汽车驾驶员，应当受聘于出租汽车经营者，填写《出租汽车驾驶员从业资格证注册登记表》，持其从业资格证及与出租汽车经营者签订的劳动合同或者聘用协议或者经营合同，到发证机关所在地的市、县级道路运输管理机构申请注册。

(2)个体出租汽车经营者自己驾驶出租汽车从事经营活动的，持其从业资格证及车辆道路运输证申请注册。

(三)注册有效期

注册有效期为 3 年。注册有效期届满需继续从事出租汽车客运服务的，应在有效期届满前 30 日内，向所在地市、县级道路运输管理机构申请延续注册。

(四)延续注册

出租汽车驾驶员有下列情形之一的，不予延续注册：

(1)不具有完全民事行为能力的。

(2)受到刑事处罚且刑事处罚尚未执行完毕的。

(五)重新注册和注销注册

(1)出租汽车驾驶员变更服务单位的，应当重新申请注册。

(2)出租汽车驾驶员在从业资格注册有效期内，与出租汽车经营者解除劳动合同、聘用协议或者经营合同的，应当在 20 日内向原注册机构报告，并申请注销注册。

五、继续教育制度

(一)继续教育周期和学时

出租汽车驾驶员在注册期内应当按规定完成继续教育。

(1)继续教育周期为 3 年，自从业资格注册之日起计算。出租汽车驾驶员在每个连续计算的继续教育周期内，应当接受不少于 54 学时的继续教育。

(2)出租汽车驾驶员累计注册时间满 3 年的，也应当接受不少于 54 学时的继续教育。取得从业资格证超过3年未申请注册的，注册后应当在1年内完成不少于27学时的继续教育。

（二）继续教育形式

（1）继续教育以具有一定规模的出租汽车企业为主组织实施。出租汽车驾驶员以接受出租汽车企业组织并经市、县级道路运输管理机构备案的继续教育为主。

（2）对于不具备条件的出租汽车企业和个体出租汽车驾驶员的继续教育工作，由其他继续教育机构承担。

（三）继续教育内容

交通运输部统一制定出租汽车驾驶员继续教育大纲并向社会公布。继续教育大纲内容包括出租汽车相关政策法规、社会责任和职业道德、服务规范、安全运营和节能减排知识等。

（四）继续教育确认及记录

出租汽车驾驶员完成继续教育后，由出租汽车经营者向所在地市县道路运输管理机构报备，道路运输管理机构在出租汽车驾驶员从业资格证中予以记录。

六、从业资格证件及档案管理

（一）从业资格证件及档案

（1）出租汽车驾驶员从业资格证由交通运输部统一制发并制定编号规则。设区的市级道路运输管理机构负责从业资格证的发放和管理工作。

《规定》实施前已取得出租汽车驾驶员从业资格的，可在原证件有效期内申请换发新的从业资格证，并按规定进行注册。

（2）市县级道路运输管理机构应当根据从业资格证核发情况，建立出租汽车驾驶员从业资格管理档案。档案内容包括：从业资格考试申请材料、从业资格证申请、注册及补（换）发记录，违法行为记录、交通责任事故情况、继续教育记录和服务质量信誉考核结果等。

（二）从业资格证换证和补证

（1）出租汽车驾驶员从业资格证遗失、毁损的，应当到原发证机关办理证件补发手续。出租汽车驾驶员办理从业资格证换发、补发手续，应当填写《出租汽车驾驶员从业资格证换（补）发登记表》。道路运输管理机构应当对符合要求的从业资格证换发、补发申请予以办理。

（2）申请人违反相关从业资格管理规定且尚未接受处罚的，受理机关应当在其接受处罚后换发、补发相应的从业资格证。

（三）从业资格证注销

出租汽车驾驶员有下列情形之一的，由发证机关注销其从业资格证。从业资格证被注销的，应当及时收回；无法收回的，从业资格证公告作废。

（1）持证人死亡的。

（2）持证人申请注销的。

（3）持证人达到法定退休年龄的。

(4)持证人机动车驾驶证被注销或者被吊销的。

(5)因身体健康等其他原因不宜继续从事出租汽车客运服务的。

(四)从业资格证撤销

出租汽车驾驶员有下列不具备安全条件情形之一的,由发证机关撤销其从业资格证:

(1)持证人身体健康状况不再符合有关机动车驾驶员和相关从业要求且没有主动申请注销从业资格的。

(2)发生重大以上且负同等以上责任的交通事故的。

被撤销的从业资格证应当由发证机关公告作废并登记归档。

七、从业行为管理

(一)出租汽车驾驶员在从事出租汽车客运服务中,应遵循以下从业行为规定

(1)在从事出租汽车客运服务时,应当携带从业资格证。

(2)不得转借、出租、涂改、伪造或者变造从业资格证。

(二)出租汽车驾驶员在运营过程中,应当遵纪守法、文明行车、优质服务

出租汽车驾驶员不得有拒载、议价、途中甩客、故意绕道行驶等行为。出租汽车驾驶员有上述违法行为的,应当加强继续教育;情节严重的,道路运输管理机构应当对其延期注册。

(1)出租汽车经营者应当维护出租汽车驾驶员的合法权益,为出租汽车驾驶员从业资格注册、继续教育等提供便利;

(2)市、县级道路运输管理机构应当加强对出租汽车驾驶员的从业管理,将其违法行为记录等作为服务质量信誉考核的依据。

八、法律责任

出租汽车驾驶员违反《出租汽车驾驶员从业资格管理规定》有关规定的,应负相应的法律责任。违反规定行为及处罚标准,见表12-1。

违反规定行为及处罚标准　　表12-1

<table>
<tr><th>序号</th><th>违法行为</th><th>处罚标准</th></tr>
<tr><td>1</td><td>未取得从业资格证或超出从业资格证核定范围,驾驶出租汽车从事经营活动的</td><td rowspan="3">县级以上道路运输管理机构责令改正,并处200元以上2000元以下的罚款</td></tr>
<tr><td>2</td><td>使用失效、伪造、变造的从业资格证,驾驶出租汽车从事经营活动的</td></tr>
<tr><td>3</td><td>转借、出租、涂改从业资格证的</td></tr>
<tr><td>4</td><td>不按照规定携带从业资格证的</td><td rowspan="3">县级以上道路运输管理机构责令改正,并处50元以上200元以下的罚款</td></tr>
<tr><td>5</td><td>未办理注册手续驾驶出租汽车从事经营活动的</td></tr>
<tr><td>6</td><td>拒载、议价、途中甩客或者故意绕道行驶的</td></tr>
</table>

第三节　出租汽车服务质量信誉考核

诚信经营、文明服务是对出租汽车驾驶员的必然要求，也是社会对出租汽车行业的基本要求。实行出租汽车驾驶员服务质量信誉考核，规范服务质量信誉考核程序和要求，是加强出租汽车驾驶员从业管理，完善驾驶员诚信体系，加强出租汽车服务监督与管理的重要内容，对于推进出租汽车企业完善管理制度、加强内部管理，提高出租汽车驾驶员队伍总体素质，提升服务水平，改善行业形象，进一步加强出租汽车行业指导具有重要意义。

一、考核目的

出租汽车驾驶员服务质量信誉考核是指在一定的考核周期内，对驾驶员在出租汽车服务中遵纪守法、安全生产、经营行为和运营服务等方面的综合评价。其目的是规范出租汽车驾驶员的服务行为，建立完善出租汽车驾驶员诚信体系，提升出租汽车服务水平。

二、服务质量信誉考核等级

（一）服务质量信誉考核等级

考核等级分为优良、合格、基本合格和不合格，分别用 AAA 级、AA 级、A 级和 B 级表示。

（二）服务质量信誉考核内容

1. 遵守法规

遵守法规是指遵守相关法律、法规、规章等情况。出租汽车驾驶员应当遵守国家的有关法律法规等，包括《中华人民共和国道路交通安全法》、《出租汽车驾驶员从业资格管理规定》等出租汽车管理法规规章、出租汽车服务规范以及出租汽车规范性文件等。对于擅自驾驶未取得出租汽车道路运输证的车辆、转让从业资格证、允许无从业资格证的人员驾驶出租汽车、私自改装或者调整计价器、拒绝接受依法实施的检查、违反法律法规规定、参与影响社会公共秩序、损害社会公众利益等停运事件、等级签注弄虚作假等，应按规定扣分。

2. 安全生产

安全生产是指参加教育培训和发生交通责任事故等情况。驾驶员是出租汽车安全生产过程中最主要的因素，在对驾驶员安全考核评分设置中，重点关注两个方面：

（1）驾驶员在考核周期内是否定期接受了企业或第三方的安全教育培训；

（2）在考核周期内的经营活动中，是否发生较为严重的交通事故，且公安交管部门认定，负有同等或主要责任的。

3. 经营行为

经营行为是指影响出租汽车服务质量的重要因素。对驾驶员经营行为的考核评分设置，重点关注两个方面：

(1)是否存在超速、抢道、闯红灯、乱停车等交通违法行为;

(2)是否存在拒载、故意绕道、甩客、强行拼客、擅自改变从业资格证件记录、不携带消防器材、运营设备不能正常使用、不按计价器收费、议价(包车服务除外)、违规停放车辆、违规候客揽客、不支付发票、未按规定设置经营标志等经营违法行为。

4. 运营服务

运营服务是指文明优质服务、维护乘客权益、乘客投诉等情况。运营服务能够直接反应驾驶员的服务质量和服务水平。驾驶员运营服务考核评分设置,重点关注 4 个方面:

(1)驾驶员是否为乘客提供了文明优质服务,具体包括车容车貌、服务仪容、服务用语和行为举止;

(2)驾驶员在服务过程中是否维护乘客权益,是否有救死扶伤、拾金不昧的行为;

(3)在运营过程中,驾驶员是否正确处理与乘客的纠纷;

(4)驾驶员是否积极参与社会公益活动等。

(三)服务质量信誉考核周期及计分标准

(1)实行基准分值为 20 分的计分制,另外加分分值为 10 分。

(2)计分周期为 12 个月,从初次领取从业资格证件之日起计算。

取得从业资格证件但在考核周期内未注册在岗的,不参加服务质量信誉考核的。

(3)违反服务质量信誉考核指标的,一次扣分分值分别为:1 分、3 分、5 分、10 分、20 分共 5 种。扣至 0 分为止。

(4)出租汽车驾驶员有见义勇为、救死扶伤、拾金不昧等先进事迹的,道路运输管理机构应给予相应加分奖励。加分累计不得超过 10 分。

三、服务质量信誉考核等级评定标准

(一)出租汽车驾驶员服务质量信誉考核等级评定标准

(1)考核周期内综合得分为 20 分及以上的,考核等级为 AAA 级;

(2)考核周期内综合得分为 11 ~ 19 分的,考核等级为 AA 级;

(3)考核周期内综合得分为 1 ~ 10 分的,考核等级为 A 级;

(4)考核周期内综合得分为 1 ~ 10 分的,考核等级为 B 级。

(二)出租汽车驾驶员考核等级

在考核周期内注册在岗时间少于 6 个月的,其服务质量信誉考核等级最高为 AA 级。

驾驶员若仅从事不足 6 个月的出租汽车客运服务,不能充分反映驾驶员的服务质量信誉,限制其服务质量信誉考核等级有利于公平评价整个考核周期内驾驶员的从业表现,鼓励驾驶员爱岗敬业,稳定从业队伍。

(三)出租汽车驾驶员服务质量信誉考核计分标准(见表 12-2)

考核计分标准见下表,该评分标准为出租汽车驾驶员服务质量信誉考核工作参考的依据。各省、市交通运输主管部门可按照本地区有关规定制定具体的评分细则。

出租汽车驾驶员服务质量信誉考核实行基准分值为 20 分的计分制，设有扣分和加分两种情形。扣分主要是针对出租汽车驾驶员相关违法违规行为的情况，根据评分标准对其基准分值进行相应的扣除。根据出租汽车驾驶员违法违规的严重程度，扣分分值设置为 1 分、3 分、5 分、10 分和 20 分。为鼓励引导出租汽车驾驶员诚信优质服务，对出租汽车驾驶员见义勇为、救死扶伤、拾金不昧等行为，设立了加分项目。根据好人好事、先进事迹的程度，加分分值设置为 1 分、3 分、5 分和 10 分。

出租汽车驾驶员服务质量信誉考核计分标准　　表 12-2

扣分、加分项目	评 分 标 准
出租汽车驾驶员有所列情形之一的，扣 20 分	在出租汽车经营活动中，发生交通事故致人死亡且负同等或主要责任的
	驾驶未取得出租汽车道路运输证的车辆，擅自从事出租汽车经营活动的
	出租或者转让出租汽车驾驶员从业资格证件的
	将出租汽车交给无从业资格证件的人员驾驶，并从事出租汽车经营活动的
	私自改装、调整计价器造成计费失准的
	拒绝接受依法检查的
	违反法律法规，参与影响社会公共秩序、损害社会公众利益等停运事件的
	本次考核过程中或者上一次考核等级签注后，发现有弄虚作假或者隐瞒诚信考核相应情况，且情节严重的
出租汽车驾驶员有所列情形之一的，扣 10 分	在出租汽车经营活动中，发生交通事故致人受伤且同等或主要责任的
	擅自涂改、伪造、变造出租汽车从业资格证件上相关记录的
	无正当理由拒载的
	运营途中无正当理由擅自中断服务的
	不积极配合处理乘客投诉或者纠纷的
出租汽车驾驶员有所列情形之一的，扣 5 分	接受预约服务而未前往载客的
	未经乘客同意，故意绕道的
	未经乘客同意，强行合乘的
	未按规定随车携带有效消防器材的
	计价器、空车待租标志、车载卫星定位系统等车载运营设备不能正常使用而继续运营的
	不按计价器显示金额收费的
	在公示的营业站区未按规定停放车辆、候客、揽客的
	不给付乘客专用发票的
出租汽车驾驶员有所列情形之一的，扣 3 分	驾驶未按照规定安装、设置、喷涂、张贴出租汽车经营标准（标志灯、企业标志、价格标签和监督电话号码等）的车辆，从事出租汽车经营活动的
	车容车貌不整洁的
	不按规定着装、仪容仪表不整的
	向车外抛物、吐痰或在车内抽烟的
	使用服务忌语的

续上表

扣分、加分项目	评分标准
出租汽车驾驶员有所列情形之一的,扣1分	未按规定携带出租汽车从业资格证件,从事出租汽车经营活动的
	未按规定放置出租汽车服务监督卡等标志,从事出租汽车经营活动的
	不按乘客意愿使用音响和空调等设施设备的
出租汽车驾驶员有所列情形之一的,加5分或10分	有见义勇为、救死扶伤等先进事迹的
	有拾金不昧行为的
出租汽车驾驶员有所列情形之一的,加3分	有协助查处违法行为的
出租汽车驾驶员有所列情形之一的,加1分	有积极参加抢险救灾、义务服务等社会公益活动行为的

1. 关于扣20分的评分标准

第1种情形规定了两个条件:

(1)必须在实际出租汽车经营活动中;

(2)发生了交通事故致人死亡,且发生事故的出租汽车驾驶员在交通事故责任认定中负同等以上责任。

第2种情形:

(1)要按照打击出租汽车非法运营的有关要求,予以相应的行政处罚;

(2)对已取得从业资格从事非法运营的出租汽车驾驶员,予以相应的计分处理。

第3种情形,是对出租或者转让证件的计分规定。出租汽车驾驶员从业资格证是表明持证人具备从事出租汽车经营活动资格的有效证件,是道路运输管理机构赋予该持证人合法从业的有效凭证,严禁出租或者转让。

第4种情形认定的重要标准是出租汽车驾驶员是否将出租汽车交给无从业资格证的人员并从事实际运输经营活动。

第5种情形是对私调、改装计价器的计分规定。计价器是出租汽车经营活动过程中的重要计量器具,由国家质量技术监督管理部门实行强制检定的设备。私自改装、调整计价器,会造成计费失准,是弄虚作假、欺骗乘客的严重违法行为。

第6种情形是对拒绝接受依法检查的计分规定。道路运输管理机构依法实施监督检查,既是规范出租汽车市场经营秩序、促进行业健康发展的重要保障,也是保护出租汽车驾驶员合法权益的重要手段。出租汽车驾驶员应当接受道路运输管理机构依法实施的监督检查。

2. 关于扣10分的评分标准

第1种情形中规定了两个条件:

(1)必须在实际出租汽车经营活动中;

(2)发生了交通事故致人受伤,且发生事故的出租汽车驾驶员在交通事故认定中负同等以上责任。

第5种情形中规定:“不积极配合处理乘客投诉或者纠纷”,指乘客投诉后24h内未回复或乘客投诉后10日内未作处理。

3. 关于扣5分的评分标准

第3种情形中所称“强行合乘”是指未经乘客同意,出租汽车驾驶员为了自身利益或他人利益安排其他乘客或人员共同乘坐一辆出租汽车的行为。“强行合乘”已经损害乘客的合法权益,并且与乘客同意合乘的行为有本质性区别。

4. 关于扣3分的评分标准

第1种情形是根据出租汽车服务设施中对于服务标志要求设定的计分规定。出租汽车车身应当采用当地出租汽车主管部门规定的标志色,在出租汽车车顶上安装标志灯,在车身上喷涂企业识别标记,并在规定位置喷涂或张贴价格标准和服务监督电话等。

第2种情形所称“车容车貌”,主要是对出租汽车车身、车内等的规范和要求,应当保持整洁、卫生。

第3、4种情形,是出租汽车驾驶员服务仪容的计分规定。出租汽车驾驶员应做到精神饱满、端庄大方、举止文明、礼貌待客。应当按着装整洁,正确佩戴服务标志。运营过程中,不得光腿、赤足,不得在车内吸烟,不得向车外抛物、吐痰。

第5种情形,是对服务用语的计分规定。出租汽车驾驶员应当正确使用服务用语。服务用语应规范准确,文明礼貌。在运营服务过程中,禁止使用服务忌语,使用服务忌语的,应当进行相应扣分。

5. 关于扣1分的评分标准

出租汽车驾驶员在运营服务过程中,应当随身携带从业资格证件,持证上岗,证照齐全。服务证件应当放置在出租汽车管理部门规定的位置。在行驶途中,应当按照乘客意愿使用音响和空调。

6. 关于奖励加分的评分标准

考虑到见义勇为、救死扶伤等先进事迹的具体情况不同,允许根据实际情况酌情加分。主要目的是要交通运输管理部门、企业和驾驶员形成合力,共同打击违法行为,维护市场秩序。

四、服务质量信誉考核组织、实施、签注程序

(一)服务质量信誉考核工作

服务质量信誉考核工作由当地道路运输管理机构组织实施,每年进行一次。

(二)服务质量信誉考核工作的时间

(1)出租汽车驾驶员应当在服务质量信誉考核周期届满后30日内,持本人的从业资格证件到当地道路运输管理机构签注服务质量信誉考核等级。

(2)出租汽车驾驶员服务质量信誉考核是从业资格动态管理的重要形式,是针对出租汽车驾驶员从业期间相关从业行为开展的动态考核,具有周期性特征。因此,出租汽车驾驶员一个考核周期届满,经签注服务质量信誉考核等级后,该考核周期内的扣分与加分予以清除,不转入下一个考核周期。

(3)出租汽车驾驶员在考核周期内综合得分计至0分的,应当在计至0分之日起15日内,到从业资格管理档案所在地有培训资格的机构,接受不少于18个学时的出租汽车法规、职业道德和安全意识等培训,并凭培训证明到道路运输管理机构办理清除计分手续。

(4)道路运输管理机构应当审核并收存培训证明,在驾驶员从业资格证件上标注培训起止时间,并录入出租汽车驾驶员数据库,清除培训前的扣分和加分。在本次服务质量信誉考核周期内,出租汽车驾驶员服务质量信誉考核等级为B级。

五、服务质量信誉考核档案

市县道路运输管理机构、出租汽车企业应当分别建立出租汽车驾驶员服务质量信誉档案。出租汽车驾驶员服务质量信誉档案应当包括下列内容:

(一)基本情况

包括出租汽车驾驶员的姓名、性别、身份证号、住址、联系电话、服务单位、初领驾驶证日期、准驾车型、从业资格证号、从业资格证件领取和变更记录等情况以及培训教育等情况。

(二)遵守法规情况

包括查处出租汽车驾驶员违法行为等情况。

(三)安全生产情况

包括所发生交通责任事故的时间、地点、死伤人数、经济损失等情况以及交通事故责任认定和处理等情况。

(四)经营服务情况

包括乘客投诉、媒体曝光的服务质量事件等情况。

六、服务质量信誉考核奖惩

(一)公开出租汽车驾驶员服务质量信誉考核等级

市县道路运输管理机构应当在服务监督卡上标注出租汽车驾驶员服务质量信誉考核等级。

将出租汽车驾驶员服务质量信誉考核结果主动向社会公开,有利于规范出租汽车经营行为,建立完善出租汽车行业诚信体系是提升出租汽车服务水平的重要手段。在服务监督卡上公示驾驶员服务质量信誉考核结果,是与广大乘客最贴近、最直接、最有效的公开手段,有利于驾驶员主动接受乘客的监督,并激励个人优质服务、诚信经营,以高等级的服务质量信誉考核结果赢得社会的赞誉和认可。

(二)表彰奖励

市县道路运输管理机构要鼓励出租汽车企业以及相关社团组织对服务质量信誉考核等级为AAA级及有较高奖励分值的出租汽车驾驶员进行表彰奖励,以在出租汽车行业形成人人争先进的风气。

(三)质量信誉考核等级为B级的出租汽车驾驶员的教育和管理

出租汽车企业应当加强对服务质量信誉考核等级为B级的出租汽车驾驶员的教育和管理。

(四)出租汽车驾驶员有下列情形之一的,市县道路运输管理机构应当将其列入不良记录名单

(1)在考核周期内服务质量信誉考核综合得分为0分,且未按照规定参加培训的。

(2)连续两个考核周期服务质量信誉考核等级均为B级的。

(3)在一个考核周期内累积综合得分有两次以上为0分的。

(4)无正当理由超过规定时间,未签注服务质量信誉考核等级的。

(5)发生其他严重违法行为或服务质量事故的。

县级以上道路运输管理机构应当建立不良记录驾驶员名单数据库,并加强对不良记录驾驶员的培训教育和管理。

七、服务质量信誉考核的信息查询及异议处理

(一)建立完善出租汽车服务质量信誉公共信息平台

市县道路运输管理机构应当建立完善出租汽车服务质量信誉公共信息平台,及时公布出租汽车企业和驾驶员服务质量信誉考核结果以及下一次签注驾驶员服务质量信誉考核时间等信息,方便社会各界查询。

省级道路运输管理机构应当在本机构网站或本级交通运输主管部门网站上公布上一年度出租汽车企业服务质量信誉考核结果,并在网站上建立查询系统。

(二)加强出租汽车市场监管

市县道路运输管理机构应当加强出租汽车市场监管,建立出租汽车企业、驾驶员服务质量信誉信息收集制度。

市县道路运输管理机构应当通过信息系统及时记录和更新企业、驾驶员服务质量信誉信息,并建立与其他部门的信息共享机制。

(三)质量信誉考核信息变更

对出租汽车驾驶员服务质量信誉考核信息有异议的,可以向市县道路运输管理机构进行举报。经核实举报属实的,应对驾驶员服务质量信誉考核信息予以变更。

(四)鼓励第三方机构参与质量信誉考核工作

鼓励行业协会等第三方机构参与出租汽车服务质量信誉考核工作。

第四节　出租汽车行业精神文明建设

一、出租汽车行业文明创建工作的重要性

目前，我国出租汽车行业的发展面临着一些问题和挑战，在科学管理、规范经营、职工素质和服务水平方面，与不断提高的城市经济发展水平和人民群众日益增长的需求还存在一定差距。深入开展精神文明创建活动，全面提升出租汽车行业文明程度，是巩固扩大已有工作成果、克服并解决薄弱环节的一项重要举措。因此，交通运输部、全国总工会在全国出租汽车行业开展了精神文明创建活动。

出租汽车驾驶员是精神文明创建活动的主体，要保持出租汽车行业文明创建工作的长效性，关键是树立出租汽车驾驶员行业文明创建的主人翁精神，提高出租汽车驾驶员文明创建的积极性、主动性。要紧密结合行业及地方实际，突出特色，创新载体，开展形式多样、内容丰富的行业文明创建活动。

二、出租汽车行业文明创建工作措施

（一）各级交通部门提高出租汽车行业精神文明创建工作的认识

各级交通部门要充分提高出租汽车行业精神文明创建工作的认识，把出租汽车行业精神文明创建工作纳入重要工作日程，常抓不懈。

（二）文明出租汽车企业和优秀驾驶员将登报明示，挂牌戴星

各旗、县、市要开展文明驾驶员、星级驾驶员、文明出租汽车、文明出租汽车队、文明出租汽车企业等评选表彰活动，建立完善醒目的文明先进标志，调动广大出租汽车企业和出租汽车驾驶员参与创建活动的积极性，培养职工强烈的荣誉感，树立正确的价值导向，使创建活动成为企业和驾驶员的主动需求。乌兰浩特市运输管理和出租汽车管理部门每年都表彰一批文明出租汽车企业和优秀驾驶员，起到很好的推动作用。

（三）措施有效，形成机制

各旗、县、市要建立健全创建活动工作机制、考核机制和奖励机制，加强督促检查和考核评议。制定严格的经营行为规范和文明服务标准，广泛开展职业道德实践活动。制定工作计划，明确创建目标，将创建责任分解到具体岗位和人员。将把评选表彰结果作为出租汽车经营权配置的重要依据，形成长效机制。

（四）加强市场监管，规范经营行为

深入开展出租汽车行业“安全行车、文明运营”专项教育整治活动，引导驾驶员遵守社会公德，集中整改出租汽车“脏、乱、差”和拒载、宰客、拼客等突出问题，杜绝强超、强会及超速行驶、乱停乱放等违法行为；加强出租汽车驾驶员从业资格培训和教育，从仪表文明、环境文

明、行车文明、服务文明做起，革除不文明陋习，注重服务细节，为广大群众出行提供优质高效服务。

设立网上行业风气举报邮箱，聘请基层干部群众担任“网上行业风气监督员”。

（五）抓住重点，破解难题

针对驾驶员在服务能力和文明素质方面存在的突出问题，强化业务培训，大力加强驾驶员的职业道德和行为规范建设，使驾驶员做到使用文明用语、文明行车、车容整洁、仪表端庄、诚信经营，不断提升文明素质和服务能力。

（六）精神文明创建工作与行业管理、经营管理工作相结合

精神文明创建工作与行业管理、经营管理工作同时部署、同期实施、同步监督。政府管理部门组织出租汽车企业以及工会、协会等组织，对现有的管理体制和方式进行深入研究，总结经验，吸取教训，进一步完善出租汽车行业管理体制和运行机制，包括利益分配机制。

（七）宣传典型，形成良好风气

组织新闻媒体和网站大力宣传出租汽车行业文明创建的先进经验和先进典型，在出租汽车行业形成良好的风气，促进出租汽车行业健康发展。

参 考 文 献

[1] 交通运输部职业资格中心. 出租车驾驶员从业资格考试全国公共科目培训教材[M]. 北京:人民交通出版社,2012.

[2] 本书编写组. 道路运输驾驶员从业资格培训教材[M]. 北京:人民交通出版社,2007.

[3] 中华人民共和国交通运输部. 道路运输管理工作规范[M]. 北京:人民交通出版社,2013.

[4] 中华人民共和国交通运输部. 安全驾驶从这里开始[M]. 北京:人民交通出版社,2005.

[5] 金耀东. 兴安盟志[M]. 呼和浩特:内蒙古文化出版社,2007.